游泳运动的体能与技术训练

邢 执 著

北方联合出版传媒（集团）股份有限公司

辽宁科学技术出版社

图书在版编目（CIP）数据

游泳运动的体能与技术训练 / 邢执著. -- 沈阳:
辽宁科学技术出版社, 2024.8. -- ISBN 978-7-5591
-3765-4

Ⅰ. G861.102

中国国家版本馆 CIP 数据核字第 20244K1V74 号

出版发行：辽宁科学技术出版社
　　　　　（地址：沈阳市和平区十一纬路29号　邮编：110003）
印　　刷：北京虎彩文化传播有限公司
开　　本：170mm×240mm
印　　张：16.875
字　　数：280千字
出版时间：2024年8月第1版
印刷时间：2024年8月第1次印刷
责任编辑：王玉宝　孙　阳
版式设计：颖　溢
责任校对：康　倩

书　　号：ISBN 978-7-5591-3765-4
定　　价：88.00元

前言

　　游泳是一项从婴幼儿到老年人均可参加的体育活动，是一项人类生活生存的技能，是集健身、娱乐、竞赛、挑战极限于一体的运动。随着人民生活水平和健康意识的提高以及城市化建设的发展，游泳备受人们青睐。

　　本书主要对游泳体能与技术训练的理论与方法进行了研究，首先分析了游泳运动训练的发展和作用及游泳运动生理学基础；其次对游泳技能及科学训练展开了研究，包括爬泳、仰泳、蛙泳、蝶泳技能及科学训练；再次对游泳体能训练的理论与方法进行了研究，包括游泳体能训练的运动机制与方法、游泳力量素质训练、游泳速度素质训练、游泳耐力素质训练、游泳协调素质训练、游泳柔韧素质训练；最后探讨了心理因素与游泳运动和游泳运动身体功能训练实践的关系。本书结构清晰，内容丰富，旨在帮助广大游泳教练员不断丰富训练内容，改进训练方法，持续提高训练的科学化水平。

　　本书重点对游泳运动的科学训练展开研究，提出游泳体能训练及不同泳姿训练的科学方法，希望本书能够为提高我国游泳运动训练的科学化水平及提升游泳运动员的竞技能力和比赛成绩做出贡献。本书可作为体育院校游泳课程用书，也可作为社会游泳教练和游泳爱好者的参考用书。

目　录

第一章　游泳运动的发展和作用

第一节　游泳运动的发展

1995年，国务院颁布了《全民健身计划纲要》，要求组织动员全民参与体育锻炼，提升国民身体素质。该计划的提出与落实不仅推动了竞技体育、大众体育的进一步发展，还促进了社会主义的物质文明与精神文明的建设，对我国大众体育事业的发展有重大现实意义。游泳运动是男女老少都十分喜爱的体育项目，对身体有很大益处，它既能够提高人们的肺活量，又能够减肥降脂，还可以改善人的心血管功能。因此，在全民健身背景下，我国应加大对游泳运动的宣传力度，充分发挥游泳运动的价值和作用，从而提升中华民族的健康水平与整体素质。

一、我国游泳运动的发展

19世纪后期和20世纪初期，现代游泳运动从我国沿海的广东、福建、上海、青岛、大连等地开始发展起来。1887年，政府在广州沙面修建的室内游泳池，开启了我国现代游泳竞赛活动的大幕。1913年，我国游泳运动员参加了第1届远东运动会，这成为我国参加国际游泳竞赛的开端。在1915年上海第2届远东运动会上，我国游泳运动员在9个项目的比赛中获得了5项冠军，并取得团体总分冠军的优异成绩，这对我国游泳活动的开展起到了一定的促进作用。1920年，我国游泳比赛开始增设女子比赛项目。1924年成立了"中国游泳研究会"。1924年的第3届全国运动会开始设置了游泳项目。1948 年，有 1 名中国游泳运动员参加了第 14 届奥运会，但未获得好的名次。新中国成立后，在党和人民政府的领导和关怀下，群众性的游泳活动迅速发展起来。1952 年在广州举行的全国游泳竞赛大会，成为新中国成立以后发展竞技游泳的新起点。1957—1960 年，我国著名游泳运动员戚烈云、穆祥雄、莫国雄 3 人，先后 5 次打破男子 100 米蛙泳的世界纪录。1953 年我国游泳运动员吴传玉在第 4 届世界青年联欢节的游泳比赛中获得男子 100 米仰泳的冠军，他使五星红旗第 1 次在国际运动场上空飘扬。1983 年在印度新德里举行的第 9 届亚洲运动会上，我国游泳运动员获得男子 100 米蛙泳、4×100 米自由泳接力和 200 米个人混合泳 3 块金牌。我国游泳运动员在奥运会上取得了一定的成绩，实现了突破，但与欧美游泳发达国家相比还有差距。1984 年的美国洛杉矶奥运会是新中国游泳运动员第一次参加的奥运会，因游泳技术落后，仅获得第 17 名。在 1988 年的首尔奥运会上，我国女子游泳运动员获得了 1 枚银牌和 1 枚铜牌的好成绩，实现了我国游泳队奥运会奖牌 "零的突破"，并且创造了 7 项亚洲最好成绩和 10 项全国纪录。在 1992 年的巴塞罗那奥运会上，庄泳在女子 100 米自由泳比赛中夺得了我国游泳史上首枚奥运金牌，林莉、钱红、杨文意也分别获得金牌，我国游泳队以 4 金 5 银的优异成绩令世人瞩目，创造了新的历史。我国游泳运动在取得令人瞩目的成绩之后却再一次跌入了低谷。在 1996 年、2004年、2008 年 3 届奥运会上，我国只获得 1 枚金牌，而在 2000 年悉尼奥运会上更是全军覆没，未能获得奖牌。在 2012 年的伦敦奥运会上，我国游泳队打了个翻身仗，孙杨因获得 2 枚金牌而成为我国首位获得奥运金牌的男子游泳运动员。我国游泳队最终以 5 金 2 银 3 铜的战绩，不仅在金牌榜上仅次于美国排名第 2，奖牌总数也超过了 1992 年的 9 枚，创造了我国游泳队征战奥运会 28 年来的最佳战绩。在 2016 年里约奥运会上，中国选手孙杨在男子 200 米自由泳决赛中以 1 分 44 秒 65 成绩夺冠，并在男子 400 米自由泳决赛中以 3 分 41 秒 68 的成绩获得 1 枚银牌；中国新秀徐嘉余在男子 100 米仰泳决赛中以 52 秒 31 夺得银牌，这是中国游泳在奥运会男子仰泳项目上取得的首枚奖牌；傅园慧在女子 100 米仰泳决赛中以 58 秒 76 的成绩和加拿大选手麦斯并列获得铜牌，这也是中国队的首枚女子

仰泳项目奖牌；史婧琳在女子200米蛙泳决赛中以2分22秒28的成绩摘
得铜牌；汪顺在游泳男子200米个人混合决赛中以1分57秒05的成绩获
得铜牌；我国选手在男子、女子4×100米混合泳项目上均进入了决赛。
中国队在2020年东京奥运会游泳项目中斩获3金2银1铜，其中张雨霏获
得2枚金牌和2枚银牌。

二、游泳运动发展面临的机遇

1995年，我国颁布了多项关于健身、体育和运动的政策，如《全民
健身计划》和《中华人民共和国体育法》（以下简称《体育法》）等。其
中《体育法》是在中华人民共和国第八届全国人民代表大会常务委员会
第15次会议上通过并施行的，这一法律的颁发落实，为我国人民群众的
社会体育活动提供了全面保障，同时也为国家和政府发展社会体育运动
指明了方向。

1994年，国家体育总局发布了《社会体育指导员技术等级制度》，
大大促进了体育事业的改革，同时也让全国社会体育人员管理工作变得
更加规范合理。此外，该制度的施行，在政府对体育工作的管理、发展
群众体育、全民健身、提升国民素质等多个方面有着重要的现实意义。
2004年，我国废除了20世纪90年代末期发布的《全民健身游泳锻炼标
准》，正式开始施行《全国业余游泳锻炼标准实施办法》。该办法明确指
出：不足18岁的公民各年龄组分为1～4段；超过19岁的年龄组分为1～
8段；25～45岁以及超出55岁的年龄组的30分钟有氧达标标准分为1～5
段。业余游泳技术等级种类可分为男女健将、业余一级、业余二级、业
余三级。在这条标准的对照下，业余游泳选手对自身的游泳技能水平有
了准确的判断，这一标准更提升了广大人民群众参与游泳健身运动的兴
趣，调动了大家的积极性，推动了我国体育事业的产业化、事业化进程。

三、游泳运动发展面临的挑战

（一）气候与环境问题

因地理分布与气候影响，我国南北方游泳运动始终存在不平衡的问
题，尤其是气温、水温等因素，是阻碍游泳运动发展的重要原因。

（二）安全问题

对游泳运动发展而言，安全问题不容忽视。例如，在游泳过程中，游泳者极易因动作不正确等原因出现抽筋、溺水等安全问题。据了解，在游泳场馆出现安全事故后，游泳者获得的赔偿非常少，有的甚至不会得到任何赔偿，这给游泳者自身和场所都带来了不必要的经济损失。而且每年因溺水死亡的例子数不胜数，这导致人们对游泳产生了一定阴影，同时也丧失了参与游泳运动的兴趣。

（三）女子生理特点问题

女子的月经周期是成年妇女的正常生理现象，是生殖器官周期性的变化。女性在经期往往会出现一些特殊变化，因此不适合游泳。经期需要女性做好保暖，但是游泳池的水温较低，对女性身体有较大影响；再加上经期子宫开放，阴道内酸度降低，此期间游泳很容易出现感染问题，而且也会对泳池水质造成污染，从而影响他人运动。

（四）少年儿童的生理特点问题

"憋气"不当产生的负面影响也会阻碍游泳运动的开展。由于憋气会对胸腔造成压迫，导致胸膜腔内压、血压骤然提升，从而阻碍静脉血回心，胸腔血流下降。憋气结束后，游泳者会出现反射性深呼吸，这会让胸膜腔内压急速下降，胸腔血流高于标准数值的19%以上，血压也会不断升高，以上现象对儿童、青少年的心血管功能、发育都有很大负面影响。而游泳运动会涉及很多憋气动作，因此也对游泳运动发展造成了一定阻碍。

（五）游泳运动自身的局限性

尽管在夏天有大批的群众积极参与游泳运动，但是其季节性特点以及运动的制约性特点，导致大部分室外游泳池每年只能经营3~4个月，其他时间几乎都处于闲置状态。特别是在中小型城市，因城市基础建设不足，室内恒温游泳馆少，且室内游泳馆在冬天往往会因成本偏高、人们消费观念落后等问题而亏损。这些都是游泳运动发展需要应对的挑战。

四、发展游泳运动的策略

（一）加快各地游泳场所建设，改善游泳运动硬件设施

发展游泳运动一定要保证游泳场馆数量充足，使其可以供更多的人运动娱乐。如果游泳场馆少，设施不完善，会出现人员拥挤、秩序混乱等问题，还会打击群众对游泳的积极性。因此，要想促进我国游泳运动的发展，政府及相关部门应当根据当地居民数量建设相应的游泳场馆，真正做到面向大众，不仅要深入挖掘、利用现有天然与人工游泳场设施开展大众游泳活动，还应增加游泳场的投入资金，借助社会力量筹措资金，开辟建设更多全新的天然游泳场所与人工游泳池，为群众提供更好的游泳条件。同时优化健全游泳运动设施，让群众能够愉快放心地参与游泳运动。

（二）制定群众游泳活动发展规划

我国应当在了解大众游泳现状的前提下，对发达国家所实施的相关政策举动进行参考学习，并根据我国国情进行改进优化，针对我国群众游泳活动的发展方向、成本投入、硬件设施、人才引进、长期管理等方面制定科学合理的规划，借此促进我国群众游泳规范化、制度化发展。

（三）构建科学的人才引进机制，加强指导员队伍建设

在全民健身背景下，人们对游泳运动的健身效果提出了更高要求，同时对游泳俱乐部、专业游泳教练也提出了更高要求。与其他运动项目相比，游泳运动的技巧性更强，要想让群众完全掌握游泳技能，难度比较大。目前，游泳初学者已经掌握了基本技能，但是依然缺乏专业指导。基于此，游泳俱乐部等各类游泳场所应当对市场展开深入调研，掌握市场需求，提高人才引进门槛，聘用高专业、高技能、高素养的游泳人才，同时更新人才引进机制，培养更多优秀的后备力量。同时政府也应当积极推进游泳教练队伍的建设工作，组建一支综合能力强的游泳指导队伍，为参加游泳运动的群众提供专业科学的指导。该队伍除了需要满足初学者的游泳需求之外，还需要满足群众的高层次的游泳需求。相关部门可邀请国内外经验丰富、资质深厚的高水平教练员和专家开展培训教育活

动，使游泳教练的能力得到提升，从而更好地为群众服务。

（四）更新游泳观念，强化游泳意识

无论哪种体育运动项目，要想达到强身健体的目的，一定要长期坚持，游泳运动亦是如此。首先，应当引导大众改变传统的旧观念，即游泳只是夏季体育项目，加强大众长年游泳健身的意识；其次，要改变游泳只是青少年儿童项目的陈旧观念，强化任一年龄段的人都能够游泳的健身意识；最后，改变游泳只是一种防暑降温、消遣娱乐的体育项目的落后观念。游泳具备较强的趣味性与竞技性，有着提升群众身体素质、改善群众身体亚健康的重要作用。所以，人们应当深入了解游泳运动，明确游泳对自身的好处。相关部门也可以通过各种有效的宣传手段对游泳运动进行宣传推广，让游泳运动的价值被更多人了解、认可。除了采取社区宣传、海报宣传、传统媒体宣传等方式之外，相关部门还应当对新媒体进行充分应用，在充分落实《全民健身计划纲要》的基础上，迎合现代年轻人的习惯，做到线上与线下相融合，从而扩大宣传范围。不仅如此，政府还应当顺势对大众普及其他健身运动的相关知识，给予大众更多的选择，借此帮助大众构建全民健身意识，为将来游泳运动的发展推广打下坚实的基础。

第二节　游泳运动的作用

游泳运动有着悠久的历史。如今社会不断进步，人民群众的生活水平越来越高，健康成为人们最关心的事情，毕竟健康的身体才是一切的基础。游泳也是一项十分适合老年人的运动，它不仅损伤小，而且从心理角度来看，坚持游泳的老年人的心理健康水平更高。因此，提高游泳运动技能对提高全体人民的身体素质具有重要意义。

一、改善呼吸系统和心血管系统的功能

定期参加游泳运动对心血管系统的好处非常多，它可以降低人体的血压、血脂、血糖，而血压、血脂、血糖是动脉粥样硬化发生、发展的

非常重要的危险因素，人们通过有氧运动可以改善危险因素，从而最大限度上延缓动脉粥样硬化的进展。不仅如此，定期游泳可以使心肌收缩力增强，使心脏远端的毛细血管的管径增粗，可以更大程度上给心脏供血，并有效防止心血管疾病的发生。游泳还可以锻炼心肺功能，游泳中的闭气可以明显增加肺活量，改善心肺功能，最大限度上增加呼吸系统、循环系统的耐受能力。

二、游泳运动能减少人体的运动损伤

跑、跳、投等运动容易损伤膝盖和踝关节。例如，在篮球中的转身跳投、急停跳投，排球中的扑球，以及推铅球等屈身、旋转类的运动，轻则造成膝关节外损伤，通过休息和涂抹消炎药便可逐渐恢复；重则会造成膝关节内前后十字韧带撕裂和半月板受损，应去医院接受治疗且很难恢复。

游泳运动可以减少大部分运动损伤的发生，并且可以改善膝关节和踝关节损伤，水中康复训练是目前国内外重要的康复手段之一，它可以减轻下肢关节在运动时受到的压力，因此，水中康复治疗是普遍受到物理治疗师和运动员欢迎的康复手段之一。

三、游泳能够塑造人体的形态

全身肌肉都在参与游泳，它能让身体肌肉均衡发展。游泳属于有氧运动，能消耗体内多余的热量，减掉身体上多余的赘肉，增加肌肉含量，塑造体型。长期游泳的人肌肉较发达。低温游泳可以改善皮肤的血液循环，增加皮下组织的营养供应，提高皮肤的抵抗力。锻炼能使身体的关节和肌肉更加强大。经常在水下锻炼的人，因为肢体的调节机能比较好，所以肌肉张力也不会差。

四、游泳能够减轻压力和激发锻炼意识

游泳可以让人的身体和心理得到放松，可以减轻压力，减少抑郁。每周3次，每次60分钟，为期8周的蛙泳训练可以减轻大学生抑郁的症状。中等或高强度的蛙泳训练对抑郁症状的影响有显著效果。游泳对促

进大脑的健康有明显功效。它可以提升记忆力、认知力，增强免疫功能和改善情绪，甚至还有助于修复压力给大脑造成的损害。游泳不同于其他运动，人在最开始是不会游泳的。大部分人第一次下水的时候都会害怕，即使不害怕，也会原地不动，无法向前游动，所以当看到别人能在水中自由游动时，大部分人十分想学，这就激发了他们的锻炼意识。

五、游泳有利于完善的性格

游泳可以磨炼一个人的性格，让人变得更坚强。水中的阻力比陆地上的阻力要大很多，运动是一个消耗体力的过程，它磨炼着我们的意志品质，只要能坚持下去，就会越来越好。游泳对中学生的身体发育和心理素质的发展以及社会适应能力都有可观的正向作用。

第二章　游泳运动生理学基础

第一节　游泳运动与氧运输系统

一、需氧量

需氧量是指维持人体正常生理活动的氧量，身体健康的人在安静状态下每分钟需氧量是 250 毫升。而在游泳或其他水上运动中，人体的需氧量是不同的。一般来说，在游泳等水上运动中，训练内容、训练时间以及训练强度等都会影响运动员的需氧量，运动强度越大，需氧量就越大。

作为专业的游泳运动员，要想进一步提升自身的竞技水平，就需要在运动训练中不断提高运动量与运动负荷，而随着运动强度的增加，机体需氧量也会随之增加，此时如果氧气供应不足，就容易出现氧亏现象，这对运动员进行游泳等水上项目的训练是非常不利的。

二、最大吸氧量

（一）最大吸氧量的定义

在运动生理学中，最大吸氧量是一个非常重要的概念。最大吸氧量是运动员最大有氧代谢能力的直接反应，同时也是判断运动员氧运输系统功能和有氧工作能力的重要标志。最大吸氧量指的是在需要大量肌肉群参加的力竭性运动中，当氧运输系统中的心泵功能和肌肉的用氧能力达到本人最大极限时，人体单位时间内摄取的氧量。

（二）影响最大吸氧量的因素

大量的研究与实践表明，运动员的最大吸氧量在一定程度上受先天性遗传因素的影响。

除此之外，运动员的年龄与性别也是影响人体最大吸氧量的重要因素。这些因素都是显性因素。另外，呼吸、肌肉代谢等一些隐性因素也在其中起着一定的作用，这些潜在的隐性因素主要对最大吸氧量具有限制性影响。

（三）最大吸氧量的测定

一般来说，最大吸氧量的测定方法主要有直接测定法和间接推算法两种。直接测定法主要在实验室进行，需要让受试者完成跑台跑步、蹬踏功率自行车或台阶试验来进行测定。因为直接测定法要求受试者在运动时达到力竭的程度，具有一定的危险性，所以为了避免发生危险，可采用间接推算法。该方法虽然同样需要进行台阶试验和功率自行车运动测验，但安全系数较高。

第二节　游泳运动与血液循环系统

一、气体交换

大量的研究实践表明，人体在运动的过程中，三磷酸腺苷（ATP）能量的产生或再生都离不开氧气的参与。要将空气中的氧输送到肌肉细胞中的线粒体内，实现ATP的合成，必须通过呼吸系统和血液循环系统的合作。肺→肺部毛细血管→肺静脉→左心房→左心室→主动脉→各组织处毛细血管→组织细胞是氧气完整输送过程的主要路径。有关学者经过一系列的研究后总结出，空气中的氧气要顺利进入肌细胞线粒体，必须经过体内18层胞膜。一旦外界的氧气进入肺泡，就开始了第一阶段的气体交换，即氧气与血液中的二氧化碳在肺泡血管膜上进行交换。这一交换位置的主要作用是隔开肺泡中的氧气与肺泡微血管中的血。

第二阶段的气体交换主要发生在微血管膜上。从第一阶段到第二阶段的气体交换中，有很多不可避免的影响因素，影响较大的因素主要有红细胞数目、肌肉中微细血管数目、血色素含量和微血管的密度等。

运动员在参加游泳或其他水上运动项目的过程中，血液中氧气和二氧化碳的输送主要以两种方式实现：第一种是与血液的化学组合；第二种是在血液中溶解。其中第一种输送方式较为多见，即血液中的氧与血红蛋白发生化学结合后被输送。

可以说，血液循环系统是输送氧气的主要功能系统。血液循环系统内的心血管系统是一个封闭性的运输系统，组成该系统的成分主要有心脏、静脉、动脉及毛细血管。血液在心血管系统中的循环流动需要由心脏提供动力，在血液的不断循环中，氧气和大量的营养物质被运输到各种细胞中，使细胞的生存有了基本保障，同时在血液循环中二氧化碳被从细胞中带走了，从而在一定程度上促进了细胞的生长。

二、心血管系统功能特点

对于专业的游泳运动员而言，其心血管系统功能在一定程度上决定着运动训练和比赛水平。在运动训练中，评价人体的心血管系统功能，可采用心率测量方法，同时对运动强度进行分析，这种方法简便易行，被广泛运用。就每搏输出量和心率来看，专业运动员与普通人之间有着非常明显的差异。通常情况下，普通人在安静状态下，每搏输出量、心率分别为70～80毫升和65～80次/分，而专业运动员则为100～110毫升和50～60次/分。

另外，在安静状态与运动状态下，人体的血液分配也呈现出明显的差异，导致这一差异的因素主要有两个方面：一方面是人体肾、肝、皮肤等的动脉血管因收缩而变细；另一方面是供应骨骼肌的动脉血管和骨骼肌内毛细血管的扩张。

第三节 游泳运动与肌肉运动基础

一般来说，人体的肌肉可分为三大类，即骨骼肌、平滑肌和心肌。

其中，骨骼肌数量最多，约占人体体重的40%。当游泳运动员在参加训练和比赛时，其肌肉进行着各种收缩运动。肌肉收缩形式主要分为向心收缩、超等长收缩和等长收缩3种。

一、向心收缩

向心收缩是肌肉长度发生缩短的一种收缩形式，在力量练习中是最普通的一种收缩。

二、超等长收缩

超等长收缩是肌肉先进行离心收缩后，紧接着进行向心收缩的形式，这种训练方式有助于肌肉的锻炼，因此受到运动员的高度重视。

三、等长收缩

当肌肉收缩产生的张力与外力相等，或是维持身体某一种姿势时，肌纤维虽积极收缩，但肌肉的总长度没有改变，这种收缩被称为等长肌肉收缩。肌肉处于等长收缩时，从整块肌肉外观看，肌肉长度不变，但实际上肌肉的收缩成分（肌纤维）是处在收缩中而使弹性成分拉长，从而使整块肌肉的长度保持不变。

第三章　爬泳技能及科学训练

爬泳是常见的竞技泳姿之一。爬泳具有速度快、阻力小、技术效率高等特点，因此在竞技比赛和现实生活中常常是人们首选的泳姿。爬泳技术由身体姿势、腿部技术、手臂技术、呼吸及配合等内容组成，全面加强各项爬泳技术的系统训练，能够有效提升游泳运动员的竞技能力和游泳爱好者的游泳水平。本章主要对爬泳训练展开研究，首先阐述爬泳的基础知识，其次分析各项爬泳技术的动作要领，最后设计一些科学实用的爬泳技术的练习方法。

第一节　爬泳常识及其发展

一、爬泳的概念

爬泳的名称由来主要与其动作姿势有关，即身体在水中呈俯卧姿势，双腿上下交替打水，双臂在体侧交替划水，看上去如同爬行一样，因此用爬泳来命名这一泳式。

爬泳又被称为"自由泳"。游泳比赛中设置的泳姿有4种，分别是蛙泳、蝶泳、仰泳和自由泳。

二、爬泳的起源与发展

爬泳拥有悠久的发展历史，从国内外的一些古文物中就能发现关于爬泳的痕迹。从我国和世界其他国家的文物中可以发现，古时人们在泅渡时，常常双腿上下交替打水，两臂交替轮流划水，和现在的爬泳姿势很相似。

自由泳项目是1896年雅典奥运会上的唯一一个游泳项目，参赛选手采用两腿蹬夹，两臂轮流划水，空中移臂的姿势，也有选手采用类似于侧泳的技术，单手出水。总之，当时运动员的自由泳姿势非常多。

1900年第2届奥运会上，参加200米自由泳项目的匈牙利选手哈尔梅采用类似爬泳的姿势，两臂轮流划水，两脚交替打水，速度非常快，最后获得该项目的亚军。

1902年以后，以两脚交替上下打水、两臂轮流向后划水为特征的爬泳姿势（现代爬泳的雏形）相继出现在澳大利亚、英国和美国。划水2次、打水6次是爬泳中常用的臂腿配合技术，而最先使用该技术的是美国选手丹尼尔斯。

1922年，美国游泳选手韦斯摩勒在男子100米自由泳比赛中采用爬泳技术历史性地突破了1分大关，这是爬泳运动历史上的一个重要里程碑。1924年，韦斯摩勒创造了100米自由泳的新世界纪录，这项世界纪录一直保持了10年。之后，游泳运动员和相关专家在游泳实践及研究中不断改进技术，出现了多种形式的风格流派和动作配合方式，如常见配合方式有"2∶2∶1""4∶2∶1""6∶2∶1"以及规则打水和不规则打水配合等。

随着爬泳技术的发展，优秀的自由泳选手也不断涌现，他们创造了很多的优异成绩和新的世界纪录。例如，在2020东京奥运会上，就出现了两项新的自由泳世界纪录，一项是由中国选手杨浚瑄、汤慕涵、张雨霏、李冰洁创造的女子4×200米自由泳接力世界纪录（7分40秒33），另一项是由澳大利亚选手勃朗特·坎贝尔、哈里斯、艾玛·麦基翁、凯特·坎贝尔创造的女子4×100米自由泳接力世界纪录（3分29秒69）。

自由泳在奥运会中的地位很重要，奥运会设置的自由泳项目很多，不仅有独立项目，而且在个人混合泳和混合泳接力中自由泳也是不可或缺的重要组成部分，所以在对一个国家的游泳水平进行衡量时，自由泳常常被作为一项重要的衡量标志。世界各国在奥运会自由泳项目上取得的成绩在一定程度上反映了这个国家的竞技游泳实力。

三、爬泳的特点

爬泳时，人体在水面呈俯卧姿势，身体基本平行于水面，运动员保持非常好的流线型姿势，这种流线型姿势在4种竞技泳姿中是最好的，所以游泳时身体受到的水的阻力是4种泳姿中最小的。爬泳技术采用侧面换气的方法，这种转动可以保持游进中的平稳性，从而减少前进阻力。游爬泳时两臂依次划水（向后），经空中移臂（向前），这样手臂划水路线延长，推进力加大，而且空中移臂受到的阻力也小。两臂依次划水所产生的推进力是连续不断的，有助于运动员匀速游进。爬泳时两腿交替上下打水，不仅能产生一定的推进力，还可以使手臂划水更协调、有力，产生更快的合力。

第二节   爬泳技术动作展示

一、身体姿势

（一）水平直线性

在爬泳运动中，在运动员的侧面对其进行观察，可以发现运动员从头到脚成一条水面直线，身体非常平直地俯卧在水中，在水中占了较少的空间，保持这样的游泳姿势，不会激起太多的湍流，经过身体的水流也会在短时间内合拢，引起的涡流较少。这样身体前后的压力差也不会很大，游泳过程中也不会遇到太大的阻力。

爬泳运动员在水中保持水平直线性身体姿势要注意以下几个要点。

（1）头部自然，与躯干在一条水平直线上。

（2）背部平直。

（3）控制好打腿幅度，防止幅度太大。

有人认为，要想游得快，身体就必须比水面高，其实游得快的关键在于身体位置保持水面直线。如果要使身体比水面高，那么就必须很用力地做大幅度的打水动作，头和肩要在水面外，手臂下划时推水力量要大，这样身体位置才能高一些。这个姿势虽然对短距离冲刺有利，但也会消耗很多的能量，而要维持良好的身体姿势其实不需要耗费不必要的能量。

当运动员快速游进时，下面的水就会向上推身体，使身体游进时就像飞机在水上前进一样，身体位置较高。即使不额外消耗能量也能游得快。同样，当运动员慢速游进时，身体位置就不会那么高，身体下面的水也不会将身体向上推，这时运动员没必要为了使身体位置高一些而专门抬高头的位置和大幅度弓背，而要学会利用水的压力快速稳定地前进。如果刻意抬高头和大幅度弓背，游进阻力就会增加 20% ~ 35%。

（二）侧向直线性

游爬泳时，运动员的身体是作为一个整体而转动的，髋、腿部在两肩内活动，从运动员的上面或从水下观察，运动员游进时身体姿势为侧向直线性的姿势。

要保持良好的侧向直线性身体姿势，就要随着手臂的划水动作而有节奏地转动身体。身体转动是自然而然的动作，是在手臂动作的带动下转动的。当左臂或右臂划水时，同侧身体各个部位都向下转动；当手臂经空中向上移臂时，同侧身体则随手臂动作而呈现向上转动的动态性姿势。如果身体未随手臂动作而转动，那么身体就会来回摆动，从而破坏基本的身体姿势。运动员只要随手臂划水而转动身体即可，不必刻意对身体转动幅度进行控制，否则会导致身体姿势出现偏差。

二、腿部技术

游爬泳时，两腿交替上下打水是沿对角线进行的。向上打水就是上打，向下打水就是下打。一般所说的侧打水主要是指身体转动时的打水动作，身体转动时向上打水就是向侧上打腿，向下打水就是向侧下打腿。向下打水能够产生较大的推进力，向上打水使腿恢复原位，为下一次下打做准备。侧打水能够使身体更好地维持平衡，即维持良好的侧向直线性姿势。

一般来说，爬泳腿部打水动作方向与水平面几乎是垂直的，从垂直面看，两腿之间分开 30 ~ 40 厘米的距离，膝关节成大约 160°弯曲。

下面具体分析腿部上下打水技术的动作方法。

（一）下打

爬泳的向下打水也就是鞭状打水，要求做到屈髋、伸腿。有人认为，下打开始于上一次上打到最高位置时，其实这是错误的，准确来说，下打开始于腿经过髋部的时候。此时，运动员膝关节稍屈，大腿在髋部力量的带动下向下打水。例如，左腿开始向下打水时，左腿小腿肌肉放松，自然屈膝，表面看上去似乎还在向上打水，但其实这个时候需要屈髋，向下压大腿，因为上打的惯性作用的影响，小腿继续向上抬，这样腿部肌肉只需要稍微发力就可以完成从上打到下打的转换了。

进入向下打水阶段后，脚在水压的作用下伸展，脚趾向上，踝微微内扣。同样因为水压的影响，小腿进一步弯曲直至大腿位置比身体位置低，脚的位置和水面接近或比水面稍高。此时，快速伸展小腿直到完全伸直，腿位于身体下方。向下打水的最后环节是脚背下打，使脚趾位置低于足跟。下打动作结束后，应弯屈踝关节。

整体来看，向下打水的动作轨迹就像一条正弦曲线。刚开始屈髋，大腿在髋部带动下下打，小腿和脚随着大腿打水动作而向下伸展。

（二）上打

向上打水动作与上一次向下打水之前的动作之间有一小部分是重叠的，这部分重叠动作使腿下打的惯性得以克服，使下打顺利转换为上打。在下打的最后阶段，向下伸展小腿时，大腿在反弹作用下向上抬，从而开始上打。小腿在大腿上抬的带动下也开始上打。

从下打转入上打后，运动员完成上打动作只需要较小的力量即可，这主要是因为前一次下打的惯性作用的影响。当腿上抬并经过身体时，屈髋做好下打准备，此时结束上打环节。向上打水的过程中，在水压的作用下，腿在伸展状态下完成上打，上打过程中脚在屈、伸之间保持自然放松状态，小腿也要放松。

打腿的幅度要控制好，太浅或太深都不合适，一般以50～80厘米为宜。有的运动员大幅度打腿是为了产生更大的推进力，保持身体姿势，促进身体向前游进，其实这是错误的，因为打腿幅度过大会使形状阻力加大，影响游进速度。上打时脚的位置应该接近或高于水面，但不能高太多，否则会使身体下沉。完成下打动作时，脚的位置比身体下限位置稍低即可。

三、手臂技术

手臂技术由一系列动作环节组成，下面具体分析各个环节的动作要领及两臂配合的技术要领。

（一）入水和伸臂

因为是两臂轮流划水，所以一侧手臂先划水，另一侧手臂在划水手臂划到中间阶段时入水。手臂入水后要尽可能向前充分伸展，保持良好的流线型姿势，身体也要稍转向入水手臂一侧，充分伸展腰背部，使身体保持良好的流线型姿势。手臂上划经过髋和大腿时就立即停止，不再继续划，避免向后、向上的运动轨迹过长，这样能够有效提高推水效率，从而通过上划而增加游泳的推进力。

手臂入水时，动作连贯流畅、轻快柔和，这样能避免推压阻力过大。手臂入水位置应在身体中线和肩的延长线之间，入水时稍屈臂，手心朝外，手指先入水，劈开一个洞，然后手臂朝这个洞中轻轻滑入，这样就不会引起太多湍流，可以减少身体游进的阻力。

手臂入水后，手臂和手都尽可能沿身体中线向前、向内伸展，手心转向下。不管在垂直面还是侧面，手臂都应该在身体截面范围内。在入水和伸臂阶段，整个动作过程是比较慢的。

（二）下划和抓水

下划是抓水前的动作，旨在为抓水做准备。下划动作轻而快，手臂移动用最小的力即可，这样就能使手臂顺利到达适宜的抓水位置。

开始下划时，另一臂正准备出水，手下划前要先屈腕，然后手臂沿向下、向前的曲线轨迹划水。在下划过程中，手臂要保持好前划姿势，向后划水不宜过早，否则会出现塌肘现象，这时又需要耗费力气去向下压水，从而严重影响身体前进速度。

下划时肘关节弯曲，直到肘比手高，手和手臂成一条线，与身后的水对准，这就是游泳中常见的高肘抓水动作。

在下划阶段，切忌上臂大幅度下压，正确的方法是屈肘时使上臂平行于水面，向外、向侧划水。控制好上臂下压的幅度，只要能使肩部摩擦减少，节省上臂力量，预防肩部损伤就可以了。在开始下划时手臂稍微加快速度，但在下划中段还是要减慢速度，从下划中段到准备抓水这个阶段手几乎保持不动。

抓水时，屈肘90°，手下划的深度为50~70厘米，在这个位置抓水，手臂朝外后方，手到达抓水位置后内划才开始，即手臂向后下方划水，这是手臂划水产生推进力的第一个阶段。

（三）内划

内划是划水的一个重要阶段，也是第一个产生推进力的划水动作环节。抓水是内划开始的标志，而内划结束的标志是手在身体下方达到或稍微越过身体中线，这样能够使后面的划水阶段产生更大的推进力。内划从开始到结束形成一个半圆形的动作轨迹。

抓水时稍屈臂，手臂在内划过程中屈臂幅度不断加大，内划结束时，手臂屈肘至大小臂垂直。手掌在内划过程中慢慢向内旋转，内划结束时手掌稍微朝内上方。

手在内划阶段要不断加快动作速度，但要避免突然加到最大速度，因为后面的划水阶段还要继续加快速度，此时如果加到最大速度，那么后面就没有继续加速的余地了。

（四）上划

在爬泳运动中，上划是第二个产生推进力的划水阶段，也是最后一个产生推进力的阶段。内划的结束点就是上划的起点。上划时，手加快速度向外旋转，呈向外倾斜姿势，手臂向外、向上和向后移向水面。手经过大腿即代表上划结束，并不是说手到达水面上划才结束。手臂在上划过程中稍伸展，但不要伸直。手在上划阶段达到最大运动速度。

（五）出水和移臂

在手臂出水前就要开始移臂。具体来说，移臂开始于上划阶段肘离开水面时，此时屈臂前移，但手还在水中或水面，尚未离开。

手臂出水后，采用高肘移臂的方式向前移动手臂，做好再次入水的准备。移臂前半程，稍屈臂，手掌向内朝身体一侧，后半程要向前伸手臂，手掌朝外。移臂过程中逐渐屈肘，这样手臂出水后可以继续移向前上方。移臂过程中要尽可能使手臂向前，防止移臂过低过宽，否则会带动身体摆动，使身体的直线型姿势受到影响。

手臂移过肩时，要保持高肘姿势，这样可以使手臂以最佳姿势入水，激起的水花很少。在移臂过程中身体的滚动也十分重要。运动员身体应该向一侧滚动，使正在移臂的肩关节高于另一侧。这样有利于保持高肘姿势，并使手臂在空中前移的路线接近直线。

移臂是为下一次入水做准备，它是一个很重要但没有推进作用的动作环节。移臂时应在尽量不破坏身体直线型的前提下将手臂经过空中移到前面，并使手臂、肩和躯干短暂放松。

（六）两臂配合

一般来说，爬泳两臂配合主要有3种基本形式，即前交叉配合、中交叉配合和后交叉配合。另外，还有以上3种形式结合而成的中前交叉和中后交叉形式。

1.前交叉配合

前交叉配合指一臂入水时另一臂在肩前方，与水平面成锐角。这种配合的致命弱点是动作不连贯，在一手移臂时，另一手处于前伸或抓水阶段，几乎没有划水的推进力产生，因而速度均匀性差。这种形式适合游泳运动的初学者。

2.中交叉配合

中交叉配合指一臂入水时另一臂划至肩下。

3.后交叉配合

后交叉配合指一臂入水时另一臂划至腹下。手入水后要前伸，为抓水做准备，因此，当一手入水，另一手做内划或上划的配合较好。入水的手经过前伸、抓水，开始产生较大的推进力后，另一手刚好出水，进入空中移臂。这样有利于发挥力量，提高频率，保持连续的推进力，并保持平稳的身体位置。

由于爬泳是两臂轮流划水产生推进力的，两臂配合的关键之处在于尽量使身体前进的速度均匀。根据这一原则，中交叉和中后交叉配合是较有利的方式。游泳运动参与者可以依据自身的特点选择以上形式。

四、呼吸技术

划水手臂完成上划动作时，头转向同侧水面。由于此时头处于波谷中，看起来嘴好像没有露出水面。在移臂前半段吸气，后半段移臂时头回到水中。在手臂上划时，身体转动达到最大幅度。因此，运动员只要稍转头就可以露出水面吸气，不需要抬头或将头转到与身体中线偏离处。

除了短距离项目外，运动员都应该在每个动作周期中呼吸1次。因为长距离项目运动员需要摄入稳定、充足的氧气才能推迟疲劳产生的时间，所以不需要憋气，而应该在吸气后立即呼气。但是要控制好呼气时间，保证在完成一个动作周期前不需要再次吸气。

运动员刚开始呼气时要慢慢呼，直到即将开始下一次吸气前，快速呼出剩余的气，然后快速吸气。吸气深度稍大于平常吸气，但不需要刻意用力。呼气应充分。另外，要掌握好吸气的时机，如果向右侧转头，适宜的吸气时机是在右手出水时，即右手入水后开始用口和鼻缓缓呼气，并随着划水阶段的推移逐渐增大呼气的幅度，同时增大身体向右侧转动的幅度。当左手入水、右手开始内划时，随身体的转动开始向右转头，右臂出水时嘴露出水面，张口用嘴吸气。待右手移至体侧时，身体开始向左转动，此时吸气已经结束，头随身体的转动而向左转动，复原到水中。右手入水时，头部应已复原并保持稳定。

五、完整配合技术

臂腿配合方式一般是根据一个划水周期中打腿的次数来表达的。最常用的配合方式有以下几种。

（一）6次打腿配合

一般来说，短距离比赛中，常见6次打水的配合技术，它便于保持较高的身体位置。6∶2∶1配合是较为常见的一种。每划水2次（1个动作周期），打水6次，其中第3次和第6次腿较为重要，处在一臂开始移臂而另一臂开始内划时，此时划水产生的推进力相对较小，这两次打水可使身体前进速度更为均匀。

（二）2次打腿配合

在每一次划水周期中完成2次下打动作，或每一次划水动作中打腿1次。每一次腿的下打与同侧臂的内划和上划相对应，与此同时，对侧腿上打。每次打腿结束后，腿在后面拖动，直到下一次手臂下划完成。之后在手臂内划和上划过程中完成同侧腿的下打。2次打水和2次划水的配合时机是当一臂开始内划时，同侧腿向下打水。向下打水与同侧手的上划同时完成。移臂和入水、抓水阶段拖腿保持平衡。

2次打腿配合消耗的能量较少，所以被多数长距离运动员，特别是女运动员所采用。

（三）2次交叉打腿配合

这种配合方式与2次打腿配合的区别是，手臂每次下划时，腿不在后面拖动，而是下面腿向内上打，上面腿向内下打，两腿交叉。手臂内划和上划时，两腿不再交叉，开始下打，与2次垂直打腿的节奏相同。在上面的腿永远与划水的手臂位于同侧。也就是说，当右臂划水时，右腿在上与左腿交叉，反之亦然。在划水时上面腿下打。

有些运动员采用2次打腿容易使腿下沉，而2次交叉打腿可以弥补这个缺陷。2次交叉打腿实际上由4次打腿组成，包括2次较重的下打动作和2次较轻的下打动作。2次交叉打腿有助于保持腿的位置，避免在移臂时髋关节侧摆，从而更好地保持身体侧向直线性。

（四）4次打腿配合

4次打腿配合有2种表现形式：一种实际上是6次打腿配合的变异，其中有2次腿到了易被忽视的地步，原因通常是相应的划水时间或距离减少；另一种是两次腿配合和6次腿配合的结合。如在右手划水时采用2次腿配合，向下打水1次；而在左手划水时采用6次腿配合的节奏，向下打水3次。通常是吸气一侧的手和腿采用两次腿配合。原因可能是身体向吸气一侧的转动较大，致使对侧手内划路线加长，从而需要较多的打水次数保持身体平衡。

六、爬泳比赛出发技术

游泳比赛的开始称为出发。游泳竞赛规则规定，自由泳（爬泳）、蛙泳、蝶泳比赛必须从出发台起跳出发，仰泳项目在水中出发。自由泳（爬泳）、蛙泳、蝶泳的出发台技术又分为以下2种形式。

（一）抓台出发

运动员在等候出发信号时，两脚分开同肩宽，两脚脚趾勾住出发台前缘，两手抓住出发台的前缘，屈膝成40°左右，目视前下方。

听到出发信号（枪声或笛声）后，手臂向上拉出发台，重心前移到出发台前面，屈膝、屈髋，身体向前下方移动，手脱离出发台向前摆动。脚蹬离时，手臂在前下方伸展，目视下面。

离台后，身体在空中伸展，越过最高点后弓腰，两腿上抬，身体重新呈直线准备入水。弯腰是为了增大入水角度，使身体各个部位从一点方向入水，减小入水阻力。

入水时，整个身体依次从手入水的同一个点入水。入水后身体保持流线型滑行。一般滑行距离较短，可以通过两手上抬，两腿做海豚式打水使身体升到水面起游。

（二）蹲踞式出发

有很多爬泳运动员采用蹲踞式出发，主要原因是这种出发方式离台速度快，重心低，比较稳定，不容易抢码犯规。

预备姿势是两脚前后开立，前面脚勾住出发台前缘，后面脚踩在出发台后面斜坡上。低头，两手抓出发台前缘。听到出发信号后，手臂拉动身体向前下移动，后面腿先蹬离，前面腿随即蹬离，同时手臂向前摆动。离台后，身体沿弧线滑行，但滑行弧线比抓台出发时要平一些、低一些，因此难以像抓台出发那样形成洞式入水。入水后的滑行、起游与抓台出发时基本相同，只是滑行距离稍短一些。

七、爬泳比赛转身技术

游泳竞赛规则规定，爬泳转身和到边时可以用身体的任何部位接触池壁，运动员在比赛中一般都采用前滚翻转身，只用脚触壁、蹬壁，以节省时间，加快速度。

滚翻转身是前滚翻和1/8的身体侧转的结合，随后接蹬离池壁的动作。在蹬离和滑行过程中完成剩下的7/8侧转，使身体成俯卧姿势。

下面具体分析滚翻转身中的一系列动作环节。

（一）游近池壁

在距离池壁还有一段距离前，就应注意池壁的距离，以便调整动作，防止转身时影响速度。短距离运动员因为游进速度较快，因而较早开始转身。在游近池壁时要保持比赛速度，许多运动员在转身前减速，导致全程损失的时间很多，严重影响比赛成绩。

（二）转身

最后一次划水时，另一臂停在髋关节一侧。完成划水的同时，头向下潜，双腿缩拢移向腹部，开始向前滚翻。划水的同时完成一次小幅度海豚式打腿，以帮助髋部上升。注意转身前的最后一次划水不要吸气，以免使滚翻动作延迟开始。

完成最后一次划水后，两臂都位于髋部。当滚翻进行到一半时，手掌向下转动，并移向头部，协助头部上升到水面。两脚与池壁接近时，头向上到达两臂之间，以便在脚触壁时做好蹬离准备。此时两手在头上，屈肘。

脚与池壁接近时，身体稍转向一侧，使脚触壁时脚趾朝向侧上方。身体侧转通过滚翻后沉头转向一侧完成。

滚翻速度由头的运动来控制。因此运动员应尽快将头向下、向后和向上转动，使头在蹬离前位于两臂间，为快速蹬离做好准备。

（三）蹬离池壁

脚在距离水面30~40厘米的深度触碰池壁，触壁后迅速蹬伸，身体成仰卧姿势（略侧转）。腿伸展时身体转向俯卧，脚蹬离池壁时身体转为侧卧，上下腿交叉，之后滑行中两腿分开，上面腿向下转动，协助身体转动。

蹬离池壁需要花比较大的力气，蹬离时为增加力量和动力，需要四肢同时伸展，蹬离应沿水平方向，不能向上倾斜。

（四）滑行

蹬离池壁后有个短暂的滑行阶段，此时应以流线型姿势滑行，两臂向前充分伸展，并在头部上方夹住头，背部充分伸展，两腿并拢伸直。当滑行速度减慢到与游速接近时，准备出水，即通过打水和划水的配合来使身体浮到水面。

（五）出水

滑行速度减慢后，手臂第一次划水就是为了使身体上升到水面，因此一定要控制好手臂划水的时机，尽可能在划水的中间阶段就使头部露出水面，使身体在合适的位置正常游进。

滚翻转身对游泳技术水平较低的运动员来说是有难度的，因此可以先练习摆动式转身，然后向滚翻转身过渡。摆动式转身的基本动作方法为，向池壁游进时，最后一次划水要迅速完成，身体稍转成侧卧，一侧手臂向前伸，另一侧手臂置于体侧，两腿交替打水，向前伸展的手臂触碰到池壁后，在惯性作用下稍屈，身体与池壁贴近，此时用力使上体离开池壁，两腿收紧摆动，前伸一侧手臂与上体同时向池壁对面的方向摆动。当上体入水时，体侧手臂前伸与另一侧手臂会合，同时两脚触壁，身体入水，两脚用力蹬壁，两臂、两腿伸直并拢，躯干充分伸展，以流线型侧卧姿势蹬出，然后在滑行中身体转动成俯卧姿势，通过手臂配合使身体浮向水面，然后开始正常游进。

第三节　爬泳技术练习方法设计

一、腿部技术练习方法

（一）侧打腿练习

1.练习目的

感受身体在水中的运动。

2.练习方法

一侧手臂向前伸,另一侧手臂放在体侧,头稍偏向一侧,快速连续打腿,频率快一些。

(二) 扶板打腿

1.练习目的

提升臂腿配合能力。

2.练习方法

一手放在扶板上,另一臂连续划水。在抱水和内划阶段、推水阶段、移臂阶段分别打腿2次、1次和3次,在入水、划水、推水和移臂过程中注意力要高度集中。

(三) 6次腿滚动练习

1.练习目的

提升腿部打水效率。

2.练习方法

一侧手臂向前伸展,另一侧手臂放在体侧,身体转成侧卧,连续打腿6次,然后伸展的手臂做1次划水;放在体侧的手臂做空中移臂动作,身体向另一侧"滚动",再打腿6次,反复练习。注意打水时身体是侧卧姿势,面部朝下,手臂入水时,目视手背,在身体"滚"向另一侧时呼吸。

(四) 蛙泳划水、爬泳打水

1.练习目的

控制好身体平衡,提高在改变身体位置时打水的稳定性。

2.练习方法

俯卧水中,两臂充分前伸,低头与身体保持在一条水面线上。两腿完成6次爬泳打水动作,然后手臂做1次蛙泳划水动作,同时抬头吸气。注意抬头呼吸时,为防止身体下沉,要使躯干肌肉保持适度紧张,要快速有力地打水,使身体姿势保持稳定。

(五) 垂直打水

1.练习目的

增强打水力量,促进踝关节柔韧性的提升,提升打水技术水平。

2.练习方法

在深水中完成垂直打水练习。两臂抱于胸前，两腿交替上下打水，打水过程中口和鼻都应该在水面上方。练习过程中头部正直，背部伸展，不要向前倾。打水由髋部发力开始，在水的压力作用下稍屈膝，放松踝关节，打水幅度小，频率快。一次练习持续15~30秒，反复练习。必要时可以戴脚蹼练习，以保证头在水面上。

可以将手臂向上举起或抱住头以增加练习难度。

（六）抬头打水练习

1.练习目的

提升腰背肌力量和腿部打水力量。

2.练习方法

身体在水面俯卧，手臂向前伸展，头露出水面，目视前方。两腿用较大的力交替打水，尽量打出水花，注意躯干肌肉要保持适度紧张，避免因抬头而导致身体下沉。

开始练习时每次以15~25米为宜，重复数次。熟练之后，练习距离和次数可逐步增加。

（七）直腿打腿练习

运动员游爬泳时，在上打阶段容易出现屈腿的错误，而直腿打腿练习有助于纠正运动员的这一错误。练习时两腿伸直保持放松，腿上抬时从髋部发力，不要屈膝，下打时自然屈腿。

（八）扶池壁打腿练习

正对池壁，双手在水槽边扶好，按要求打腿，每次持续一定的时间，俯卧打腿和侧卧打腿交替进行。侧卧打腿可以使练习者很好地体会腿部上、下打水的正确动作。当运动员在水中练习时，教练可以在池壁观察、指导，及时指出错误并进行纠正。

二、手臂技术练习方法

（一）抱水/身体滚动练习

1.练习目的

提升划水效率，提高身体滚动的熟练性。

2.练习方法

一侧手臂划水时，另一侧手臂充分向前伸展，身体向划水臂一侧滚动，尽可能保持侧身姿势，注意划水幅度、路线要适宜，划水速度逐渐加快，身体滚动要连贯。

（二）"2+3"划水练习

1.练习目的

使运动员抱水和推水的技术动作更加熟练。

2.练习方法

右臂做蛙泳划臂动作2次，幅度小一些，然后做爬泳划臂动作3次，接着换左臂做同样的动作，两臂交替进行练习，在抱水和加速推水的动作环节注意力要高度集中。

（三）蛙自混合划手练习

1.练习目的

使运动员抱水和内划的技术动作更加熟练。

2.练习方法

充分伸展手臂，左臂做3/4蛙泳划臂动作，配合呼吸，然后做爬泳划臂动作，注意腿部打水的配合，接着换右臂做同样的动作，两臂交替练习。

（四）单臂划水

1.练习目的

促进划水技术水平和划水效果的提升。

2.练习方法

一侧手臂做爬泳划水动作，另一侧手臂放在体侧，对划水路线和抱水、加速推水及高肘移臂等动作环节要特别注意。

（五）单臂划水滚动练习

1.练习目的

掌握好呼吸时机，使头部位置保持稳定，提高身体转动的连贯性。

2.练习方法

一侧手臂做划水动作，另一侧手臂放在体侧，划水手臂入水时，身体顺势转动并快速转头吸气。

（六）侧身划臂练习

1.练习目的

体会水下划水技术，促进推水速度和效率的提升。

2.练习方法

一侧手臂向前伸展，另一侧手臂放在体侧。身体稍向前伸臂一侧转动，保持侧身姿势，前伸臂向后划水到大腿位置，此时要充分伸直手臂，然后再从水下向前伸到开始位置，反复练习多次。

练习者在侧身划臂练习过程中可以低头没水，抱水要深一些，外划长一些，推水速度要快，推水时快速转头换气，划水路线尽可能成"S"形。

（七）水下爬泳

1.练习目的

提高对身体姿势的控制力，体会正确的身体姿势。

2.练习方法

在水下爬泳，手臂做爬泳划水动作，从身体下方开始贴身向前移臂，手臂划水动作应准确无误，推水时要加快速度。这个练习适合放在正式训练的准备活动中或水中练习的前半程去做。

（八）3点接触练习

1.练习目的

更好地控制好身体姿势，使身体位置保持合理、稳定。

2.练习方法

一侧手臂划水时，另一侧手臂向前伸，当划水结束时，划水手贴近臀部向前移臂至前伸臂的肘部，然后经空中向后移到大腿部，贴近大腿，之后再从大腿部开始向前经空中移臂入水，同时身体随划臂而转动。反复练习。

（九）狗刨式划水练习

1.练习目的

该练习的特点是手臂划水后从水下移臂前伸，这有利于促进水下划水动作效果的改善与提升，对正确的划水动作予以体会，将注意力放在下划和内划上。

2.练习方法

一侧手臂划水，另一侧手臂向前伸，身体保持流线型姿势。手臂划水时稍放慢速度，对各个环节的正确动作予以体会，内划结束后手臂从水下向前移，充分伸展，然后另一侧手臂开始按同样的方法划水。

练习过程中头在水中正常位置，不要抬头离开水面，身体始终保持流线型，注意侧向转身呼吸。

（十）长狗刨式划水练习

1.练习目的

体会完整的水下划水过程，熟练水下划水。

2.练习方法

利用助浮器进行划水练习，使运动员在划水动作上注意力高度集中。刚开始身体俯卧在水面，手臂充分伸直，然后右臂连贯地完成抓水、内划和上划动作，划水结束后不要向水面移臂，应在水中移臂恢复至原来位置，再开始左臂的划水练习。两臂交替反复多次练习。

三、配合技术练习方法

（一）头部升降练习

1.练习目的

促进身体控制力的提升，保持稳定的身体位置，尤其是头部位置要稳定。

2.练习方法

以爬泳方式正常游进，通过头部的抬或降来体会适宜的头部位置，保持稳定的身体姿势。刚开始抬头至下颌在水面上，之后慢慢低头，如低头使嘴进入水中（每划3次水换气1次），低头使鼻子进入水中，低头使头部位于水面水平位置。在任意一段距离中都可以进行此项练习。确定练习距离后，按头的位置分4小段完成，各段距离要适宜。

（二）双臂分解划水

1.练习目的

体会爬泳时身体充分伸展的感觉，提升两臂协调配合的能力，掌握好两臂配合时机。

2.练习方法

左臂向前伸展，右臂位于体侧，两腿交替上下打水。右肩在水面外，目视前下方，呼气。完成打腿6次后，两臂同时换位，左臂划水，右臂空中移臂，直到右臂前伸成流线型，左臂放在体侧。再打腿6次后，两臂再次换位，从而完成一个动作周期。反复练习。练习过程中注意呼吸的配合，为练习正确的呼吸技术，先只向一侧吸气游几次，然后向另一侧吸气游几次，最后每3个动作吸一次气。

（三）水下打腿练习

在水下打腿练习中，俯卧练习和侧卧练习要交替进行，每次练习的距离为25米左右，以提升打腿效果和不同身体位置下的臂腿配合能力。

四、出发技术练习方法

（一）陆上模仿练习

两脚开立，模仿出发的预备姿势，向前弯腰、低头，手臂上摆，两脚同时起跳，两臂和两腿都要并拢、伸直，身体成流线型，落回原地。反复练习。

（二）池边出发

站在池边前沿，弯腰准备，身体慢慢前移到失去平衡，手臂前摆，蹬离池边，从一点入水。

（三）池边跳水

两脚分开，脚趾勾住池边，屈膝，两臂前摆，脚蹬离池边跳入水中，跳远一些，脚最先入水。

（四）出发台出发

站在出发台上，弯腰准备，身体慢慢前移到失去平衡，两臂摆动向前跳出。抓台式、蹲踞式或摆臂式出发交替练习。可以在预计入水的位置放一个呼啦圈或打水板，让身体从呼啦圈内或打水板前入水。

（五）完整出发

从预备姿势开始，直到入水、滑行、起游，完整练习出发技术。根据情况练习抓台式或蹲踞式。

五、转身技术练习方法

（一）陆上模仿练习

在垫上面对墙壁练习前滚翻动作，每次滚翻后用两脚接触墙壁。

（二）蹬边滑行后滚翻练习

以流线型姿势蹬离池壁，滑行约2秒后，两臂同时后划，两腿同时下打，低头团身做前滚翻动作，然后抬头。

（三）游进中滚翻练习

蹬边后游爬泳，连续划水5次后，低头团身做前滚翻动作。滚翻后抬头，再继续游进并练习滚翻。滚翻前不要吸气，滚翻动作要连贯。

（四）抓水线滚翻练习

俯卧漂浮，两臂前伸，双手抓水线，以水线为轴，身体围绕水线做前滚翻练习。

第四章　仰泳技能及科学训练

　　仰泳是人在水中以仰卧姿势游泳的一种常见泳姿。仰泳动作相对简单，而且呼吸难度也不大，容易掌握，所以深受游泳爱好者，尤其是初学者的喜爱。浮力较好的青少年儿童、女性较适合采用仰泳这一泳姿来锻炼身体，而且仰泳具有动作省力、速度均匀的特点，因此也适合体弱的年长者参与。仰泳具有广泛的普适性，群众基础广泛，而且也是竞技游泳比赛中的常见泳姿之一，大众仰泳和竞技仰泳呈现出协同发展趋势。不管是业余游泳爱好者，还是专业游泳运动员，其运动能力和竞技能力的提升都要经过科学而系统的锻炼与训练才能实现。本章在阐述仰泳基本常识和发展概况的基础上，重点对仰泳技术动作要领和练习方法进行研究，旨在为仰泳练习者提供科学有效的指导方法。

第一节　仰泳常识及其发展

一、仰泳常识

　　仰泳名称的由来与人在水中直观的仰卧游泳姿势有直接的关系。只要人在水中游泳时身体是仰卧在水面上的，都可以称之为仰泳。游仰泳时，人体呈仰卧姿势，两腿上下打水，两臂轮流在体侧划水。因为仰泳时手臂是在体侧划水的，难以充分伸展肌肉，所以上肢力量的发挥就受到了限制，速度也因此受到影响。

　　在4种常见竞技泳式中，仰泳最大的独特点除了游泳者的身体在水中呈仰卧外，还有一点就是从水下出发，这也是仰泳与其他泳姿的主要区别。

二、仰泳的起源与发展

仰泳拥有悠久的发展历史，有关仰泳技术的记载早在18世纪就出现了。早期人们在游泳中感到疲累时会采用一种仰卧漂浮在水中的姿势休息，这就是仰泳的雏形。后来，人们仰卧在水面，两臂在身体两侧同时向后划，两腿像游蛙泳一样蹬夹水，从而不断向前游进，这便是"反蛙泳"，也被称为"蛙式仰泳"。爬泳技术出现后，有人仰泳时蹬水动作依旧是蛙泳式蹬水，但划水则效仿自由泳划水方式，两臂轮流向后划水，之后又出现了两腿上下交替打水的仰泳蹬水技术。类似爬泳的划水技术和仰泳蹬水技术的结合被称为爬式仰泳技术，这种技术有很大的优越性，美国游泳选手赫布尔在1912年第5届奥运会男子100米仰泳项目比赛中采用爬式仰泳技术并获得了冠军。从此，蛙式仰泳被爬式仰泳所取代，参加仰泳比赛的运动员纷纷采用爬式仰泳技术。随着技术的不断发展，仰泳逐渐呈现出身体平而高，大屈臂、深划水、打腿强有力等新特征。游泳选手马特斯在1968年奥运会男子100米仰泳比赛中采用新的仰泳技术获得金牌，并成为历史上第一位在100米仰泳比赛中突破1分钟大关的运动员。这个成绩充分说明了新的仰泳技术的优越性。时至今日，这一仰泳技术仍被沿用，而且仰泳技术水平越来越高，越来越完善。

我国仰泳项目在中华人民共和国成立之后进步明显。1953年，我国优秀游泳运动员吴传玉在世界青年联欢节男子100米仰泳比赛中夺得金牌，这个金牌意义非凡，是我国运动员首次在国际体育比赛中获得冠军，为国家赢得了荣誉。进入20世纪90年代后，我国仰泳项目进步飞快，涌现出一批优秀的年轻仰泳选手，其中，最具代表性的就是被称为"中国游泳界仰泳之王"的徐嘉余。他是年轻一代中非常优秀的游泳运动员，取得了很多优异成绩。例如，他于2014年在全国游泳冠军赛中打破男子100米、50米、200米仰泳3个项目的全国纪录；他于2016年在里约奥运会男子100米仰泳项目上以52秒31的成绩获得银牌；他于2018年获得雅加达亚运会男子50米、100米、200米仰泳3枚个人金牌及男女4×100

米、男子4×100米混合泳接力赛的1枚团体金牌，同年11月11日，他又获得国际泳联短池世界杯东京站100米仰泳冠军，并以48秒88的成绩刷新短池世界纪录。2019年，徐嘉余获得国际泳联世锦赛男子100米仰泳冠军，成功卫冕。徐嘉余的突出表现让人们看到了中国仰泳的进步和发展，也让人们对中国仰泳运动的未来发展充满信心。

第二节　仰泳技术动作展示

一、身体姿势

游仰泳时，身体仰卧在水中，接近水平面，保持水平位置，髋部可以稍微向下沉一些，为打腿提供便利。身体随手臂划水而向两侧转动，注意髋和腿不要侧摆，以免增加游进阻力。

（一）身体位置

1.水平直线性

从仰泳运动员的侧面观察来看，运动员身体在水中接近水平面，身体几乎成一条直线，髋稍屈，如果过分屈髋，会导致腿部上打时大腿露在水面上。头部位置自然，下颌内收，水位线在耳的下方，目视后上方。

2.侧向直线性

从仰泳运动员的上面或下面观察来看，运动员髋、腿一直都在肩宽范围内。手臂划水、移臂时要控制好身体向两侧转动的幅度，尽可能避免因身体转动而对侧向直线性的身体姿势造成破坏。

（二）身体转动

仰泳时，身体要随两臂轮流划水动作而转动，身体转动有利于克服髋和腿的侧摆。身体能否随手臂划水而合理转动，是身体能否保持良好直线性的关键。如果手臂划水时身体不能协调转动，或某个部位转动不合理，则身体很难维持良好的侧向直线姿势。

手臂划水时，身体向两侧的转动角度约为45°，转动角度过大或过小都不合适。左臂移臂经过头顶时，身体开始向左转，左臂入水、第一次下划和上划时，身体继续左转。在第一次上划即将结束和准备第二次下划时，身体开始向右转，在水下划水的前半段，身体继续向右转，腿在新的方向进行对角线打腿，划水时打腿的积极配合能够为身体的顺利转动提供帮助。

需要注意的是，身体转动时头的位置是固定不变的，要尽可能保持头部的稳定性。

二、腿部技术动作

仰泳时，两腿交替上下打水的动作和爬泳有些相似，都是沿对角线交替打水。但二者也有区别，爬泳打腿产生推进力是在下打阶段，而仰泳打腿产生推进力是在上打阶段，这主要与身体姿势一个是俯卧，一个是仰卧有关。

（一）上打

游仰泳时，腿打水产生推进力主要就是在上打阶段，上打也就是鞭状打水，稍屈髋，腿伸展，脚背屈，脚尖向上打水直到水面。

前一次下打的结束部分就是下一次上打的开始部分，这与爬泳打腿是一样的。当腿向下打水至身体下方时，稍屈膝，大腿先开始进入上打阶段，带动整个腿向上打水。在水压的作用下，打水时屈膝角度加大，直观看上去腿还在下打，实际上已经从下打过渡到上打了。脚在水压的作用下而被向下压、向内屈，内扣成有利姿势，为腿伸展时脚向后推水提供了便利。大腿继续向上移，直至超过髋部，然后腿迅速伸展沿对角线方向上打，直到腿完全伸展并与水面接近。上打结束时，脚趾接近或稍高于水面。

仰泳运动员向上打水时，因为身体呈仰卧姿势，屈膝稍大一些也不会使阻力增加，所以膝关节的弯曲度比爬泳运动员下打时大约多10°。

上打过程中，前面阶段主要通过腿伸展而产生推进力，此时小腿前侧和脚背向后踢水，小腿向上、向后移动。最后阶段，小腿只是向上踢水，不再向后移动，因此只有脚的动作能产生推进力。仰泳运动员踝关节的柔韧性很重要，这在向上打水中就能体现出来，踝关节柔韧灵活者可以使脚背向后推水的时间延长一些，从而产生更大的推进力。

（二）下打

上打快要结束时会有一个反弹的下打动作。在向上打水的后半段，当小腿、脚还在继续向上打水时，膝部向上伸展，使大腿沿对角线向下移动，逐渐克服小腿和脚上打的惯性，开始进入下打阶段。上打结束后，为顺利开始下打，应略伸髋，当腿向下移至比身体位置低时，慢慢屈膝开始新的上打动作。

腿在向下打水的过程中一直保持介于屈和伸之间的自然状态，下打时腿部放松，腿和脚因水压的向上作用而能够维持正确的打水姿势。腿下打的动作力度较小，要比较轻柔地向下打水，当另一侧腿上打结束准备下打时，下打的腿到最低点后迅速上移开始进入上打阶段。向下打水是下一个上打的准备动作，腿主要向下、向前运动，不产生推进力。

仰泳中，腿部打水不仅可以产生一定的推进力，还能够使身体游进时保持良好的直线姿势。手臂划水和移臂很容易使身体的直线姿势遭到破坏，所以腿除了要垂直上下移动，还要顺着身体转动的方向来打水，即沿对角线打水，与身体转动协调配合，抵消手臂划水对身体姿势造成的不良影响，克服划水时身体摆动的弊端。

三、手臂技术动作

仰泳中手臂动作包括4个部分，即入水、划水、出水、移臂。

（一）入水

仰泳臂的入水动作应与身体的转动协调配合而成。一臂入水时，身体向同侧转动，可以加大手臂入水的深度。手的入水点应在头前，且在同侧肩的延长线上。手臂应伸直，肘关节不能弯曲，以小拇指领先，手掌朝外，干净利落地切入水中。

（二）划水

根据手臂转动方面的变化，可以将仰泳手臂的划水动作分为以下部分。

1.沿螺旋曲线下划和抓水

手臂入水后，不宜立即向后划水，否则容易造成手划水离水面较近，产生大量气泡而划空，而是应积极下滑。随着身体围绕纵轴的转动和积极的伸肩，手臂向外旋转、屈腕，使手掌对准水并有压力感。此时，划水的主要肌肉群，如肩带肌肉群、胸大肌和背阔肌，应得到适当的拉长，以便划水时能充分发挥力量。逐渐屈肘，前臂内侧和手掌对准后方，手指向外。抓水结束时，肘的位置仍略高于手。

2.沿螺旋曲线上划

臂下划完成后，随着身体绕纵轴继续转动，肘关节下降，手在向后划水的同时沿螺旋曲线同时向上、向后和向内划动，使屈肘的程度逐渐加大。当手臂划到肩下与水平面垂直时，身体转动幅度达到最大（约45°），肘关节弯曲也达到了最大限度（90°~120°）。与爬泳的高肘划水相似，人们也称其为高肘划水。上划结束时手掌距离水面5~15厘米，指尖指向外上方。

3.沿螺旋曲线鞭状下划

这个阶段臂的划水能够使身体获得最大的前进速度，因此，也是划水中最关键的一个阶段，一定要加速完成。这个阶段开始于手划水划到S形划水路线的最上方时，在从上划到鞭状下划的转换阶段，手掌朝向后方划水，使身体获得阻力型推进力，然后身体开始向划水手臂的对侧转动，手臂沿螺旋曲线向下、向内和向后加速划水，直至在大腿下完全伸直。

4.第二次上划

手臂鞭状下划后、出水前为第二次上划。第二次上划的动作为手掌向后上方划水，手指朝下。这个动作是直臂、伸腕完成的。

（三）出水

划水完成以后，手臂外旋，掌心指向大腿，借助手向下压水的反作用力和肩部肌肉的收缩，以及身体的自然转动，手臂迅速提拉出水面。出水时臂应伸直，压水提肩，使肩部首先出水，然后再带动上臂、前臂和手依次出水。

（四）移臂

手出水后，手臂应迅速以直臂方式向前移动，上臂应贴耳。移臂的前半段，手掌向内，使手臂肌肉尽量得到放松；当手臂移到头上，即与水平面垂直时内旋，使掌心向外，为入水做好准备。

四、呼吸技术

仰泳时，嘴巴和鼻子一直都在水面上，不会影响呼吸，但要注意保持好呼吸节奏，以免因没有充分吸气而导致动作节奏混乱。

仰泳运动员比较常用的呼吸方法是一臂移臂时吸气，另一臂移臂时呼气，2次划水配合1次吸气。

五、完整配合技术

基本上所有的仰泳运动员在比赛中都是采用6次打腿和2次划臂的配合方式，即在每个动作周期中，打腿6次（上打、下打各6次），划臂2次。完整配合方式是打腿、划臂、呼吸6∶2∶1。

以左臂和腿的配合为例，从左手入水开始，左臂第一次下划时，左腿向外上打腿（右腿向外下打腿），左臂抓水时，左腿上打结束。左臂进行第一次上划时，右腿上打结束。同时，右腿开始向上、向内打腿，直到左臂完成第一次上划动作。当身体向另一侧转动时，右腿上打完成。与此同时，左腿向下、向内打腿，但结束时应直腿向下。

当左臂第二次下划和第二次上划结束时，左腿又完成了一次上打。当左臂第二次下划时，左腿几乎直腿上打（右腿向下）。采用三峰划水模式的运动员，此时正完成最后两个划水阶段。采用双峰模式的运动员则在左手第二次下划时，左腿上打。右臂与腿的配合时机和左臂一样。

六、仰泳比赛出发技术

仰泳比赛主要采用水下出发技术，运动员准备出发时，双脚一定要全部在水下，脚趾不要将排水槽勾住。仰泳出发技术包括下列几个动作阶段。

（一）预备姿势

在水中正对池壁，双手将出发握手器握住，脚全部在水下，触碰出发一侧的池壁，前脚掌和脚趾在池壁处适当用力抵住，脚跟与池壁分开。屈膝使臀部没入水中。

听到出发口令后，身体稍向上、向前，呈"蹲伏状"。运动员低头，眼睛看向排水槽，屈臂外展，尽量抬臂，使臀部与脚跟靠近。

（二）蹬离池壁

蹬池壁时可采用双脚并拢和双脚错开姿势，二者没有好坏之分，只要适合运动员就可以。

听到出发信号时，运动员双手将握手器向后下方或后上方拉（根据握手器位置而定），使身体高出水面，同时向上、向后甩头，并继续拉握手器，直至两臂充分伸展。双手从握手器上离开后，手臂经过头顶快速向后摆动。同时两腿伸展蹬池壁，先将膝关节伸展，然后两脚用力蹬离池壁。此时双臂同时经过头顶并充分伸展。

（三）腾空

腾空时身体动作如同一个弧形，弓腰，两臂在头前方充分伸展，伸腿并拢，绷直脚踝。

在腾空阶段，整个身体都要尽量跃出水面。尽管从水下出发的难度很大，但如果能有意识地增加起跳角，在腾空时就比较容易背弓，也能使身体较好地完全跃出水面。腾空过程中，小腿和脚在水中产生的阻力不能太大，否则会影响后面的入水。

运动员能否顺利腾空直至入水，主要由背弓和头部动作决定。运动员蹬离池壁前就要保持背弓姿势，蹬壁时头向上、向后仰，看向泳池对岸。

（四）入水

运动员以流线型的身体姿势入水，入水时手臂并拢充分伸展，将头夹在中间，双腿伸直并拢。先双手入水，头、躯干、腿再依次入水。身体各个部位均从同一个点入水是比较理想的入水状态。

（五）水下海豚腿

入水后，两臂稍向上，腿的位置稍低一些，从而使身体方向从向下朝向前转变。在从池壁开始到向前15米的距离内，运动员可以进行水下海豚式打腿，当身体在水下处于比较深的位置，手臂小幅度向上抬起时，海豚式打腿的距离就会长一些，注意海豚式打腿前有一个较短的滑行时间。如果运动员入水后，手臂大幅度上抬，腿部位置较低，那么完成海豚式打腿的次数就比较少，一般只有2~3次。

（六）出水

身体到达适宜的位置后，身体斜向游进，靠近水面，最后完成的两三下海豚式打腿要以使身体靠近水面为目的。出水前用仰泳打腿的方式两脚交替打水，然后按仰泳划水的方式完成一次水下划臂，使身体到达水面，之后按正常速度游进。注意出水前身体要一直保持良好的流线型姿势，头始终在两臂间，不要上抬。

需要强调的是，在首次配合动作之前，运动员不可以通过打腿达到起游的目的，若还未出水就开始划水，则会使速度减慢。运动员应该在水下完成第一次手臂动作，而且要将划水时机掌握好，如此才可以使身体从出水开始就达到正常的比赛速度。

第三节　仰泳技术练习方法设计

一、腿部技术练习方法

（一）侧身打腿练习

1.练习目的

提高侧身打腿技术和身体转动技术。

2.练习方法

一侧手臂水下前伸过头顶，另一侧手臂位于体侧，侧卧打腿。身体朝前伸手臂的方向转动，经过6次腿、8次腿或是多次打腿后，再向另外一侧转动。

可以通过变换练习形式来提高6次腿的动作节奏，如一侧手臂前伸过头顶，另一侧手臂位于体侧，先侧打2次腿，再转到另一侧，转体同时，手臂位置也随之改变。先侧向打2次腿，然后转体时打2次腿，最后到另一侧再打2次腿，这样稍延长6次腿节奏。

开始练习时可以不做划手动作，只是转体时改变手臂位置。当打腿与身体转动配合熟练后，可以加上手臂划水动作。

（二）仰卧打腿练习

1.练习目的

提高腿部耐力和力量，使身体保持水平姿势。

2.练习方法

两臂在水下位于体侧或前伸过头顶。如果两臂在体侧，打腿的同时转动肩膀，助力身体转动，这个打腿练习较为容易，适用于仰泳初学者和打腿较差者。

手臂前伸的打腿练习较难，但是能很好地保持身体流线型。练习时手臂尽可能在水下前伸，手掌朝上，十指相扣。

（三）仰卧蹬边漂浮

1.练习目的

体会自然、放松、舒展的身体姿势。

2.练习方法

用双手抓水槽或池边，团身，双脚前脚掌蹬池壁。双腿蹬离池边，身体后仰成仰卧，两臂放在体侧，在水面漂浮数秒。不要勾头、勾脚，身体呈一条直线，保持平、直、放松的姿势。

（四）单臂举手打腿练习

1.练习目的

提高腿部耐力和力量。

2.练习方法

身体侧卧在水中，一侧手臂上举，同侧肩露出水面，另一侧手臂在水下放在体侧，身体向体侧手臂的方向转动，多次打腿后可转向异侧方向。

（五）扶板打腿练习

1.练习目的

纠正蹬腿打水的错误动作。

2.练习方法

纵向持板，使打水板位于大腿上方。如果打水板上下起伏，大腿触碰了打水板，说明膝盖和大腿在做蹬腿动作。正确的打腿动作是使打水板保持水平。

（六）顶海绵打腿练习

1.练习目的

提高维持头部稳定的能力。

2.练习方法

在额头上放一块海绵，游进时要避免海绵掉落水中。海绵也可以用潜水环等物品替代。

（七）垂直打水加转体

1.练习目的

提高髋部发力下的打水效果，促进踝关节柔韧性的改善。

2.练习方法

在深水中练习，身体直立，腰背部挺直，不要向前倾，两膝稍屈，放松踝关节。两臂相抱放在胸前，头在水面上保持正直（至少嘴和鼻子在水面上）。两腿打水从髋部发力开始，打水幅度小，频率快。

练习初期，如果头无法露出水面，可戴脚蹼练习，开始时每次持续30秒左右，重复练习。熟练后慢慢延长练习时间，增加练习次数，也可以将手臂上举以增加练习难度。

二、手臂技术练习方法

（一）站立模仿单臂划水练习

1.练习目的

正确掌握入水、移臂、出水的动作方法。

2.练习方法

两脚并立，身体一侧靠着墙，靠墙手臂模仿划水动作，开始时拇指领先，手臂上移同时转动，直至到达头正上方（入水位置），掌心与墙壁相对，而且与墙壁靠得比较近。移臂时手臂伸展，贴墙完成移臂动作。"入水"时上臂与耳朵贴近。两臂交替模仿划水动作。

（二）仰卧模仿单臂划水练习

1.练习目的

正确掌握划水技术，体会划水过程中的各个动作环节和动作要素。

2.练习方法

在长凳上或池边保持仰卧姿势（身体平行于池边），一侧手臂屈肘模仿水中仰泳划水动作，体会划水的幅度、节奏和时机。

（三）双人划水练习

1.练习目的

正确掌握划水动作要领，及时发现错误并改正。

2.练习方法

运动员在浅水中呈仰卧姿势，同伴协助抓住双腿，使其保持稳定的水平直线姿势，练习的运动员两臂轮流划水，将注意力集中在划水上。

（四）"挖沙"练习

1.练习目的

熟练掌握高肘抱水的技巧。

2.练习方法

仰卧在水面，手臂前伸过头，两腿轮流打水。一侧手臂划水3次，前两次划水时做抱水动作（不超过肩部），看起来像"挖沙"一样，第三次划水时手推水到最低位置，从而完全伸直手臂；3次划水结束后，手臂还原，身体转向另一侧，另一侧手臂重复该练习。两臂交替练习。

（五）手上举划水练习

1.练习目的

掌握高肘抱水和划水动作要领。

2.练习方法

仰卧在水中，一侧手臂向上举起与水面垂直，另一侧手臂前伸过头，身体向前伸臂一侧稍转，伸展过头的手臂做抱水和划水动作（不过肩），头部始终保持正确位置。

（六）侧身划水练习

1.练习目的

熟练掌握加速划水的时机和技巧。

2.练习方法

仰卧在水中，一侧手臂放在体侧，另一侧手臂前伸过头做划水动作，身体向划水臂一侧稍转动。划水时适当加快下划和外划的速度，划过大腿时完全伸展手臂；划水动作完成后，从水下移臂。

划水动作轨迹如同"S"形，为了使上划距离长一些，推水动作快一些，需要在练习中做高肘抱水动作。结束推水时如果需要换气，可将头部转向一侧来呼吸。

（七）三次滚动

1.练习目的

掌握身体滚动技术的动作要领。

2.练习方法

仰卧水中，两臂放在体侧，两腿交替打水。先向右侧转身，打腿6次，然后身体转向另一侧（左侧），同时打腿6次；再向右转身、打腿，这次配合手臂划水动作；身体左转、打腿、划臂；身体右转，打腿6次，左臂划水1次，接着身体左转，打腿6次，右臂划水1次。

练习时注意身体转动过程中肩部先出水。重复练习。

（八）顶点练习

1.练习目的

熟练掌握垂直移臂的动作要领。

2.练习方法

空中移臂时，手臂经过头部指向空中，拇指所在的最高位置就是"顶点"。在水中仰卧，两腿连续有力地打水，移臂到"顶点"时再向大腿位置还原。两臂交替重复练习。每次移臂时身体顺势滚动，使肩部出水。

（九）侧卧划水练习

1.练习目的

熟练掌握水下划水动作要领。

2.练习方法

身体仰卧在水中，一侧手臂前伸过头（划水臂），另一侧手臂放在体侧，身体向划水臂一侧转动。前伸过头的一侧手臂向下、向外划水，划水结束时抓水。第一次上划时，身体一直是侧卧的，最后两个划水动作完成后，身体转向对侧。划水结束后，划水臂收回体侧，另一臂前伸过头，准备划水。两臂交替练习。

（十）握拳划水练习

1.练习目的

提高划水效率，从而产生更大的推进力。

2.练习方法

运动员在握拳状态下练习完整的手臂划水技术，两手均握拳划水，或一手握拳进行单臂划水，另一手放在体侧。也可以用优势手臂握拳划水，另一侧手臂不握拳划水，两臂轮流划水，使非优势手臂更好地熟练划水技能，从而提升两侧手臂的协同划水能力。

（十一）空中停顿练习

1.练习目的

熟练掌握垂直移臂的动作要领，提高入水动作的效率。

2.练习方法

像正常仰泳一样进行练习，但当手臂在空中移臂到一半时，突然停止移动，在肩上方伸直，掌心在合适的时机转为向外。停顿一会后继续移臂，体会正确的空中移臂动作。

（十二）贴泳道线练习

1.练习目的

巩固垂直移臂的动作技能，纠正移臂错误。

2.练习方法

仰卧姿势，一侧肩部与泳道线贴近，这样手臂不得不垂直移臂。

该练习有利于有效纠正运动员在空中移臂动作环节常出现的手臂外摆的错误。因为靠着游泳线移臂，在游泳线的影响下，手臂不易来回摆动。

（十三）向内-向外移臂练习

习惯低平移臂的运动员适合采用这一练习方法。一些运动员在移臂时常常犯这样的错误，即移臂前半段手臂外摆，后半段手臂内摆，进行"向内-向外"移臂练习可以有效纠正这一错误。练习时注意移臂前半段时手臂向上、向内移动，然后手臂向外移至越过头顶，最后向下移动入水。

三、配合技术练习方法

（一）单臂连续划水

1.练习目的

提高划水时的动作控制能力和身体转动能力。

2.练习方法

一臂前伸成流线型划水；另一臂放在体侧。单臂连续划水和移臂时，注意力集中于转肩、转体及稳定头部姿势上，两腿快速有力地打水。注意要始终保持一肩提出水面，连贯完成动作，任何时候都不要停顿。

（二）双臂分解划水

1.练习目的

提升双臂配合能力，体会身体转动与划水的配合。

2.练习方法

右臂前伸成流线型姿势，左臂放在体侧，腿打水6次，然后两臂同时换位，右臂划水，左臂经空中前移，直至左臂前伸，右臂放在体侧。再打水6次，继续下一个动作。注意始终保持一肩提出水面，用较慢速度连贯完成动作。

（三）仰泳配合划水

1.练习目的

提高两臂配合能力，体会两臂配合时身体的转动。

2.练习方法

一臂前伸成流线型姿势，两臂连贯流畅地交替划水。用肩的动作引导手臂动作，移臂时肩的位置要高，动作不能停顿。始终保持一肩提出水面，两腿快速有力地打水。

（四）改变方式的配合技术练习

1.练习目的

增加练习的趣味，提高协调能力。

2.练习方法

为提高水感，可采用握拳划水、伸三指划水、伸二指划水等练习方式；为增加练习的趣味性，可采用双人仰泳练习或多人仰泳串练习（一人在前领先游仰泳，后面的人一手抓前面人的一脚，另一手划水），以及仰泳划水、蝶泳打腿、反蛙泳（两臂同时划水，两腿蹬蛙泳腿）等。

四、出发技术练习方法

仰泳运动中，运动员在出发环节常常出现身体腾空时腿拖在水中和入水时身体各部位没有从同一点入水等问题。针对这些问题而设计的如下练习方法对纠正错误很有帮助。

（一）池岸出发练习

1.练习目的

掌握腾空技巧和正确的入水方法。

2.练习方法

身体背对着水，在池边做好蹲伏准备姿势，向上抬腿，双脚同时起跳，背跃跳入水中，身体要成流线型姿势入水，入水动作干脆利落。入水后在水下进行海豚式打水，使身体运动方向从向下朝向前转变。

（二）抓水槽出发练习

1.练习目的

正确掌握入水技术，提高入水质量。

2.练习方法

该练习不需要出发台也能完成，在准备阶段抓住水槽，脚在水下，脚趾在池壁上紧紧抵住。然后用较小的力完成背跃出发，双脚蹬离池壁前，臀部先出水，使身体成拱形，双手向后入水。

该练习和正式的仰泳出发相似，但两脚蹬壁力度比较小，腾空高度也比较低。腾空时，身体背弓姿势要达到标准要求，入水时腿部上抬。

（三）越绳出发练习

在距离出发端较近的位置，在两侧泳道线上拴一根绳子或橡胶管。运动员从水中出发时背部要从绳子或橡胶管上越过，从而使身体腾空后保持良好的弧度，并为顺利入水做好准备。

（四）双人互助练习

仰泳出发技术中有一个较大的难点，即身体腾空的反弓动作。通过互助练习可以使练习者更好地体会腾空时的反弓动作。在同伴的拉动下，练习者起跳前的重心得到提高，为腾空时身体的反弓提供了良好的条件。

五、转身技术练习方法

（一）游近池壁和滚翻

在与池壁相距10米远的位置开始游仰泳，经过与池壁相距5米远的转身标志旗时，心里对动作次数进行默数，目的是清楚完成多少次划水后转为仰卧姿势更合适一些。转为水平仰卧姿势后向前滚翻，直至脚触壁，目视上方。注意体会滚翻时与池壁的距离是否适宜，以便及时调整。

（二）仰卧蹬边和起游

在水池中仰卧，双手抓住出发握手器或水槽，脚蹬离池壁，身体呈流线型姿势滑行，速度减慢时，做海豚式打水，使身体浮到水面，然后开始正常节奏的仰泳划水。

（三）螺旋游

螺旋游就是像螺丝一样在水中旋转前进，进行该练习是为了熟练滚翻前身体姿势从仰卧转换为俯卧的技巧。

练习时，仰卧于水中，一侧手臂划水，身体转向划水手臂的方向，另一侧手臂做高肘移臂动作，移臂过程中身体顺势转动，从侧卧向俯卧过渡，像游爬泳一样，一侧手臂划水，转头吸气时，身体再转成仰卧姿势。上面手臂正常移臂，下面手臂正常划水。移臂时身体再转成俯卧姿势。两侧方向交替练习。

第五章 蛙泳技能及科学训练

蛙泳不仅是四大泳姿中实用性最高、历史最悠久的泳姿，而且也是普及度最高的泳姿。蛙泳是学习其他泳姿的基础，大多数的初学游泳者往往都是从蛙泳学起，因此，掌握蛙泳的基本技术和科学训练非常重要。本章从蛙泳常识及其发展、蛙泳技术动作展示以及蛙泳技术练习方法设计3个方面进行详细的研究，对蛙泳的历史发展、最新趋势做了全面的梳理，对蛙泳的技术和训练进行全面的分解和阐述，并且结合笔者多年的实践经验对一些典型错误做了总结和分析。

第一节 蛙泳常识及其发展

一、蛙泳的基本常识

（一）蛙泳的分类

尽管蛙泳的呼吸和身体的姿势、手臂和腿部的配合相对简单，但是其仍具有较多难点。蛙泳可以细分出多种不同的特色技术形式，有很多著名的运动员都具有自己独特的技术风格。例如，我国运动员齐晖的蛙泳技术就个性鲜明。她的蛙泳窄蹬腿技术非常少见，腿部的特点是窄收窄蹬，且避腿速度极快，因此腿部的阻力非常小。另外，她在游进的时候整个身体在水中的位置较高，且划水时手臂外划动作较小，提肩收手动作干净利落使得迎水面变小，迎面阻力降低。因此，齐晖的划水始终都保持在较高的水平。类似的例子还有很多，几乎每一个成绩优异的运动员都有自己的"独门秘籍"。由于技术上的不断突破，蛙泳的世界纪录频繁地被刷新。尽管目前存在着多种多样的蛙泳技术形式，但大致可以分为平式蛙泳和波浪式蛙泳两种。

1.平式蛙泳

平式蛙泳是一种比较经典的蛙泳技术。平式蛙泳在20世纪五六十年代曾占统治地位，至今仍有很多运动员选择平式蛙泳作为自己的主要技术形式。平式蛙泳的特点是运动员在游进的过程中始终保持身体位置趋于平坦，身体起伏很小，抓住收腿时身体自然地向前上方移动的时机进行吸气，因此头部探出水面的高度很低，几乎没有抬头吸气的动作，前进的阻力很小。因此，现代平式蛙泳被公认为是一种既省力节能，又简单高效的蛙泳技术。

2.波浪式蛙泳

波浪式蛙泳的特点是换气时上半身的位置相对升高较大，几乎肩部完全露出水面，整个身体的起伏波动增大，因此被称为波浪式蛙泳。该技术的动作特点是上拉配合外划上收夹手动作，用力上伸头部，此时臀部和下肢的位置比平时蛙泳要明显降低，也就是说身体的上半身上拉，下半身倾斜的角度更大，使用这一技术主要是借助腰背的力量大力推进身体，以增加前进速度。波浪式蛙泳技术还可以根据细微的差别再细分出许多种技术门类。波浪式蛙泳是靠腰背部的核心发力以及身体较大的冲量向前，再配合强有力的下肢蹬腿动作从而使前进速度大大提升。它需要运动员具有一定的爆发力和耐力，以保证足够的前冲力度，保证动作的连贯性和稳定性。

（二）蛙泳的特点

无论是平式蛙泳还是波浪蛙泳，其共有的特点是锻炼价值大、实用范围广，是学习其他泳姿的基础。

1.锻炼价值大

蛙泳由于其节能的特点，而具有较强的实用价值。另外，蛙泳是一项全身上下肢协调配合用力的运动，因此特别适用于普通人的健身锻炼或者康复锻炼，尤其对于缓解腰部不适有明显效果。

2.实用范围广

在游动中，由于蛙泳的手臂抱水、划水的动作，以及腿部的蹬腿动作都是在水下进行的，因此几乎不见水花，游进的声音较小。另外，蛙泳还可以潜游，而且还是4种泳姿中视野最好的一种，这使得蛙泳具有较好的水上隐蔽性。因此，蛙泳经常被用于科研、水中拍摄以及军事侦察活动。

3.属于基础泳姿

蛙泳属于基础泳姿，其他泳姿都与蛙泳有不同程度的关联。一般而言，学习游泳都是从蛙泳学起，掌握了蛙泳之后，再学习其他泳姿就变得容易很多。而且，学会蛙泳也就意味着可以原地游和踩水，这让游泳者累了时可以在水中稍作休息，甚至具备一定的自救能力，所以学会蛙泳是学习游泳技能的基础。

二、世界蛙泳的发展

蛙泳是人类历史上最古老的游泳姿势，最早可追溯到数千年前。在中国、罗马、埃及等国的文献史料中均有关于蛙泳的记载。到中世纪末，蛙泳已经是水兵的必备训练内容。18世纪末，一些欧洲国家的重要军事学校就将蛙泳列为军官士兵的必修科目。

就技术发展而言，蛙泳经历了大致以下5个阶段，分别是传统蛙泳阶段、蝶式蛙泳阶段、潜式蛙泳阶段、水面蛙泳复苏阶段和现代蛙泳阶段。

（一）传统蛙泳阶段

在蛙泳的早期阶段，运动员以为增长划水路线就可以增加速度，于是努力加长两臂的划水路线，从手臂入水一直划至大腿旁，然后在用力收向腹部的同时向后蹬水，这种泳姿不仅手臂的动作幅度大，而且游进时身体起伏也很大，因此传统蛙泳也被称为"跑马式蛙泳"。这种泳姿由于动作起伏略大，导致游泳的阻力大、速度慢。后来人们发现这一弊病，于是改为减小划水幅度和收腿的幅度，并且发现如果采用双腿向两侧蹬水后再夹水的腿部动作可以明显提高速度。此后，又经历过多次的改进和尝试后，才找到了身体较平、手臂和腿部配合较协调的平式蛙泳技术。

（二）蝶式蛙泳阶段

1936年，国际泳联重新对竞赛规则做了修订，允许蛙泳两臂划水后从水面上向前移臂。这一规则的改动，为蛙泳带来了速度上的大幅提升。这是因为，相对于在水中移臂，手臂在空中向前摆动的阻力几乎可以忽略不计，这让蛙泳运动员的速度得到大大提升，整体上都大幅提高了成绩。这种蛙泳腿蝶式臂的技术，人们称之为"蝶式蛙泳"。于是，传统蛙泳一度受到冷落。

（三）潜式蛙泳阶段

在1952年的第十五届奥运会上，国际泳联决定把蝶泳作为独立的游泳比赛项目。从此，蝶泳和蛙泳变为两种不同的泳姿和项目，传统蛙泳技术得以恢复和发展。此后，人们发现手臂在水下划水有其独特的优势，比如，可以减少水波、充分利用手臂力量等，于是又纷纷改用潜式蛙泳技术。

（四）水面蛙泳复苏阶段

在第十六届奥运会之后，国际泳联再次修改规则，规定蛙泳比赛中禁止潜泳，头部要始终露出水面。至此，传统蛙泳得以复苏，并逐步发展出许多不同技术流派，如高航式、半高航式、平航式、海豚式等。必须指出的是，正是由于国际泳联对蛙泳规则的明确，蛙泳技术才得以延续和不断发展。尽管传统蛙泳由于速度较慢而两次面临淘汰，但是蛙泳因为具有独特的优势和实用价值，最终还是被保留了下来。并且经过一代代蛙泳运动员们的集体努力，蛙泳的世界纪录被不断刷新。

（五）现代蛙泳阶段

1986年，国际泳联再一次修改规则。新规则要求，从1987年起所有蛙泳比赛把原来要求的"头的一部分应始终露出水面"改为"在每一个完整动作周期内，运动员头的某部分应露出水面"，又规定"两脚在向后蹬水时，必须做外翻动作，不允许做上下打水或类似海豚腿的动作"。这一规定的修改，再次明确了蛙泳动作的边界，使蛙泳和海豚泳相区别，同时也消除了运动员担心头部偶尔入水而犯规的顾虑。明确而合理的规则，再次为蛙泳技术的提升创造了有利条件。这之后又出现了冲潜式、波浪式等蛙泳流派。

三、我国蛙泳的发展

我国蛙泳运动发展的里程碑时刻是1957年。这一年，我国游泳运动员戚烈云采用"高航式"技术以1分11秒6的成绩打破男子100米蛙泳世界纪录，成为中国第一个打破游泳世界纪录的运动员。1958年，我国运动员穆祥雄使用"半高航式"技术，以1分11秒4的成绩再次刷新男子100米蛙泳世界纪录。1959年，穆祥雄又以1分11秒3和1分11秒1两次刷新男子100米蛙泳世界纪录，成为我国游泳界打破世界纪录次数最多的运动员。1960年，我国运动员莫国雄采用"平航式"技术又一次打破了男子100米蛙泳的世界纪录。短短4年间，我国就有3名运动员5次刷新男子蛙泳的世界纪录，这也标志着我国的游泳项目达到世界较高水平。但令人惋惜的是，在20世纪60年代中期以后，由于训练中断，我国的游泳项目水平与世界最高水平拉开距离。进入20世纪80年代后，我国广大的教练员和运动员奋勇追赶，通过学习体育强国的先进经验，克服一切困难艰苦训练，使我国蛙泳运动水平进入了一个新的历史发展时期。在1982年的第九届亚运会上，我国运动员叶润成摘得男子100米蛙泳金牌，成为我国第一个获得亚运会游泳金牌的运动员。在1986年的第十届亚运会上，我国运动员金浦和黄晓敏分别摘得男子100米和女子100米蛙泳的两块金牌。1988年，在第二十四届奥运会上，黄晓敏在女子200米蛙泳项目上以2分27秒49的成绩获得银牌。韩雪于1996年世界杯游泳系列赛和1997年世界短池锦标赛中，多次打破女子50米蛙泳的短池世界纪录。1998年，曾启亮在第八届世界游泳锦标赛上获得男子100米蛙泳银牌。2001年，在日本福冈举行的第九届世界游泳锦标赛上，我国运动员罗雪娟获得女子蛙泳50米和100米两项冠军，并且在两年之后的巴塞罗那的第十届世界游泳锦标赛上再次赢得女子蛙泳50米和100米的两块金牌。2004年，在希腊举行的第二十八届奥运会上，罗雪娟再次摘得女子蛙泳的100米金牌。罗雪娟因伤病退役之后，中国女子蛙泳曾出现短暂的青黄不接局面。然而可喜的是，近年来我国又有成绩卓然的小将出现。例如，来自上海的16岁选手唐钱婷，在2021年第十五届世界短池游泳锦标赛上，获得女子蛙泳100米冠军，这极大地振奋了国人的精神。这些激动人心的成绩，标志着我国运动员经过艰苦卓绝的努力之后，终于使中国蛙泳项目的实力再次接近世界水平，令人倍受鼓舞！但是所有的成绩只能说明过去，世界蛙泳水平进步飞速，为了保持我国蛙泳的高水平状态，还需要挖掘和培养更多的游泳人才。

第二节 蛙泳技术动作展示

一、身体姿势

在游蛙泳时，身体俯卧水中，两臂从胸前向两侧做弧形的向外划、内划和前伸动作，两腿同时做收、翻、蹬夹的连续动作。需要注意的是，双臂和双脚的动作要对称且同时进行，保证蛙泳游动中的身体姿势平稳。由于蛙泳动作简单省力，可以较大范围地调节游动速度，且蛙泳的呼吸方式自然，可以长时间、长距离的游泳。在完成一个动作周期后有一个短暂的滑行阶段，此时应尽快将两臂和两腿伸直并拢以减小阻力，头略微抬起稍高于水平面，身体纵轴与水面成5°～10°角。当再次开始手臂划水时，肩部随着划水的进行而逐渐升高。当头部达最高点时大口吸气，身体的主要技术动作如下。

（1）滑行：在游泳开始和结束时的身体姿势。在作滑行时身体保持俯卧于水面上，两臂前伸使身体保持水平和流线型。

（2）蹬腿后身体的流线型：在蹬腿的推进阶段，努力保持身体的流线型。在两臂开始前伸时蹬腿，然后迅速使身体恢复流线型姿态，且在蹬腿获得推进力的阶段低头使头在两臂间。

（3）抬头吸气的流线型：在呼吸阶段身体仍保持流线型。两臂前伸随后两手交叉握住、蹬腿、吸气，且保持身体的流线型。

二、腿部技术动作

蛙泳腿部动作是推动身体前进的动力之一，尤其对于初学者而言，蛙泳的推进力绝大部分是来源于蹬腿的动作。因此，在刚开始学习蛙泳时一定要正确掌握蛙泳腿的腿部动作和技术细节。蛙泳腿的技术动作可分为收腿、翻脚、蹬夹腿以及滑行4个步骤。

（一）收腿

收腿技术是翻脚、蹬夹腿的准备动作。首先在开始收腿的同时屈膝并屈髋，两腿保持放松状态并缓慢地分开，小腿和脚应跟在大腿的后面。收腿时两腿的动作要放松、自然，顺应水的张力。收腿结束后，大腿与躯干之间形成130°～140°的角，膝关节折紧，脚后跟靠近臀部，小腿与水面垂直，两膝与肩同宽。

（二）外翻

翻脚实质上是从收腿到蹬水的一个过程，是收腿的继续、蹬水的开始。蹬水效果的好坏，一般取决于翻脚技术是否正确。为了增长蹬水的路线，随着收腿的进行两脚继续向臀部靠近，同时大腿内旋两膝内压，待小腿收到位后紧跟着脚尖向两侧外翻，目的是尽量使脚掌内侧正对蹬水方向，使蹬水的受力面增大。翻脚时脚跟尽量收至臀部，如果技术动作正确，翻脚结束时，从后面看很像英文字母"W"。

（三）蹬夹

蹬夹水技术包括蹬水和夹水两部分，两个动作应该连贯流畅，是不可分割的整体。蹬夹水用力均匀，是由核心力量及大腿同时发力完成的。蹬水的同时勾脚，保持用脚跟做向外、向侧、向后的快速有力的蹬水动作。整个蹬夹水技术是一个由慢至快的动作过程。

（四）滑行

腿蹬夹结束后，由于蹬腿的惯性作用，两腿有一个短暂的滑行阶段。这时两腿应尽量伸直并拢，腿部肌肉和踝关节自然放松，为下一个动作周期做好准备。

滑行和收腿时都应注意脚的形状尽量顺着水流，使水流不会突然改变方向。

三、手臂技术动作

蛙泳的手臂动作起到关键作用，对于技术成熟的运动员而言，手臂动作承担了大部分的推进力量。因此，蛙泳的手臂动作基本上决定了蛙泳的行进速度。蛙泳的手臂技术动作可分为开始姿势、抓水、外划、内划和伸臂5个部分。尽管手臂技术动作被分解为5个部分，但是在游蛙泳时，每两个动作之间的衔接应该自然流畅、一气呵成地完成。

（一）开始姿势

蛙泳的开始姿势是指每一个动作周期结束后，都会重新回到开始的姿势。蹬腿动作结束后，两臂在体前伸直并拢，双手十指自然伸直并拢，减小阻力。

（二）抓水

抓水是划水前的准备动作。抓水技术是指前伸的手臂先内旋，使掌心转向两侧和后下方，之后稍微地勾起手腕并抓水，当感到水对手掌的压力时则用力划水。一般而言，抓水的动作是从双掌向两侧分开直至两臂分开程度与肩同宽或者略微宽于两肩。

（三）外划

划水技术是手臂产生推进力的重要技术动作，双臂完成抓水动作后随机进入划水动作。此时，双臂在向双侧的外、后、下方划水的同时，逐渐屈肘、提肘，前臂的移动速度明显要快于大臂，用力划水获得最大推进力。当两手划至肩的前侧下方时，两臂之间大约呈120°角，此时划水的角度达到最佳程度，两手之间的距离大于两肘的距离，外划动作结束。

（四）内划

内划是外划的延续，通过内划动作可以同时获得一些向前的推动力以及使身体上升的推力。开始内划时手转向内、后、下方划水，当两手划至最低点时，肘关节弯曲成接近90°，此时双手和双肘同时向上运动，两手位于头的正下方，肘的位置低于手，肘关节弯曲成锐角时，内划结束。

（五）伸臂

伸臂是内划的延续。当内划结束时双臂向前伸展，逐渐回到开始姿势。注意在伸臂过程中，双掌应由原来的相对位置而逐渐转为倾斜向下，以获得最小的阻力。一次完整的手臂动作，可以想象其运动路线为一个倒置的心形，手臂的移动速度由慢到快，逐渐加速完成。

四、呼吸与手臂配合技术

蛙泳每划水 1 次应吸气 1 次。优秀运动员通常在内划接近结束时吸气，吸气时间较短，伸臂后呼气。这种技术由于抬头时间短，身体重心和浮心失去平衡的时间短，因而阻力小，一般被高水平运动员采用。

如果说平式蛙泳的吸气还需要借助抬头才能完成的话，那么对波浪式蛙泳来说，吸气并不是依靠向上抬头来实现的，而是随着肩和躯干向上、向前的波浪动作，头自然地前伸，露出水面吸气。由于没有突然向上抬头，不会破坏身体前进的动量和身体的流线型，在吸气结束时，头还可以通过前摆插入水中减少阻力，引导伸肩和躯干的波浪动作。

五、完整配合技术

蛙泳的配合技术最复杂。在分别掌握了手臂技术、腿部技术和呼吸技术之后，将 3 个技术结合在一起才是完整的蛙泳技术。一般多采用 1：1：1 的配合方式，即手臂的一次完整划水动作、一次完整的蹬腿动作和一次呼吸共同组成一套完整的蛙泳动作，即一个蛙泳动作周期。

在完整的蛙泳技术配合中，要保证每个技术动作都能做到位且不变形。从等池边滑行出发，划水、吸气、蹬腿然后滑行，所有动作要一气呵成，熟练地衔接每个技术。重点体会整体配合是相辅相成的，尽量做到流畅自如地完成，然后就可以开始正式的蛙泳练习了。

（一）平式蛙泳完整配合

常见的平式蛙泳配合技术是手臂外划水时，腿自然放松伸直，手内划时沉腿屈膝，手向前伸臂到 2/3～1/2 时快速蹬夹水。

（二）波浪式蛙泳完整配合

与平式蛙泳的"划水–蹬水"配合节奏不同，波浪式蛙泳的配合节奏是"划水–前冲–蹬水"。前冲是波浪式蛙泳的独特之处。它发生在内划结束和蹬水开始之间，此时手和前臂正好在水平面上并与水面平行快速前伸。划水和伸臂开始时胸背部反弓，前冲时背部上拱。

六、蛙泳比赛出发技术

蛙泳比赛的出发技术与爬泳、蝶泳等相同，此处不再赘述，技术动作参考第三章中的爬泳比赛出发技术。

七、蛙泳比赛转身技术

（一）游近池壁

运动员在游近池壁时应根据离壁距离调整动作，以便于移臂或伸臂动作结束即可触壁。为获得更大的冲量，触壁前最后一次打腿或蹬腿动作应有力。腿部动作产生的冲量在蹬离池壁时起反弹作用，有助于身体更快地蹬离池壁。在打腿或蹬腿结束产生最大推进力阶段触壁最为理想。

（二）触壁

在触壁后，头部和肩部出水过高，浪费时间，消耗体力。在有水槽的短池比赛时，有此技术错误的人数更多，他们触壁拉槽后，身体往往拉起过高。触壁后和身体做后转动作时，不应有向上的动作，即头部和肩部应尽量在水面后移，这有助于加快转身速度。即使两腿触壁和两臂前伸动作会使上身或多或少有些上抬动作，仍应尽力避免身体的有意过分上抬动作。

（三）转身

在池端有水槽的泳池转身时，两手一触壁，一手应立即后伸。应借助拉肘靠肋动作协助另一臂完成后伸动作。身体侧后转的同时，屈臂，将下身拉向池壁。

在无水槽的泳池转身时，应以手指先触壁。触壁后，一臂迅速后伸，同时另一手过渡到手掌触壁，手指指向斜上方（斜向转身方向），然后屈臂，身体靠向池壁。同时，两腿收向腹部。两腿一旦移过体下，触壁臂立即将身体推离池壁，然后该臂水上高肘前移。为减小移腿阻力，加快移腿速度，两脚应重叠并拢，两腿收紧，经体下直接移向池壁。此时，应有膝部收向腹部的感觉。两腿移至体下时，抬头出水。两腿一旦移过体下，即推壁，协助头部摆离池壁。在转身的这一时刻，身体任何部分都脱离池壁。上体摆离池壁的反作用力，可加快两腿触壁速度。转身过程中吸气两次是易犯错误之一。不少运动员触壁抬头时立即吸气，当头部完全抬出水面时再吸一次气。第一次吸气会影响转身速度，因为这次吸气会拖长两手触壁时间。正确的做法是转身过程中吸一次气，即在头将入水时结束吸气。

身体应侧卧转身。推臂和水上高肘移臂后，臂、头应同时入水。从此时至蹬壁过程中，身体在水中保持侧卧姿势。

与此同时，水下臂前伸，手掌上转上划，以加快身体入水速度。

推离池壁后，如不能侧倒入水，而是像多数运动员那样俯卧入水，则会拖长入水至蹬壁间的时间。其原因至少有两个：与侧倒入水相比，俯卧入水耗时较多；身体入水时，上体保持俯卧姿势会加大入水时的阻力。所以，应该侧倒入水，以减小身体入水时的身体截面，从而缩短转身时间。因此，应要求两脚上下触壁，触壁时脚趾侧指。转身时手掌要在头部的后前方入水，入水前要目视转身端池壁上方，以帮助身体蹬壁时保持侧卧姿势。

（四）蹬壁

两脚触壁时，两臂前伸，尽快与身体成一条直线，并立即开始蹬壁。

蹬壁时两脚应在水面下 45～50 厘米处触壁，脚趾向侧，身体侧卧。蹬壁动作应有力。蹬壁的同时伸臂，以便增大蹬壁动作力量。蹬壁过程中，身体逐渐转为俯卧姿势。

蹬离池壁时，一脚在另一脚上方。滑行时，身体完全转为俯卧姿势。两脚触壁时，虽说应尽量使身体呈直线，但此时准确地保持身体直线姿势是困难的。

一般情况下，两脚触壁时，头将入水，一臂前下伸做入水动作。不应等身体做好完美的蹬壁姿势后再做蹬壁动作，而应在蹬壁过程中，身体完全呈直线动作。

（五）滑行和出水

蝶泳时，运动员蹬离池壁的方向应是水平的。蛙泳时蹬离方向稍向下，以便有效地做长划臂动作及获得更快的滑行速度。滑行时应注意身体的流线型。当滑行速度接近比赛游速时，蝶泳运动员应做两三次海豚泳打腿动作，并适时开始划臂动作。划臂结束时，身体向前上方冲出水面。在50米、100米蝶泳比赛时，应在出水后做第二次划臂动作时再开始吸气。200米蝶泳比赛时，可在水下第一次划臂动作临结束时开始吸气。

蛙泳时，应在水下做一次臂、腿动作之后再游出水面。

有些运动员蹬离池壁后，身体的一部分往往露出水面，并过于贴近水面滑行。这一技术错误会增大形状阻力和波浪阻力，使滑行速度迅速下降。产生这一错误的原因在于两手触壁时间过长，以及两脚触壁前，上体和两臂没有及时做好入水蹬壁前的预备姿势。纠正这一错误的方法是要求两脚刚移过身体下方，手掌立即推离池壁并开始前伸。

第三节　蛙泳技术练习方法设计

一、蛙泳的出发、转身与到岸练习

（一）蛙泳的出发练习

蛙泳的出发与自由泳和蝶泳出发技术相类似，都是从出发台出发。蛙泳的出发入水深度约为90厘米，是4种泳姿中入水最深的泳姿。入水后借助出发的惯性身体可成流线型快速向前滑行，当滑行速度开始下降时，运动员开始划水、收腿、吸气、起游。

1.蛙泳出发的练习方法

（1）陆上练习。两脚左右开立，与肩同宽，听到出发口令后模仿出发预备姿势，跳入时，两只手臂前伸带动身体向上跳起，在空中体会身体充分伸展的感觉。

（2）站立于池边。两臂上举并夹紧头部，上体前倾的同时屈膝，然后双脚用力蹬地入水。

（3）在出发台上做完整出发练习。注意动作要规范，且在水深必须高于1.5米的游泳池中练习。

2.蛙泳出发动作的常见问题

在初次练习蛙泳的出发动作时，经常会遇到以下几个问题，找到这些问题的原因就可以快速地提高蛙泳出发技术。

（1）入水时胸腹被水拍得很痛：出发入水时如果胸部被水拍得很疼，一般有2种原因：一是入水时抬头挺胸使身体与水面的角度过小；二是起跳角度太大也会使胸腹部贴近水面的面积增加而被水拍打得疼痛。因此，起跳时要注意先倒后蹬，且入水时一定要低头，身体适度紧张。

（2）入水时身体弯曲：入水时身体呈流线型姿势可有效减小阻力，从而可以在水中滑行较长的距离。如果入水时臂腿没有伸直并拢，就会增大阻力。

（3）入水太深：入水角太大就会导致入水太深。因要注意先倒后蹬，这要经过多次练习才能体会动作的技巧，因此，刚开始练习出发时要从陆上开始，体会每个动作的用意。

（二）蛙泳的转身练习

转身动作是指触壁之后，运动员随机收腿并且双脚靠近池壁，身体直体后倒。如果转身动作不到位会在侧向摆动上浪费时间。例如，头和躯干从池壁开始转动，同时髋部和双腿从另一个方向靠近池壁。这样无形中增加了身体移动的距离，而且过程中的阻力也增大很多。因此，转身时应该在收腿触壁的时候将头和躯干摆回至原本腿所在的位置，那么转身就会更快更有效率。

1.蛙泳转身的练习方法

（1）陆上练习。面对墙站立，两手扶墙，做蛙泳转身动作的模仿练习。

（2）在陆上从离墙1米的地方走向墙，然后两手扶墙，做（1）的练习。

（3）水中练习。当双手触及池沿时，用力拉身体至池壁，然后做转身动作。

（4）游近池壁做完整的蛙泳转身动作。

2.蛙泳转身动作的常见问题

（1）到边转身时身体下沉而无法转身：这主要是由于游速太慢，无法借助惯性进行团身和转身。因此在练习时注意快要靠近池边时应该加力提速。

（2）转身动作太慢或转不过来：转身动作慢而常常转不过来有以下几个原因造成：①游速太慢。②推手太早。③团身不够。

对应的纠正方法分别为：①提高游速，尤其在即将到岸时。②手摸边后不要着急推手，而是先屈肘、收腿等到身体纵轴几乎与水面垂直时再推手。③用力收腿、团身。

（3）转身后不能向正前方蹬出：这是因为在没有完成转身动作之前就急于蹬壁造成的。因此转身动作要快，等两脚都蹬在池壁上再用力向前蹬出。

（三）蛙泳的到岸练习

到岸是决胜的最后关键技术。损失一毫秒可能就意味着与奖牌失之交臂，因此，到岸练习非常重要。在练习中应该注意的几个关键环节如下。

（1）蛙泳比赛要求双手击壁，因此在触壁前应该保持俯卧姿势。

（2）最后一次手臂动作的前伸应该加速，这样就会为击壁争取时间。

（3）到岸前的最后一个手臂动作不吸气，可以节省一次抬头的时间。而且如果脸部保持在水中，可以使手臂多向前伸展一些。

（4）最后一次蹬腿加强发力，可以加速到岸。

（5）如果剩下较短的距离时，应该用力向前伸展而不是划臂。因为即使小的划臂也比滑行花费更长的时间。

（6）如果离壁较远则应果断增加一次手臂动作。

二、蛙泳腿练习

（一）勾脚、绷脚和翻脚练习

练习勾脚、绷脚和翻脚的目的是增加踝关节的灵活性，以及体会蛙泳蹬腿时脚外翻的感觉。练习方法如下。

1.陆上练习

坐在地上，双腿伸直，双脚做勾脚和绷脚的切换练习。注意勾脚时脚尖朝上，绷脚时脚尖向前。然后在勾脚的同时做向外翻脚的练习。

2.水中练习

身体俯卧于水面，双手抓住池边，双脚练习勾脚、绷脚和翻脚的动作。

（二）反蛙泳蹬腿

反蛙泳蹬腿练习是指人体仰卧于水面上，上体保持稳定，身体呈流线型，两手臂于身体两侧保持放松。每次蹬夹水结束时身体成漂浮状态，两膝不能露出水面。这个练习可以防止大腿收腿过大或错误蹬水。

（三）抬头背手蛙泳蹬水

在控制好身体姿势的条件下练习稳定的蛙泳蹬水技术。从俯卧蹬边漂浮于水面上开始，头露出水面，双手背于后背。两腿作蛙泳蹬夹水动作，每次收腿结束蹬水之前，用脚碰手。由于头露出水面，腿会略微下沉，因此一次只练习一个动作，然后双腿并拢伸直稳定身体后再做下一次动作。练习这个动作有助于防止小腿或脚收腿不紧凑。

（四）扶板蛙泳腿

（1）俯卧水中。双臂前伸扶板，注意不要向下压板，可以抬头也可以屏住呼吸低头。如果抬头则注意不宜抬得过高；如果低头闭气打水则身体相对稳定。无论哪种方式，都要保证蛙泳腿的收、翻、蹬、夹、停动作要准确到位。

（2）同方法（1），并在此基础上结合呼吸进行练习。开始收腿时抬头吸气，收腿结束蹬夹腿时低头缓慢呼气。注意抬头时不要抬太高，保证嘴露出水面或者下颌贴着水面即可。

（3）同方法（2），并在此基础上记录游25米的蹬腿次数，当每次蹬腿动作能够准确完整地完成后，练习逐渐减少蹬腿次数，找到自己的25米最少蹬腿次数，提高蹬腿效果。

（五）徒手蛙泳蹬水

这个练习是在蛙泳腿熟练后加进呼吸技术。开始时双手拇指相扣，手臂前伸，头于两臂之间没入水中，保持头与水面大约成45°角。注意脸在水下时一定要缓慢地吐出气泡。抬头、吸气并开始收腿，完成夹水蹬腿时脸没入水中缓慢吐气。

三、手臂练习

（一）伸臂

当手臂划水至肩下时开始前伸动作。这时手臂向下、向内夹水至肩下，并开始向前上方伸臂，直至双臂伸直、两手并拢。伸臂完成后，立即外划，这样可以帮助手臂克服向前的惯性，使外划动作更加轻松流畅。整个练习过程中应保持身体呈流线型，肩部放松。

（二）陆上手臂动作练习

1.练习要领

陆上划手加呼吸练习可以帮助熟悉蛙泳划水各阶段的路线、方向和速度，体会划手和呼吸的配合。

2.陆上蛙泳手臂练习方法

（1）在陆上两脚开立，身体前倾，两臂前伸并拢，做蛙泳手的模仿练习。先后完成外划、内划、前伸分解练习，然后做一套完整的动作练习。

（2）方法同（1），熟练以上练习后，在外划开始时快速呼气，当内划开始时快速吸气，伸臂时开始缓慢呼气。

（三）水中手臂动作练习

1.浅水站立静止划手练习

运动员站在齐腰深的水中，上体前倾做蛙泳手臂练习，结合呼吸，眼睛看着划手的路线。加强呼吸与手臂划水的配合。

2.浅水行进间划手和呼吸练习

运动员站在齐腰深的水中，开始做蛙泳划臂和呼吸配合练习，边做动作，双脚边缓慢前进。

3.夹板划臂练习

运动员将打水板横向夹紧于大腿内侧，吸气后平躺水面，进行蛙泳手臂和呼吸的练习动作，双腿不动，夹紧并拢。这个练习可以培养身体的平衡感，加强蛙泳手臂的划水路线记忆。

4.常见问题

（1）划水的手掌和前臂摸水：这显然是沉肘划水的效果，也就是说手掌未对准划水方向，将明显地降低划水效果。正确的方法是高肘划水，手掌和前臂以较大的投影面积对准划水方向。

（2）划水时手向后划水超过肩部：向后划水过肩会对臂腿配合技术造成影响，而且，当向前伸臂时阻力也较大。这主要是由急于划水前进造成的，是初学者的常见错误，其实初学者不应追求前进速度，而应把注意力放在动作的结构以及划水路线上，此时的划水主要起到配合呼吸的作用。

四、臂腿配合练习

（一）臂腿配合方式的分类

蛙泳有3种配合节奏，分别是连续式、滑行式和重叠式。

（1）连续式配合是指双腿并拢后手臂立刻外划。

（2）滑行式是指蹬腿结束和手臂开始动作之间，利用短暂的间隔，运动员以流线型身体姿势滑行。好处是可以获得短暂的休息。

（3）重叠式配合是指在双脚并拢之前就开始手臂外划。

就目前来看，滑行式是最适合初学者学习及在教学中使用的动作，而重叠式主要受到世界高水平运动员的青睐。因为即便滑行时身体的流线型保持得非常好，速度还是会因水中的阻力而逐渐降低。并且，运动员在双脚并拢、外划至抓水阶段也一直在减速。有研究数据显示，在蹬腿产生的推进力结束到划水产生推进力之前，这段没有推进力的时间接近0.4秒。要想缩短无推进力的时间，重叠式是最佳选择。也就是说，当双脚开始夹水时，手臂同时开始外划，重叠式至少能将无推进力时间减少0.2秒，因此，重叠式整体游进速度则得到大幅提高。但是重叠式的最大争议在于需要耗费更多的体力。

由此可见，选择哪种方式取决于游泳的目的。如果是健身和锻炼，那么选择滑行式显然更明智，因为每一个动作周期都能节省一点体力，可以让你游更长的时间或者距离，使身体的锻炼更加充分。而对于专业的竞技运动员而言，重叠式则是大多数运动员的选择。因为除了马拉松游泳项目外，争取速度比保存体力更重要。

（二）臂腿的完整配合

1.蛙泳臂腿配合动作要领

臂外划时腿不动，内划时收腿，手臂向前并在将要伸直时蹬腿，蹬腿结束后手臂和腿伸直并拢，呈流线型姿势滑行。

2.蛙泳臂腿配合练习

（1）陆上练习一：两脚并拢站立，双臂上举保持伸直并拢，单腿站立，听口令做外划、伸手、蹬腿的练习。

（2）陆上练习二：两脚左右开立，双臂上举伸直，听口令做内划下蹲（收腿）、向上伸手站起（蹬腿）的练习。

（3）在水中蹬边滑行后，闭气做臂腿分解动作练习。

（4）在水中蹬边滑行后，闭气做臂腿配合的动作练习。

3.蛙泳臂腿配合的常见问题

蛙泳臂腿配合最常见的问题是臂腿的动作同时进行。对于初学者而言，臂腿动作同时进行是最常见的错误。而蛙泳的臂腿配合是4种泳姿中最难的一个，需要一些时间慢慢地熟悉动作要领。否则，臂腿同时进行会使划臂产生的推进力被收腿产生的阻力抵消，而蹬腿产生的推进力被伸臂产生的阻力相抵消，这样就无法实现前进的目的。练习时谨记手臂动作始终比腿部动作快半拍。可以放慢速度练习，等身体适应后再逐渐加快速度。

五、呼吸、臂、腿的完整配合

（一）呼吸、臂、腿完整配合的要领

完整的呼吸、手臂、腿部的配合一般采用划臂1次、蹬腿1次、呼吸1次的配合方式。以晚吸气为例，两臂外划时腿不动，开始内划时抬头吸气，同时收腿、闭气。手臂前伸时蹬夹腿，臂腿伸直后作短暂的滑行。

（二）呼吸、臂、腿完整配合的练习

（1）为保持身体的平衡，先作2次蹬腿、1次划臂、1次呼吸的配合练习。开始要做到划臂抬头时能吸到气。当熟练后，要能做到吸气充分。

（2）在（1）的基础上，进一步做1次蹬腿、1次划臂、1次呼吸的完整配合练习。

（3）在（2）的基础上，逐渐增加游泳距离，或者比开始练习时减少蹬腿次数（以50米为基准）。

（三）蛙泳完整配合的常见问题

1.有时做完整配合时抬头吸不到气

其原因可能是呼气不充分，肺里的气没有完全呼出，因此只能做浅表性呼吸。另外就是因为抬头晚，动作仓促而吸气时间不足。这种情况需要加强练习，等克服了紧张情绪后会逐渐好转。

2.吸气时蹬腿

导致这一问题的原因是初学者急于蹬腿，希望通过蹬腿而使身体上升从而更容易吸气。纠正这一错误动作的方法是多做手臂与呼吸配合中的各种练习，以解决呼吸问题。

3.蹬腿结束时手臂和腿不是流线型

蹬腿结束时，如果手臂和腿还没有伸直并拢则明显增大前进阻力。如果推进力不够，那么造成的结果就是游几下身体开始下沉。产生这一错误动作的原因主要是不能保持身体平衡，在水中控制身体还存在一定困难。唯有多练习、多做蹬边滑行才能逐渐克服。

4.臂内划时有停顿动作

这通常是由于吸气太晚所致，应注意早抬头吸气，先保证吸气充分。此外，滑行时口鼻在水中充分呼气，当手臂外划时抬头口露出水面前快速充分吐气，然后张口吸气并尽量缩短吸气时间。

5.动作频率太快

初学者往往容易出现动作频率较快的现象，这主要是因为害怕身体下沉而有些手忙脚乱。初学者应该先慢后快，应该先熟悉动作路线，再提高动作速度。只有通过多练习，逐渐提高水性、克服慌张的心理才能慢慢改善，或者通过硬性规定滑行的时间来克制。例如，完整蹬腿后双臂和双腿迅速伸直并拢，在心中默数3秒后再进入下一个动作周期。

第六章　蝶泳技能及科学训练

蝶泳作为四大泳姿中最难也是最优雅的泳姿，在水上运动中一直都具有特殊的魅力。蝶泳的技术难度大，对身体素质要求较高。一旦掌握了蝶泳技术，人体在水中游进时就宛如一只灵动的海豚，会给人以特别的享受。但是，无论对于专业运动员还是普通的游泳爱好者而言，学习蝶泳都不是一件简单的事情，需要非常系统、长期地练习。本章将从蝶泳常识及其发展、蝶泳技术动作展示、蝶泳技术练习方法的设计3个方面展开研究。希望能够对蝶泳技术做出全面的分析，对促进我国蝶泳项目的普及与提高起到一定的推动作用。

第一节　蝶泳常识及其发展

一、蝶泳的基本常识

（一）蝶泳的起源

蝶泳是4种泳姿中速度第二快的泳姿。蝶泳最初是由蛙泳演化而来的，因其动作外形如展翅的蝴蝶而得名。早期的游泳运动员们意识到在水面上的移臂速度要明显快于水下移臂的速度，于是纷纷采用水上移臂技术。这就是蝶泳的前身，后来国际泳联重新将蝶泳作为独立的游泳比赛项目，才使蛙泳和蝶泳分别获得持续、稳定的发展。由于蝶泳的技术动作优美而独特，因而现代蝶泳一直都被认为是观赏性极高的水上运动项目。在游蝶泳时，运动员身体俯卧水中，两臂同时向后划水后同时提出水面，并在空中向前移臂，此时两腿向后蹬水或同时上下打水，动作沿用了蛙泳两臂同时且对称移动的规则要求。

（二）蝶泳的特点

蝶泳对游泳者的身体素质和技术要求都相对较高，因此学习蝶泳对提高身体素质和培养坚强意志具有积极作用，而且，由于蝶泳的独特性，学习蝶泳本身就具有一定的挑战性，因此它也可以增强学习者的竞争意识。

蝶泳的泳姿是竞技游泳项目中泳姿最优美的，也是最难掌握的。蝶泳的用力方式和身体姿态给人以凶悍、强劲的感觉，气势磅礴，观看蝶泳比赛能给人以足够的视觉享受。学习蝶泳需要有强大的核心力量以及足够大的臂力基础。从技术特点上看，蝶泳具有以下动作特征。

（1）身体以流畅的波浪形在水中前进，其腿部打水的动作犹如海豚击水，优美而动力十足。

（2）蝶泳的主要发力来自腰部，使身体能够有较大的起伏，而且打水强劲有力。

（3）蝶泳的头部姿势非常稳定，目光基本一直保持一个向下看的角度，吸气时有收下颌的动作。

（4）手臂在水中时要高肘抱水，外划时要充满爆发力。

（5）空中移臂时上身高度跃起，两肘提高，拇指向下。

二、蝶泳的发展

（一）蝶泳的早期萌芽

如前所述，蝶泳是蛙泳在技术发展过程中，运动员们为了寻求更快的游进速度，尝试不同的划臂方式和动作而逐渐演变而来的。最初，人们尝试尽量延长划臂路线，双臂划水一直划到大腿附近，但是这种方式提速有限。之后，又改进为双臂划水后快速提臂出水，采取水面上向前移臂的方式，这使得游速大大提高。于是，这种技术很快被人们采用。

有记载显示，这种提臂出水、在空中移臂的蛙泳技术最早出现在菲律宾。1933年，在美国的一项游泳比赛中首次被人采用。1936年，国际泳联正式允许蛙泳比赛中可以采用两臂划水后从水面上向前移臂的技术动作。从此之后，空中移臂技术得到快速发展。这就是蝶泳最初产生和发展的阶段。

（二）蝶泳的正式诞生

1952年第十五届奥运会后，运动员们为了改善蛙泳的速度而不断改进手臂的技术动作，尽管速度一度得到提升，但是也影响了传统蛙泳的正常发展。因此，国际泳联决定正式设立蝶泳姿势为独立的比赛项目，使蝶泳从蛙泳中分离出来。从此，蝶泳作为一项新兴的泳姿出现在各个重要的游泳比赛中。由于国际泳联对各个泳姿技术动作的明确规定，以及运动员们不断寻求突破，使得各个泳姿都得到持续的发展，并且伴随着各种各样新技术的发明，在各种比赛中不断产生新的世界纪录。

（三）蝶泳的快速发展

1953年，匈牙利运动员乔·董贝克模仿海豚游泳的姿势，发明了海豚式打水技术。随后，他采用这种技术，连续5次打破蝶泳的世界纪录，取得巨大成功。由于海豚式打水技术的阻力比蛙式蝶泳小，其游速明显地快于蛙式蝶泳，于是迎来了现代蝶泳的快速发展阶段。同时海豚式打水技术受到人们的广泛关注，很快在世界泳坛流传开来。1956年之后，这种海豚式打水技术几乎一统天下，在所有的世界性蝶泳比赛中被采用。在海豚式技术的发展过程中，先后经历了大波浪技术、小波浪技术，以及20世纪70年代从高肘技术到低、平、直的移臂技术，而且每一次的改进都带来速度的提升，以及世界纪录的不断被刷新。

三、我国蝶泳的发展

我国蝶泳项目的正式发展是从1958年开始的。当时，以陈运鹏等为代表的中国游泳运动员的成绩已经达到世界水平。1966年，蒙荣乙在100米蝶泳项目中以59秒01的成绩取得第六名。后来，在20世纪80年代末蝶泳项目再次取得显著发展。我国的女子蝶泳水平表现优异。在1988年第三届亚洲游泳锦标赛上，我国著名的游泳运动员钱红在100米蝶泳项目中以59秒93创造了亚洲最好成绩，并夺得金牌。同年，钱红在第二十四届奥运会的100米蝶泳女子项目上又摘得一块铜牌。1992年，在第二十五届奥运会上，钱红以58秒62的成绩获得女子100米蝶泳项目的金牌，并创造了奥运会纪录。两年之后，在1994年的罗马世界游泳锦标赛上，中国女子运动员刘黎敏同时斩获女子100米和200米蝶泳两块金牌，并且在随后的1996年奥运会上获100米蝶泳银牌，在1997年的第五届世界短池游泳锦标赛上获200米蝶泳金牌。在此之后，中国泳坛涌现出一大批优秀的运动员，在世界泳坛上不断取得骄人成绩。

第二节　蝶泳技术动作展示

一、身体姿势

蝶泳没有固定的身体姿势，但是有3个位置应该注意，否则会带来较大的阻力，具体为下面3点。

（1）在手臂划水产生最大推进力的时候，身体应尽量保持水平。在上划阶段腿应该上打，下打不宜过深。

（2）第一次下打时臀部应在水中向前上方移动，否则打腿的推进力就会不充分。

（3）第二次打腿力量不要太大，以免臀部露出水面，影响移臂动作。身体的上下起伏也不能过大，臀部不能上升过高，头不能下潜过深。

二、手臂动作

蝶泳的臂部动作主要包括入水、划水、出水和移臂等几个部分。

（一）入水

手臂入水是划水的准备阶段，动作本身几乎不产生推进力。正确的入水位置应该是在两肩的延长线上，或略宽于肩的延长线。太宽易使划水路线缩短，太窄不利于入水后迅速滑下和抱水。入水应以大拇指领先斜插入水，然后前臂和上臂依次入水。入水时掌心朝向外下方，手掌与水平面约成45°角。

（二）划水

根据运动员手臂主要运动方向的转换，可以将蝶泳划水分为以下几个阶段。

1.沿螺旋曲线外划及抓水

手臂入水后，肘和肩关节前伸，两手立即内旋并外分，手掌对准外后方沿螺旋曲线划水。当两手外分至超过肩宽时，屈腕，使手掌由向外、向后变为向外、向下和向后，从而抓住水。同时屈肘，手臂向外下后方沿螺旋曲线加速划动，直到手位于水下最低点为止。

2.沿螺旋曲线内划

两手抓水后，继续屈肘，并保持高肘姿势，手臂继续向外旋转，手的运动方向从向下、向外、向后转为向内、向上和向后沿螺旋曲线划水。随着内划的继续，屈肘程度逐渐加大，手臂划到肩下时，肘关节屈至90°～100°。继续向内划水到两手之间距离最近时，内划结束。

3.沿螺旋曲线上划

当两手之间距离达到最近时，手臂内旋，从原来的向内、向上、向后方转为向外、向上、向后方沿螺旋曲线划水。在上划过程中还要逐渐伸肘、伸腕，使前臂和手尽量对准后面。这个动作非常关键，直接影响划水的效果。

（三）出水

手划水到大腿两侧时应从旋内转为旋外，使掌心向内，朝向大腿外侧，以便减小出水的阻力。在手划水尚未结束时，肘已经开始离开水面。手划水结束时，利用划水的惯性，肘和肩带动手臂提拉出水。出水时应小指领先。

（四）移臂

手臂出水后，在肩的带动下迅速从空中前移到头前，准备入水和做下一个周期的动作。由于蝶泳是两臂同时向前移臂，故一般采用低平的直臂姿势从两侧前移，既使手臂放松自然，又不会破坏身体的平衡。移臂过程中手臂要放松，大拇指朝下，手前伸到接近入水时肘微屈，以便入水后及时抓水。

另外，在移臂时手臂尽量放松，这是非常珍贵的休息间隙，应该好好把握。移臂的前半段可以借助上划的惯性，后半段需要肌肉发力带动继续前移。蝶泳的移臂高度一定要足以使手臂离开水面，否则会带来较大阻力。移臂时的另一个需要注意的点是肩的位置不能过高也不能过低，呈一种向上和向前的趋势。如果肩部提得过高，下半身容易下沉而增加阻力。

三、躯干和腿部动作

虽然爬泳、仰泳和蝶泳的打水技术在某种程度上是相似的，都需要运用鞭状打水技术，但是蝶泳打水是将鞭打原理发挥得最淋漓尽致的一种。蝶泳的鞭状打水动作，是由躯干发力，经过髋、膝、踝关节的动量传递，并且与躯干动作协调配合完成的。一般来说，蝶泳腿由向下打水和向上打水两部分组成，其中向下打水是主要产生推进力的阶段，应用较快的速度完成。

（一）向上打水

腿在向上打水开始时，因为上一次打水后，腿在水下呈完全伸直的状态，在小腿仍继续伸展的条件下伸髋，使大腿上移。大腿的上移动作类似鞭打动作，使腿继续向下运动的惯性得到克服。向上打水时，腿应该自然伸直，踝关节放松，当大腿上升到与躯干成一直线时，腰腹和臀部开始下沉，大腿也随着下压，但小腿和脚继续上移，使膝关节弯曲，弯曲的角度随着大腿继续下移和脚继续上移而逐渐增大，直到脚上升到最高点，即水面下4~5厘米处时，小腿开始在髋关节和大腿的带动下快速向下打水。此时膝关节弯曲的程度最大，呈110°~130°角。

（二）向下打水

蝶泳腿打水时，大腿和小腿的方向并不是在任何时候都一致的。当脚上移到与身体平行、小腿和脚还在继续上移时，腰腹部已经开始用力收缩，屈髋带动大腿下压。当屈髋程度达到最大时，躯干与大腿形成150°~160°角，脚基本上升到了最高点。此时开始伸膝，小腿和脚加速下打。在小腿和脚向下打水还没有结束时，大腿已经开始向上打水，这样才能保证脚的鞭状打水动作。当小腿和脚继续向下打水到膝关节完全伸直、脚处于最低点时，小腿和脚在大腿的带动下开始向上打水，又进入下一个周期的打水动作。

向下打水时，踝关节跖屈，并略内旋。踝关节的灵活性对打水的效果起着关键的作用。由于膝关节的弯曲和踝关节的跖屈，向下打水开始时小腿打水的方向是向下和向后的，而踝关节的动作更像向后推水。

四、手臂与呼吸的配合

呼吸是学习蝶泳的难点之一。初学者要学会用口呼吸，替代原来习以为常地鼻式呼吸法。呼吸技术的难点在于把握换气的时机以及与划水动作的协调配合。蝶泳的呼吸技术的要领是找准头部移动的时机。当手臂外划时头部开始移动并向水面方面抬起，当手臂内划时头部刚好接近水面。上划时脸应该露出水面。吸气是在上划和移臂的前半段进行的，在移臂的后半段面部回到水中。如果在外划时没有及时抬头，运动员的移臂动作就要推迟至头到达水面时才能开始。蝶泳运动员在比赛中通常不会每个动作都吸气。一般来说，100米的项目采用划水2次吸气1次的节奏，即2划1吸。也有一些蝶泳运动员采用侧向转头吸气的方式，他们认为侧向转头吸气可以减少能量消耗，而向上抬头吸气容易使臀部下沉。总之，蝶泳的吸气时机非常重要，而且对运动员的肺活量要求也很高。

蝶泳的呼吸并非每次划臂都要进行，但是对于初学者一般还是从臂划1次、呼吸1次的方式开始练习。当两臂抱水结束并开始拉水时，开始呼气。随着两臂的划水，头和肩逐渐升高，呼气由慢到快并逐渐抬头。当两手划水至腹部下方时，嘴露出水面，并张口吸气。推水结束吸气也随之结束，然后向前移臂并低头闭气。

五、完整配合技术

蝶泳的完整配合技术要求精细、准确，而且其动作特征要求运动员有较强的肩背部、腰腹部力量和良好的柔韧性。

臂腿的配合方式是每划水1次，打水2次。手入水时开始第一次下打，抓水过程中结束下打。在继续抓水和内划时上打，上划时第二次下打。空中移臂时腿再次上打。臂腿的配合一定要准确协调，否则就会破坏动作内在的节奏，使推进力减弱。臂腿的配合有不同的方式，有的运动员第一次腿轻，第二次腿重；有的正好相反；还有的采用两次均匀打水的方式。

完整配合的方式有采用2次打水、1次划水、1次吸气（2∶1∶1）的，也有采用4次打水、2次划水、1次吸气的。值得注意的是，不管在一个周期中是否吸气，移臂时肩都应该露出水面，以减小移臂的阻力。

六、蝶泳比赛出发技术

蝶泳比赛的出发技术与爬泳、蛙泳相同，都采用出发台出发形式，具体内容参考第五章中的爬泳出发技术，这里不再赘述。

七、蝶泳比赛转身技术

蝶泳比赛的转身技术与蛙泳几乎相同，具体内容参考第五章中蛙泳的转身技术动作，这里不再赘述。

第三节　蝶泳技术练习方法设计

一、蝶泳技术练习的一般设计

（一）先学其他泳姿再学蝶泳

由于蝶泳的技术难度较大，它被公认为是4种泳姿中最难学的一种。因此，一般都会建议初学者在学习蝶泳之前先学习一种其他泳姿，如蛙泳、仰泳或者自由泳等。在学习其他泳姿之后，不一定要求运动员对游泳技术掌握得多么熟练，最重要的是其对水上运动有了基本的认识和适应，省去了熟悉水性以及适应水中呼吸与陆上呼吸的区别等环节。但这并不是说不可以从蝶泳学起，或者从零开始学习蝶泳是不可实现的目标。从理论上讲，从任何一种泳姿开始学习都是行得通的。只是一般人们更喜欢遵从由易到难的原则，先学习简单的泳姿，然后再挑战难度大的蝶泳。但不管怎样，学好蝶泳不会是一件非常轻松的事情。

（二）学习蝶泳的步骤

和学习其他泳姿一样，学习蝶泳也是先从腿部动作开始，然后再依次学习臂部动作、臂与呼吸配合动作、臂腿配合动作、完整配合动作。

同样的，基本每个动作的学习，都是先从陆上模仿开始。通过加强视觉的记忆，以及使机体自身产生对动作结构、路线和方向的记忆来熟悉动作。有些动作也可以先在浅水中练习，然后再正式进入正常水位练习，但整体上是以水中练习为主。在水中练习时，一般先从有固定支撑的练习开始，如扶边打腿。然后脱离池边，借助浮板在水中练习，如滑行打腿等。最后逐步增长游动距离，结合呼吸、手臂和腿部的动作进行成套动作的练习。总之，学习游泳基本上都是先学习局部的动作，然后等熟悉后再进行两个或多个技术动作的配合，最终进行完整的泳姿练习。

（三）蝶泳的练习进度

学习蝶泳一定要稳扎稳打，每一个技术动作都要进行充分的练习，当达到较高的标准之后，再进入下一个动作或下一个环节。对每个动作要领要谙熟于心，并且逐渐形成身体的自然反应和记忆。由于每个人的学习能力、身体素质、协调能力等都各不相同，因此掌握蝶泳所需要的时间也不尽相同。有些人慢一些，有些人快一些，有些人在掌握呼吸时机方面总是把握不准，有些人则容易提肩过高，因此，每个人要克服的难点也不尽相同。总之，学好蝶泳需要扎实的基本功和大量的练习，一旦掌握了它，就能体会到蝶泳所独有的酣畅淋漓的成就感。

二、蝶泳出发动作练习

练习蝶泳出发动作时需要注意以下几点。

（1）入水时，胸腹被水拍得疼痛。出发入水时感觉身体被水拍得疼痛，一般是由抬头挺胸或起跳角度太大所致。因此，作出发练习时起跳要先倒后蹬，入水一定要低头，并且含胸收腹，身体保持适度的紧张。

（2）入水时身体难以呈流线型姿势。如果入水时臂腿没有伸直并拢或是抬头，或者身体没有适度紧张，相反有些松垮，都会破坏身体的流线型入水，从而导致阻力增加，影响滑行速度和滑行距离。

（3）入水太深。一般造成这种情况的原因是入水角度太大，或者是入水后没有及时向上伸腕、抬头、挺胸，从而扩展了入水深度。对应的方法是一定要做到先倒后蹬，以及多体会向上扬腕、抬头、挺胸的动作。

三、蝶泳转身动作练习

（一）转身动作练习方法

（1）陆上练习。运动员首先面对墙壁站立，双手扶墙模仿蝶泳转身的动作，体会动作的路线和身体的配合。

（2）陆上练习。从离墙约1米的地方开始练习，模仿蝶泳臂部动作走向墙壁并完成练习（1）的动作。

（3）水中练习。在与水面同高的池边做转身练习，两手触及池沿并靠两手拉池沿的力量将身体拉向池壁，然后做转身动作。

（4）水中练习。从远处向池壁游进，作完整的蝶泳转身练习动作。

（二）转身动作的常见问题

1.游到池边转身时身体常常因下沉而无法转身

一般对于初次学习蝶泳的人而言，转身下沉是比较常见的问题。因为新手对动作还不够熟悉导致游速过慢，那么就无法靠游进的惯性进行团身转身的动作，因此在这一阶段身体就逐渐下沉。纠正的方法就是提高游速，特别是在靠近池边的最后一个动作周期要充分加速。同时，还要强调转身前的屈肘、收腿和团身的动作到位、标准。

2.转身动作慢或根本转不过来的主要原因有以下3点。

（1）游速太慢。

（2）推手太早。

（3）团身不够。

对应的纠正方法有以下3点。

（1）提高游速，尤其是靠近池壁时要努力加速。

（2）手摸边后不要立即推开，而要先借惯性做屈肘、收腿的动作。当身体纵轴几乎与水面垂直时再用力推开。

（3）转身后不能发生向正前方蹬出或蹬滑、单脚蹬壁的现象。

出现以上几种情况的主要原因是在没有完成转身动作的时候就急于蹬壁。因此，在练习中转身动作一定要完整，且转身速度尽量快，待两臂在头前水中汇合且两脚已经同时蹬在池壁上之后，再向正前方用力蹬出。

四、蝶泳手臂动作练习

（一）手臂动作的练习方法

（1）陆上练习。两脚前后开立，身体前倾，双臂在陆上模仿蝶泳手臂的动作练习。

（2）浅水中练习。在浅水中重复练习（1）的动作，体会双臂的动作路线。先做原地练习，然后过渡到走动练习。

（3）蹬底滑行做1次手臂的完整动作，连续反复进行。

（二）手臂动作的常见问题

1.手臂划水后感觉出水和移臂有些困难

造成这种情况的原因有两个：一个是出水时两个掌心有轻微地朝上划水的动作；二是推水无力。要避免这种情况需要在练习中强调借向后划水的惯性将手提出水面并前摆，同时强调要加速划水、用力划水。

2.直臂划水

直臂划水也是初学者常见的情形。直臂划水的最大问题是大大降低了划水的推进力，并且手臂出水也相对困难。直臂划水产生的原因是动作概念含糊不清，或者是由于水感差、身体紧张造成。因此在练习时首先要明确动作概念，练习时身体先做好放松的准备，如果紧张和僵硬可以先做一些热身动作，让身体慢慢地适应之后再开始练习。同时，要尤其注意抬肘屈臂划水。

五、蝶泳躯干与腿部动作练习

（一）躯干与腿部动作练习方法

（1）陆上练习。运动员两脚并拢站立以背部靠墙，两臂上举伸直并拢，模仿做躯干与腿部动作的练习。首先向前挺腹后稍屈膝，然后臀部后顶碰墙，同时将膝关节伸直，如此反复练习，体会动作的目的和要达到的效果。

（2）陆上练习。动作和步骤同练习（1），但不靠墙。

（3）水中练习。水中手扶池边俯卧，首先双腿做自由泳的打腿动作，然后逐渐过渡到两腿并拢，以腰部发力带动腿作上下打水动作。反复练习。

（4）水中练习。跳起后以腰发力，带动大腿、小腿做前后打水动作。注意体会腰部的发力和上下摆动。

（5）水中练习。蹬池壁潜入水中，两手臂置于体侧，只做蝶泳打腿练习，体会躯干与腿部的配合。

（6）水中练习。扶板作蝶泳腿练习。

（二）躯干与腿部动作的常见问题

1.打腿时腰部和腿部没有波浪动作

初学者由于不习惯腰部用力，仍然习惯靠膝关节的屈伸带动小腿打水，所以经常出现无波浪动作的情况。克服这种现象的办法就是加强动作概念，先在陆上充分练习。

2.打腿时手、头及肩部的上下起伏过大

打腿时如果手臂、头及肩的位置起伏过大，说明动作概念不清，或者身体太紧张，因而导致整个身体都在用力。重新回到上述练习（2）的步骤，体会动作概念，强调由腰部发力带动腿打水。

3.向下打腿时是直腿打水

导致这一现象的主要原因还是动作概念不清，或者收腹打水。应重复练习（2）以加深概念。同时，应注意向下打水时膝部稍弯曲，这样才能产生较大的推进力，因此，也可以体会大腿后的身体前进程度来判断动作的准确性。

六、手臂与呼吸配合动作练习

（一）手臂与呼吸配合动作练习方法

（1）陆上练习。陆上两脚前后开立，上体前倾，做手臂与呼吸配合动作的模仿练习。

（2）陆上练习。在浅水中做练习（1）的动作，先原地做，然后边走动边做。

（3）水中练习。两脚蹬池底配合两臂向后划水使身体向前跃起，吸气后低头，两臂在空中做前移动作，入水后收腿站立。

（二）手臂与呼吸配合的常见问题

初学者刚开始做手臂与呼吸的配合时，经常无法吸气，因为抬头太晚，导致手忙脚乱仓促抬头而无法吸气。一定要记得早抬头，即手一开始划水就抬头，同时多做手臂动作的练习，增强手臂力量和动作效率。

七、加入滑行的蝶泳配合练习

（一）加入滑行的蝶泳动作练习方法

（1）可以选择戴脚蹼练习。这个练习是在2+2+2练习的基础上，把单臂划水动作去掉即可，只做双臂同时划水动作。身体俯卧在水面，按下面的顺序连续做练习动作：划水，吸气，下潜，打水。

（2）尽量能做到每划2次臂吸气1次。每次下潜时将拇指短暂相扣。放松、慢速地进行练习。当两臂移到头前时努力升高臀部。

（3）努力做到在手入水时腿向下打水，且入水和打水的节奏非常连贯。

（二）加入滑行的蝶泳动作的常见问题

对于初学者而言，第二次打水的动作较轻，但是刚开始练习时允许出现这样的现象，把注意力放在整体动作的流畅性上更为重要。当动作熟练之后，会感觉到每个技术是自然而然地释放出来的，非常协调顺畅，此时再注意用力打水就变得简单许多，速度也很快就得到提升。

八、蝶泳完整配合动作的练习

（一）完整配合动作的练习方法

（1）陆上练习：陆上单腿支撑站立，另一腿向后伸直，身体前倾，两臂与单腿做臂腿配合动作模仿练习。

（2）陆上练习：在练习（1）的基础上加上呼吸技术。

（3）水中练习：做2次腿的打水和1次划臂的分解练习，即先打2次腿，然后做1次手臂配合的动作练习，基本掌握后，在划水时加上呼吸技术。

（4）水中练习：先练习闭气游，体会手臂和腿的配合时机。

（5）水中练习：作单臂划水蝶泳练习，一臂前伸，另一臂做蝶泳划水动作，体会臂入水时腿第1次打水的动作，推水时腿第2次打水的动作，并转头侧向吸气。两臂交换重复进行练习。

（6）在水中做完整的配合动作，可以先做短距离的练习，让每个动作都流程完整，然后逐渐加长游距。

（二）完整配合动作的常见问题

1.游动中身体有下沉倾向

当臂腿配合动作不协调的时候会出现身体下沉，这主要是因为手臂入水后急于划水，导致打腿动作与划水动作不协调，解决的办法就是多做练习（3），体会每一个环节的动作概念。

2.游进时整个身体不能呈波浪状前进

引起这一现象的原因是手臂入水后没有做压肩提臀的动作，腰部没有及时发力，而靠屈膝带动小腿打水。解决的办法是明确动作概念，强调手臂入水时的压肩提臀动作，强调打水时要用腰腹部发力。

3.入水后抱水动作含糊

手臂入水后的抱水动作的质量将直接影响划水的效果，如果抱水动作含糊，那么划水时力量必然不够。导致这一现象的原因有两个：一是动作概念不清；二是怕身体下沉而急于向下划水。因此，练习蝶泳的基本动作概念非常重要，否则就会不断地重复体会动作概念，反而影响学习进度。同时，练习的时候注意身体要放松，手臂入水后压肩，手侧划时要转腕屈肘抱水。

第七章　游泳体能训练的运动机制与方法

游泳运动发展水平的日益提高，对游泳运动员的体能提出了越来越高的要求。良好的体能是运动员充分发挥技术必不可缺的条件，因此体能训练对游泳运动员来说非常重要。本章主要对游泳体能训练的运动机制与方法展开介绍，主要内容包括体能训练的基本理论、游泳运动身体素质的转移、游泳体能训练的基本原则以及游泳运动体能训练的路径与方法。

第一节　体能训练的基本理论

一、体能的概念

广义上，体能指的是人体为适应运动需要而储存的身体能力。体能体现了人体的基本活动能力，综合反映了人体在运动中各器官系统的功能。从人体器官系统的功能、结构、特点来考虑，体能深受健康水平的影响，具体包括身体形态、身体机能和运动素质3个方面的内容。

狭义上，体能的概念是针对运动员而言的，指的是运动员在竞技运动中具备的基本运动素质及专项运动能力。

了解体能的概念后，可以初步构建体能的概念结构。体能是运动员竞技能力的重要组成部分，除体能要素外，竞技能力还包括技能要素和心智要素。体能与技战术、心理及智能等要素相互联系，相互作用，共同构成竞技能力系统。

二、体能训练的概念

体能训练是运动训练的重要组成部分，是结合专项需要并通过合理负荷的练习，改善运动员身体形态，提高有机体各器官系统机能的活动能力，充分发展运动素质，提高运动成绩的训练过程。

三、体能训练的要素

在运动训练系统中，体能训练是基础，主要包括力量、速度、耐力、灵敏、柔韧、平衡、协调等各种身体素质的训练。体能训练是根据专项训练和专项比赛的需求而设计的，在训练中通过安排合理负荷的动作练习来促进运动员身体形态的改善、身体机能的增强以及运动素质的提高。

体能训练的基本构成要素如表7-1所示。

表7-1　体能训练的基本构成要素

第一级要素	第二级要素	第三级要素
身体形态	高度	身高
		坐高
		足弓高
	长度	手长
		臂长
		腿长
	围度	臂围
		胸围
		臀围
	宽度	髋宽
		肩宽
	充实度	体重
		皮质厚度
身体机能	运动机能	肌肉
		骨骼
		关节
	神经机能	传入神经
		传出神经
		神经突出

续表

第一级要素	第二级要素	第三级要素
身体机能	呼吸机能	肺通气
		气体运输
		气体交换
	消化机能	物质消化吸收
		能量代谢
	循环机能	体循环
		微循环
		肺循环
	内分泌机能	激素
		内分泌腺
		激素调节
	感觉机能	视觉
		听觉
		味觉
		本体感觉
	泌尿机能	肾小球滤过
		肾小管和集合管的重吸收
	生殖机能	——
运动素质	力量	快速力量
		最大力量
		力量耐力
	速度	位移速度
		动作速度
		反应速度
	耐力	有氧耐力
		无氧耐力
	柔韧	关节
		肌肉韧带伸展性
	灵敏	反应速度
		神经协调功能

四、体能训练的内容

体能由身体形态、机能及运动素质三部分组成，开展体能训练，这三部分的训练缺一不可。

（一）身体形态训练

1.身体训练

身体训练对改善运动员的身体形态具有重要意义，身体训练方法应科学、系统、适合专项需要，这样才能对运动员专项运动成绩的提高产生积极影响。

2.专项训练

运动员的身体形态是否适应专项特点，满足专项需要，直接影响其专项运动水平和运动成绩，而科学合理的专项训练手段能够改善运动员专项所需的身体形态。

3.形体训练

除身体训练与专项训练外，芭蕾、舞蹈、持轻器械体操、健身操等特定的形体训练也有利于使运动员形成良好的运动姿态和身体姿势，改善运动员的协调能力和节奏感。

（二）运动素质训练

运动素质包括力量、耐力、速度、柔韧等内容，这是运动素质训练的主要内容。运动素质的构成要素相互影响，相辅相成，关系密切，其中一个要素的变化会影响其他素质的发展，因此在训练中还要注意复合运动素质（灵敏素质）的训练和训练的整体性。

在基本运动素质训练和复合运动素质训练中，各项训练内容都有自己的结构体系，体能训练的整体性要求运动者在训练中根据训练需要和目标尽可能展开各方面的训练，从而实现运动素质的正迁移。

五、我国学者关于体能训练的观点

在体能训练发展的不同时期，我国学者提出过一些不同的理论观点，这些理论的出现与完善是我国体能训练不断发展的体现。下面分析几个比较具有代表性的体能训练观点。

（一）身体素质论

20世纪80年代，在还未正式出现体能概念时，运动领域主要围绕力量、耐力、柔韧、速度、灵敏来训练运动员的身体素质。而且对这些身体素质进行了类型划分，如将力量分为基本力量、专项力量、等张力量、等长力量等，将耐力分为有氧耐力和无氧耐力，运动者在训练中按照不同的分类进行专门训练。这些身体素质可以两两组合，从而形成新的较为理想的身体能力，如力量耐力就是力量能力与耐力组合而成的；速度耐力是由耐力与速度能力组合而成的。20世纪90年代之前，身体素质论在我国体育界基本得到了认可。这一观点是片面的，带有一定的局限性。比较理想的第三种身体能力或者综合能力不是简单地将几种单一的身体素质加起来就能形成的，而是按照一定规律、原则将几种单一的身体能力有机组合起来。当时人们对身体素质训练的认知程度，不能从系统论的角度整体分析，而且也未发现身体素质训练的本质，导致训练效果不尽如人意。

茅鹏先生曾明确否定身体素质论，认为身体素质离开具体运动项目就不可能存在，即没有纯粹的"一般身体素质"。在身体素质训练中交替使用不同性质的训练手段，会打破专项训练的系统性，容易使运动员发生运动损伤。茅鹏先生对"身体素质论"进行批判，予以否定，不是为了将身体训练取消，而是为了进一步将身体训练的任务和目标明确下来，清楚身体训练是为运动员的健康和提高运动成绩服务的。

（二）力量素质论

这一理论指出，力量训练是体能训练的主要内容，强调力量训练的强度应大一些。20世纪前半叶，力量训练的主要手段是重量训练，主要器材是哑铃、杠铃。因为重量训练在体育界比较受重视，所以很多运动员都练成了发达的肌肉，甚至对肌肉力量要求不高的项目的运动员也具有这一身体特征。直到21世纪初，力量训练依然是竞技体育领域体能训练的重中之重，力量依然被当作对体能水平有重要影响，甚至是决定性影响的关键因素，实施体能训练首先就是进行力量训练。但力量对运动能力的贡献并不是无条件的，力量要转化为速度才能产生作用，因为很多项目中速度决定胜负，否则只有力量未必可以跑得快、跳得高。

以投掷项目为例来分析，这是典型的力量型项目，但从实践来看，并非力量越强的运动员成绩就越好，或者说一名运动员的投掷成绩并不是一定随着其力量的增长而提升。力量素质中最大力量与投掷运动成绩有直接的关系，但是优秀投掷选手的专项成绩好，并不单纯是因为其力量最大。因为投掷项目属于快速力量性项目，所以出手初速度决定运动成绩，而最大力量只发挥基础作用。

有研究表明（表7-2），我国女子投掷运动项目中，运动员的绝对力量发展水平比外国运动员高，女子投掷运动员绝对力量的优势具体表现在铁饼的抓举、高翻以及铅球的高翻、卧推等动作上。我国跳远运动员的体重和国外跳远选手相比较轻一些，但跳远成绩并不突出，这与运动员下肢爆发力不强、灵活性较差等因素有关，这些因素影响了力量向速度的良好转换，身体素质的这些局限性制约了动作的快速节奏。

表7-2 中外优秀女子投掷运动员（铁饼）各项指标统计

铁饼			铁饼		
指标	中国（n＝5）	外国（n＝7）	指标	中国（n＝3）	外国（n＝6）
成绩/米	21.21 ± 0.65	21.16 ± 0.79	成绩/米	69.67 ± 1.65	70.68 ± 2.29
高翻/千克	130.10 ± 10.69	86.24 ± 9.98	体重/千克	88.28 ± 2.79	97.30 ± 5.51
卧推/千克	143.00 ± 11.53	114.21 ± 20.62	抓举/千克	91.67 ± 2.83	75.00 ± 4.12
全蹲/千克	186.00 ± 29.82	131.69 ± 19.42	高翻1千克	126.20 ± 5.82	95.09 ± 4.09
三级跳/米	7.71 ± 0.06	8.13 ± 0.08	立定跳/米	2.61 ± 0.15	2.83 ± 0.01

（三）耐力素质论

耐力素质论指出，体能的核心是耐力，体能训练主要就是耐力训练，甚至将两者等同起来，将和耐力有关的所有训练贯穿于整个体能训练过程中。例如，足球是一项集体球类项目，在足球体能训练中非常重视耐力训练，有的教练要求所有运动员每天跑1万米，将长跑作为耐力训练的重要手段。但并不是跑得快或者跑得时间久就一定好，能跑并不代表能赢，足球运动除了对运动员的速度有要求外，还需要运动员有良好的节奏控制和应变能力、较强的对抗能力以及良好的灵敏速度。

（四）基本能力和三分论

这一理论认为，作为竞技能力体系中的一个重要组成部分，体能代表了运动员的基本运动能力和身体活动能力，它由3个部分组成：一是身体形态，包括机体内外形状；二是身体机能，包括循环系统、运动系统等各系统机能；三是运动素质。其中，身体形态与身体机能是物质基础，运动素质是外在表现，体能训练以身体素质训练为主，以身体形态训练和身体机能训练为辅。这一观点对体能训练的认识较为全面，有助于提高体能训练实施的全面性，从这3个方面开展体能训练，能全面提高运动员的体能水平。

基于基本能力和三分论而进行体能训练具有以下几方面的重要意义。

1.结构平衡

传统的体能训练主要进行运动素质训练，忽视了身体形态与机能的训练，导致运动员体能发展不平衡，而且缺乏身体形态与机能这些物质基础，运动素质也很难进一步发展。基本能力和三分论理论提出要全面训练身体形态、身体机能与运动素质，有助于体能的平衡发展。

2.内外因明确

身体形态与身体机能是运动素质的内在决定因素，身体素质是运动能力的外在表现形式。在运动训练领域对运动员的体能水平进行评价时，常常选用身体素质指标，如力量、速度等。人体器官系统机能水平的高低在一定程度上决定了身体素质的强弱。

3.注重综合功能

体能训练从身体形态、身体机能和运动素质三方面展开，具有全面性、综合性，打破了传统体能训练中只训练运动素质的单一性。在体能训练的实际操作中，强调身体训练是为了提高运动素质，注重身体形态、机能训练是为了提升机体的整体工作能力与运动潜力。从整体视角结合专项而设计体能训练具有很强的综合性，有助于改善人体器官功能，提高身体机能水平和运动能力，进而提高抗压和抗疲劳能力，降低运动疲劳的影响，为塑造良好的运动心理和运动智能奠定了基础。

六、我国体能训练的问题分析

（一）缺乏对体能训练的全面理解

我国不同运动项目的体能训练中重点强调五大运动素质的训练，其中力量素质、速度素质的训练被放在首位，这两项身体素质的训练占了较大比例，训练强度较大。此外，在耐力训练中以间歇跑和有氧跑的方式为主，总体来说训练内容不够全面，训练手段不够丰富，对体能中身体形态、身体系统机能的物质基础作用认识不到位，这些方面的训练严重缺失，导致运动员体能发展失调，影响了整体体能水平，这也是容易造成运动损伤的一个重要因素。

（二）对功能性训练的理解片面

近年来，体能训练领域非常重视运动员的核心力量训练和功能性训练，甚至有些项目的体能训练已经被核心力量训练、功能训练代替了，这是不科学的。

从体能训练的现代理论体系来看，功能性训练可以充实传统体能训练，对传统体能训练中的一些不足进行弥补，进一步完善传统训练体系。功能性训练包含稳定性训练、平衡性训练、矫正性训练等训练方式，通过这些训练可以解决结构不合理、能力不平衡以及身体形态缺陷等问题，还能预防一些隐患，但它的功能是有限的，不及体能训练的功能全面，所以常规体能训练不能完全由功能性训练代替。

我们要理性对待功能性训练，不能将其与体能训练等同，而应在体能训练体系中融入功能性训练的内容，使功能性训练成为常规体能训练的一部分或者一个重要补充。

（三）训练方法相对单一

体能训练效果与所选用的训练方法有直接关系。但是，很多人对体能训练方法手段体系缺乏全面的认识，在训练中缺乏宏观把握与控制，一味强调微观训练手段的运用，没有整体考量与评估训练方法手段，在训练方法的实施过程中缺乏严谨的安排，从而对最终的训练效果造成了不利的影响。在体能训练计划的制订中，人们对训练手段的设计很受重视，但是却不受重视宏观上的训练方法，缺乏这方面的合理设计，并且忽视了不同训练阶段的不同训练需求以及采用相应的训练方法手段，而是将单一的训练手段贯穿运用于整个训练过程中，没有考虑专项需要和阶段性，导致训练效果不尽如人意。体能训练方法手段体系如表7-3所示。

表7-3　体能训练方法手段体系

层次	作用	分类	组成
整体控制方法	为训练过程提供导向作用和参照体系	模式训练法	目标模型 检查手段 评定标准 训练方法
		程序训练法	训练程序 检查手段 评定标准 训练方法
具体操作方法	保证整体控制方法的可靠性和科学性	分解训练方法	单纯训练 递进训练 顺进训练 逆进训练
		完整训练方法	
		重复训练方法	短时训练 中时训练 长时训练
		间歇训练方法	高强性训练 强化性训练 发展性训练
		持续训练方法	短时训练 中时训练 长时训练
		变换训练方法	变换负荷 变换内容 变换形式

续表

层次	作用	分类	组成
具体操作方法	保证整体控制方法的可靠性和科学性	循环训练方法	循环重复 循环间歇 循环持续
		比赛训练方法	教学比赛、检查比赛 模拟比赛、适应比赛
训练手段	是具体操作方法具有效果和针对性的前提	单一动作结构	周期性、混合性
		多元动作结构	固定性、变异性

（四）盲目增加训练负荷

在传统训练理念的影响下，体能训练一味强调训练强度、训练量、训练难度以及训练严格度的持续增加，力求在平时的体能训练中达到和比赛一样的对抗强度和比赛强度，教练员错误地认为这样的体能训练才对运动员取得优异的运动成绩有帮助，这样的体能训练才更科学。显然这种训练模式并不科学，盲目加大运动量，缺乏对运动负荷的科学监控，容易造成运动疲劳与运动损伤，对运动员的身体造成危害，影响其日常生活与训练比赛，甚至会导致其运动生涯缩短。

（五）缺乏整体设计

在体能训练设计中，不仅要从总体上把握宏观的训练计划，还要注重训练的阶段性，设计阶段性训练计划，明确不同阶段的训练目标，并根据阶段性目标安排阶段性运动负荷，合理安排负荷结构，构建科学合理的训练体系。但在实际中，教练员只强调训练手段对训练效果的意义，看重总体训练效果，而忽视了整体设计及整个体系中的阶段性训练。

实践证明，合理组合不同性质的负荷对提高训练效果具有重要意义，如合理搭配有氧、无氧及混合负荷，有助于提高中长跑训练效果；有序安排大中小负荷有助于促进运动员训练水平的持续提升；有序组合一般力量训练、专项力量训练以及核心力量训练，对力量素质的整体提升具有长远意义。在不同训练阶段采用具有层次感的训练手段，对训练方向进行整体上的把握，能够有效衔接不同阶段和不同周期的训练，理清训练思路，以严谨的训练逻辑持续提高运动员的运动成绩，使其不断向更高的运动水平冲刺。

（六）与专项结合不密切

与专项结合不紧密是很多运动项目体能训练中普遍存在的问题。不同运动项目的体能特征不同，因此对运动员的体能也有不同的要求，五大运动素质在不同的运动项目中有不同的表现，甚至存在本质上的差异，若不能认清各项运动的项目特征、体能特征以及其他个性特征，单纯采用统一的体能训练方法进行训练，则难以提高运动员的专项体能水平，难以使运动员获得与其专项相符的身体素质，也难以提高专项运动成绩。

（七）不注重初步诊断和过程监控

现代体能训练中存在不注重状态诊断以及过程监控的现象。完整的体能训练过程包括诊断起始状态、规划训练目标、实施有效负荷等几个紧密衔接的阶段。诊断运动员的体能状态是训练的第一步，如果忽视了这一环节，就无法明确训练目标，更不可能采取有效的训练手段来有针对性地培养运动员的身体素质。因此，要从整体上准确把握体能训练的整个过程，加强过程监控与效果评价，把好过程关，以提高训练效果。

第二节　游泳运动身体素质的转移

一、身体素质转移原理

各项运动素质相互转移是体能发展过程中呈现出来的一个显著特征。各种运动素质间的相互转移是指发展某一项运动素质的同时，会对同类素质或其他素质的发展产生某种影响。运动素质的转移主要是由有机体的整体性、动作结构的相似性和能量供应来源的同一性决定的。

二、身体素质转移原理对游泳体能训练的启示

在体能训练实践中，应在身体素质转移原理的科学指导下创造条件实现各项素质之间的良性转移，同时要想方设法对素质之间的不良转移加以防范，这样有助于提高体能训练效果，整体提高运动员的体能水平。

身体素质转移原理给游泳体能训练带来了以下几点启示。

（1）要实现不同运动素质之间的良性转移，并以此来提高训练效果，就要在游泳体能训练过程中注重对训练强度及运动量的合理安排。在一定限度内，身体素质转移的可能性及转移效果与运动负荷之间呈正相关，即转移的可能性和转移效果随负荷量的增加而增加，随负荷量的减少而减少。另外，在游泳体能训练中对能够促进良好转移现象产生的练习要多安排一些，适当增加这类练习的比例能够有效提高重点训练的某一运动素质以及与之发生转移的相关运动素质，进而促进体能素质的整体提高。对于容易产生消极转移的练习，要适当减少对其的安排，并及时弥补消极转移产生的后果，弥补手段主要是对训练方式进行调整，包括训练时机、训练负荷、运动量、训练手段等各方面的调整。调整越及时，身体素质不良转移造成的负面影响就越少。

（2）在游泳体能训练中，随着训练的持续进行，运动员的体能水平与运动水平都会有明显的改善，运动员身体生物学改造的空间会变小，有机体不再像训练之初一样有很强的可塑性，此时良性转移也不会轻易发生，而是有选择地发生。例如，游泳运动员在专项体能训练的初期，通过力量素质训练能够有效提高速度素质，但是到了训练后期，运动员的训练水平提高到一定程度以后，一般的力量训练就不易引起速度素质的提高了。因此，在体能训练的初期和中期要及时把握机会，创造条件，采用易于使运动素质之间发生转移的训练手段进行专项训练，从而实现最优化的身体素质转移效果，使这一良性转移效果可以延续到训练后期，使整个训练过程都能取得好的训练效果。

（3）在身体素质转移原理的指导下促进游泳运动员体能的发展。在应用该原理时，要对主客体的地位及两者的关系有一个清楚的认识，主体是训练中主要针对的体能，客体是受到主体影响的体能，训练主要是为了发展主体，但也要尽可能积极影响客体，实现主客体的协同发展。

第三节　游泳体能训练的基本原则

一、健康性原则

健康性原则是指在游泳体能训练中，以健康为前提去发展体能，训练措施要以增进健康为目的，并且通过增进健康来提高体能，促进运动技能的掌握。

贯彻健康性原则有以下几项基本要求。

（1）从贯彻这一原则的目标上来说，进行体能训练是为了增进健康、增强体质、提高身体素质，围绕目标开展的训练活动必须要在运动员身体健康的前提下进行。

（2）让健康性原则深入人心，思想上要把健康性原则放在首位，以健康作为训练的前提，虽然在训练中提倡勇敢拼搏、克服困难的意志品质，但是要把握好一个度，要在维护和建立体能健康的范畴之内进行训练。

（3）健康性原则要贯穿于训练的始终，在训练方法的选取、实施过程中，不要放松对健康的关注，甚至可以将其融入训练之中形成一个分支，使之永远伴随体能训练全过程。

（4）贯彻健康性原则不仅要在思想意识方面引起重视，在具体的训练活动中也要表现出来，如在训练中要考虑周全，注意安全保护，关注设施的安全性能，确保在安全、健康、卫生的环境中进行训练，预防运动损伤。

二、科学性原则

科学性原则是指设计体能训练方法必须考虑游泳运动的项目特征和游泳运动员的训练需求，运用系统论的方法学原理指导训练。游泳体能训练方法的对象是游泳运动员，应根据运动员的不同体能水平进行体能训练方法的针对性设计。在掌握游泳运动项目规律的基础上，充分考虑运动员的身体情况、运动技能的形成规律、身体生理负荷的适应规律，来设计合理的体能训练方法。

在游泳专项化体能训练方法的设计中，要依据各项游泳技术的特征、工作肌肉的活动方式、发力结构和人体各关节所具有的主要功能设计训练手段。

三、全面性原则

进行游泳体能训练，要采取多样化的训练方法与手段，以全面塑造运动员的身体素质，协调发展运动员的身体能力。人的身体是统一的系统，只有坚持训练的全面性，才能有效提升各部分机能，进而整体提高身体素质。

贯彻全面性原则要注意以下几点。

（1）既要训练优势身体素质，又要训练弱势身体素质，将两者兼顾起来，促进身体素质全面发展。运动员的体能发展如果不平衡，就要重点加强对弱势部分的弥补与训练，然后促进优势部分的不断强化，进而达到全面协调发展与提高的训练目标。

（2）身体素质与运动能力之间有密切关系，要予以准确把握，锻炼身体素质能够增强运动能力，反过来，提高运动能力可以增强身体素质，两者相互促进，为实现全面发展目标，需要将身体素质训练和运动能力训练结合起来。

（3）对训练内容的选择必须合理，兼顾不同运动员的特殊情况和个性特点，促进所有运动员的共同提高与进步。

（4）循序渐进地安排体能训练计划，不能贪快求难，否则容易发生损伤，对身体机能与身体素质的全面平衡发展造成影响。

四、针对性与个体化训练原则

针对性训练是指游泳体能训练必须与专项要求、应对复杂多变的环境的能力等相结合，提升运动员的实战能力和应变能力。针对性训练是体能储备的一个重要措施和必经环节。

体能训练是针对集体和个体的训练，针对个体进行训练的目的是有效发展个体的体能。不同运动员的身体素质、健康状况和运动能力等条件是不同的，训练中要因人制宜，确立适合不同运动员自身实际情况的训练模式与方法。群体模式（按建制施训）是大方向，对个体进行个体化训练是实现群体发展的重要保障。

五、简易性和实效性原则

简易性原则是指在进行游泳体能训练方法设计时，教练员要考虑训练时间、场地、器械等客观因素，所设计的体能训练方法能够不受场地、器械的制约，以简单易行、低耗高效的训练手段满足训练需求。

实效性原则是指在进行游泳体能训练时，教练员要考虑体能训练方法的针对性和有效性，通过有效的途径、手段提高运动员的体能水平。

六、综合性原则

综合性原则指的是在游泳体能训练中，经过一般体能训练和专项体能训练后，教练员要循序开展综合体能训练，将一般体能训练、专项体能训练、技术训练、心理训练等结合起来，偏重于比赛实际运用的体能训练。练习方式以比赛训练法为主，通过在训练课中模拟比赛的环境，从实战出发，使运动员感受到近似于真实比赛的赛场氛围，提高运动员的应变能力与适应能力。

另外，还可以在练习中插入模拟对手，提高游泳运动员的抗压能力与实战能力，有效地提高游泳运动员对比赛中出现不良因素的抗干扰能力，从而形成游泳运动员良好的竞赛心理，为游泳技术的稳定发挥奠定基础。

七、系统训练原则

系统性的游泳运动训练是不断变化的过程，在系统训练过程中，训练效果是不断积累的，运动员的训练成绩是不断提升的。只有坚持长期训练，才能取得显著的训练效果。一般来说，优秀游泳运动员的养成需要6~10年，多年训练和培养中包括几个连续的阶段，即初级训练、基础训练、取得优异成绩和保持高水平。这几个阶段是紧密衔接的，只有持续稳定地推进多年训练，保证训练的系统性，才能保证训练效果。

八、周期性训练原则

运动训练中包含两个非常重要的因素，一是训练，二是比赛，它们也是运动训练机制和规律中最重要的两个要素。训练的目的是为了比赛，即要在比赛中取得好成绩，训练与比赛密不可分。周期性训练从根本上来说就是对每个完整训练单元的系统性重复，训练对应比赛，根据比赛安排调整训练。在年度训练中对训练周期与阶段、训练内容与方法、训练负荷与参数等进行合理安排，有助于使运动员在全年保持良好的竞技状态，在这一年的比赛中创造理想的成绩。训练周期是完整的，是有规律的序列，是可以重复的。

九、合理安排运动负荷原则

数量、强度是运动负荷的两个重要组成部分，游泳运动负荷中的数量主要指的是游泳的总量，如一年的总量、一周的总量，主要由练习距离、练习次数、练习时间组成。游泳运动负荷的强度主要指的是练习质量，其由速度、计时量等组成。数量和强度作为运动负荷的两个方面是密不可分的，我们在游泳运动负荷的分析中，要清楚运动数量是基础，运动强度是核心。竞技游泳运动比的是速度和强度，建立在负荷量基础上的强度与数量是密不可分的。合理安排运动负荷，既要科学安排运动量，又要循序渐进地增加运动强度，合理搭配运动量和运动强度，保证运动负荷的适宜性。

十、区别对待原则

在游泳运动训练中，区别对待原则集中体现在训练的个体化上。运动训练的过程其实就是将运动员各方面的能力提升到极限高度和强度的过程，训练效果与运动员的个体情况有直接的关系。所以在游泳运动训练中要对运动员的个人特征进行分析，全面了解，然后从个人情况出发对训练目标、任务、内容、方法及处方进行设计与安排，为每位运动员建立个人档案，及时补充与更新档案内容，并定期进行技能测评，了解运动员的训练效果。

十一、一般训练与专项训练相结合原则

在游泳运动训练中，一般训练主要是指身体素质训练，包括一般身体素质训练和专项身体素质训练，身体素质训练可提高体能水平，提高健康水平，提升基本运动能力。专项训练是指在良好体能的基础上进行专门的技能训练，提高技能水平，提升运动成绩。一般训练是专项训练的基础，为专项训练奠定了物质基础，专项训练既能提升专项技能水平，又能进一步巩固和增强体能训练效果。将一般训练和专项训练结合起来有助于全面提高运动员的竞技能力。

第四节　游泳运动体能训练的路径与方法

一、认知游泳运动的项目特征

游泳是体能主导类项目，具有周期性。游泳运动员在水中不断重复相同的技术动作，全力以赴在最短时间内游完规定距离。游泳运动是在水中进行的，这是这项体育运动最大的特点。在水中游泳，推进力是在身体和水的相互作用中产生的。在水中运动和在陆上运动有很大的不同，这主要是因为水和空气有不同的物理特性，对人体产生了不同的影响。具体体现在以下3个方面。

首先，难以压缩是水的一大特性，人在水中会受到水向上托的力，也就是浮力。俯卧和仰卧是人在水中游泳时常见的身体姿势，在水中运动的人体不像在陆上运动那样容易保持平衡。

其次，水的密度大于空气的密度，人在水中运动时受到的水的阻力远远大于在陆上运动时受到的空气的阻力，波浪阻力、形状阻力、摩擦阻力使人在水中游泳有了难度。

最后，在水中游泳时，呼吸困难的感觉很强烈，这是因为水能够对人体产生压力，人体每下潜1米的距离，压力就会增加0.1帕斯卡。

二、把握游泳体能训练的专项特点

游泳体能训练中要结合游泳运动的专项特点进行专项体能训练，所采取的身体训练方式要与游泳专项技术有关，也有利于提高专项运动成绩。不管是力量、速度、耐力、柔韧等身体素质的训练，还是环境适应能力、抗缺氧及抗时差能力的训练，都要体现出专项特征，满足提高专项成绩的需要。

游泳专项体能训练主要有两种方式：一种是在陆上展开的专项训练，另一种是在水上展开的训练。在游泳专项体能训练中往往存在着重水中训练而轻陆上训练的现象，事实上，陆上体能训练是非常重要的专项训练方式，该训练能够有效促进运动员游泳成绩的提高。陆上体能训练在改善游泳运动员力量素质、协调素质以及柔韧素质方面有着很大的优势。但也不能只在陆上进行专项训练，否则会对运动员的身体形态结构和身体机能产生消极影响，进而对运动员的运动水平及比赛成绩造成影响。因此，要将陆上训练和水中训练这两种类型的专项训练充分结合起来，并对二者各自所占的比例进行科学合理的安排，找到一个平衡点，从而使游泳运动员经过全面训练，获得与提升专项所需的身体素质，提高训练效果和运动成绩。

在游泳体能训练中要把握好专项特点，重视专项体能训练，但在这之前要先进行基础体能训练，在运动解剖学、运动生理学等人体科学理论以及运动训练学的指导下，采用丰富多彩的身体练习手段提高运动员的身体活动能力，改善其身体形态和身体机能，促进其基础运动素质的全面发展。游泳运动员进行一般体能训练有助于其形成良好的体能基础，从而为专项体能训练和技术训练做好准备。

三、设计游泳运动体能训练方法

随着游泳运动的不断发展以及对体能训练重视程度的不断提升，游泳体能训练方法体系初步形成。但因为有关人员在这方面的研究并不多，而且不够深入，导致现有的体能训练方法较少，尤其是专项体能训练方法单一，这样的训练容易使运动员产生枯燥乏味感。为了有效提高游泳运动员的运动素质，提高其专项体能水平，要在运动训练理论的指导下，结合游泳运动的体能训练特征，从专项视角来科学设计游泳体能训练方法，并将一般体能训练方法与专项体能训练方法结合起来，充分满足运动员的体能训练需求，使游泳运动员拥有良好的体能素质，在训练与比赛中取得更好的成绩。

一般来说，游泳运动体能训练方法的设计要从以下几方面展开。

（一）体能训练方法需求分析

当游泳运动员的实际体能状况与期望目标有差距或者其体能状况不能适应与满足专项需要时，就会产生体能训练的需求。设计体能训练方法就是帮助游泳运动员解决体能问题的过程，分析游泳运动员的体能训练需求是解决问题的第一步，也是整个解决问题过程的起点。在解决实际体能问题的过程中，只有先认识到存在什么问题，对问题的本质有清楚的了解，才能想方设法来处理问题。对游泳运动员的体能训练需求进行分析就是为了清楚游泳运动员的运动素质存在哪些问题，需要重点解决哪些问题，然后再评估通过体能训练解决体能问题的可行性，最终将通过体能训练可以切切实实解决的实际体能问题确定下来，以便针对这些问题进行训练方法设计。

游泳运动是体能类项目，运动中容易发生损伤，不科学的训练会对身体形态造成不良影响，会有害于肌肉的对称性发展和肌肉力量的均衡发展，甚至会影响日常生活，而且训练方法不科学也会增加发生运动损伤的概率。对于游泳运动员以及一般游泳爱好者来说，良好的体能素质是其在游泳运动中充分发挥技术的基础与前提，因此运动员必须先练好身体，具备良好的体能基础。如果体能水平不高，必定会对游泳技术的发挥造成制约，而且容易在游泳中受伤。因此，教练员必须先做好需求分析工作，然后以形成良好体能素质为导向进行科学训练，以使运动员具备专项体能素质，减少运动损伤发生的概率。

（二）体能训练方法目标确立

基于对游泳运动员体能训练的主客观需求的分析，可确立游泳体能训练方法的目标，以明确运动员通过训练要达到的标准，该目标对运动员的体能训练活动具有指向作用。需要注意的是，体能训练需求不同，设计的体能训练的方法也有差异，基于体能训练需求进行训练方法设计一定要体现出针对性和个性化。

体能训练方法目标一般有提升基础体能、强化专项体能、矫正不良体态、锻炼健康体质、预防运动损伤等。根据不同层次的目标对不同的训练方法进行设计。在训练需求的基础上，对训练方法进行设计和实施，可以有针对性地、有效地解决运动员的体能问题。如果是为了矫正不良身体形态，可以先进行身体形态测试，找出不对称、不平衡或做动作时有局限的部位，然后有针对性地进行训练，以解决身体不对称与不平衡的问题，减少完成动作时的局限性。如果是为了提升体能水平，需要设计形式多样、丰富有趣的训练方法，使运动员的体能水平达到专项要求。如果是为了预防运动损伤，需要先了解游泳运动中哪些部位容易受伤，造成损伤的常见原因有哪些，然后加强易伤部位的锻炼，重点干预，增强该部位的力量，减少受伤的可能。

（三）体能训练方法手段选择

要达到某种目的，必然要借助一些手段，手段作为实现目标的工具，在整个活动过程中扮演着非常重要的角色。目标不同，采取的方法手段也不同，以目标为导向选择相应的方法手段可使目标的实现效率得以提高。上面已经提到参与游泳体能训练的几个常见目标，明确目标后，对科学合理的手段进行选择与实施，从而尽快实现相应训练目标。体能训练方法是否有效，训练目标的实现效率是否令人满意，关键是要看能否基于训练目标而合理地选择训练手段。训练需求和训练目标都是选择训练手段的重要依据。在训练手段的设计与选用中，还要解析游泳运动的动作模式，分析完成连贯游泳动作过程中参与工作的肌肉群和肌肉活动方式，从而设计身体练习方式，促进肌肉力量、速度及耐力等性能的提升与改善，促进游泳动作质量的提升。

（四）体能训练方法练习步骤

在游泳体能训练方法的实施过程中，练习步骤或练习顺序的安排直接影响训练效果，因此必须设计好练习的前后顺序。在训练方法、练习步骤的安排中，要坚持运动技能形成规律的科学指导，要贯彻负荷适应、循序渐进以及个性化原则。一般先安排简单容易的单一动作练习，然后逐渐过渡到复杂的动作组合练习；先安排徒手练习，再安排器械抗阻练习；先安排稳定状态的多点支撑练习，再安排非稳定状态的单点支撑练习。

此外，安排体能训练方法的练习步骤时，要在符合游泳运动项目特征的基础上突出不同运动员的差异性（身体形态差异、身体机能差异、身体适应能力差异、身体运动功能差异等），考虑不同运动员的个性化需要，所设计的训练方案要能满足不同运动员的训练需求，帮助不同运动员弥补自己的不足，全面提高其体能素质，实现训练目的。

四、加强游泳运动体能训练的监控

在游泳运动体能训练中，要在运动生理学、运动生物力学、运动生物化学、运动医学、运动训练学等多学科的理论指导下，运用多学科的方法对训练过程及效果进行分析研究，对训练计划进行优化调整，全方位进行最优化的控制与干预，从而实现体能训练效果的最优化，使运动员经过训练后体能达到最佳状态，并长期保持最佳体能状态。

游泳教练员要有效控制运动员体能训练活动的整个过程，对整个过程中的各个环节以及相关方面予以准确把握与严格控制，适时调整训练内容、训练量、运动强度，以早日实现预期训练目标，有效提高训练效果。

对体能训练进行监控，要特别注意对运动负荷的监控与调整。在体能训练过程中，将一定的运动负荷施加给运动员的身体，如果负荷在正常范围内，那么运动员的机体反应也保持在相应的适度范围内，随之产生的一些变化也是适度的。机体承受的负荷越大，就越刺激机体，从而引起越发强烈的应激反应，也带来非常明显的相关变化，逐步增大负荷有助于不断提高运动员的身体运动能力。但并不是机体只要受到负荷的刺激，就会产生良好的应激变化，就一定能提高身体适应能力，也不是负荷越大，身体适应能力和运动能力就越能得到改善；相反，如果施加的负荷过大，运动员机体受到的刺激超过其最大承受范围，就会损害运动员的身体，甚至给其心理造成阴影。运动员在训练中如果机体出现不适症状，要及时调整运动负荷，如果不及时干预，就会造成过度疲劳或运动损伤，可能打破机体原有的平衡与状态，使机体很难恢复，从而影响正常训练，甚至会影响比赛。

由于在训练过程中运动员呈现负荷的极限性特点，为使训练产生良好的训练适应而非出现劣变现象，必须对训练负荷及运动员的状态进行有效监控。

第八章　游泳力量素质训练

　　游泳运动是一项全身运动，对力量素质有着较高要求。力量素质本身是人体肌肉工作时克服阻力的能力，其在所有体育运动中都是重要的体能素质之一，是其他体能素质的基础，有着不可替代的重要作用。因此，进行力量素质训练并提高力量素质水平至关重要。本章将对力量素质训练的基本知识、基本原理与方法、一般性力量训练，以及针对游泳运动的专项力量训练、核心力量训练，还有游泳运动力量素质训练的注意要点进行分析和阐述，以此对力量素质训练以及游泳力量素质训练的提升有全面且深入的了解与认识，在理论和实践方面都有着科学的指导意义。

第一节　力量素质训练概述

一、力量素质的概念

　　力量，实际上就是指人体肌肉的收缩力量，这是人体从事任何运动都不可或缺的，可以说，力量是维持人体的基础生活能力。

　　作为身体素质的一种，力量素质是指在神经系统的支配下，人体或身体某部分通过肌肉收缩克服阻力的能力。力量素质主要是通过肌肉的工作形式表现出来的，如肌肉在工作时要克服的阻力有内部阻力和外部阻力。

二、力量素质的类型

力量素质的类型是多种多样的，具体根据不同的参照标准可以进行不同的类型划分。下面就对常见的力量素质的类型进行介绍。

（一）绝对力量

绝对力量，就是肌肉中或一组协作肌中总的力量潜力。绝对力量作为一种潜在的力量形式，是运动员追求的最佳状态。但是，这一力量素质的类型并不是经常出现的，其通常在特殊的状态下才有可能被部分激发出来。一般的，经过系统训练的运动员的绝对力量是大于普通人的，因为其所调动的参与工作的肌纤维更多。

（二）最大力量

最大力量，就是人体或身体某部分肌肉克服最大阻力的能力。最大力量通常在比赛中表现出来。最大力量与专项力量并不是等同的关系，但是，最大力量在竞技体育中有特殊的价值，会对爆发力产生极大影响。

（三）相对力量

相对力量，就是人体每千克体重所具有的力量，其计算公式为最大力量/体重。相对力量在很多项目中起到重要的影响和作用，如举重、拳击、摔跤、体操等。

（四）快速力量

快速力量，就是人体或某部分肌肉快速克服阻力的能力。快速力量与速度、灵敏、协调之间有着非常密切的关系。许多运动项目在进行力量素质训练中，都会包含着快速力量这一内容。快速力量又可以进一步细分为爆发力、起动力、反应力、制动力等多种形式。

（五）爆发力

爆发力，就是神经肌肉系统以最短的时间、最大的加速度，爆发出最大力量来克服一定阻力的能力。爆发力最大力值通常在0.15秒内就能达到，用力的梯度和冲量表示，是速度力量性项目提高成绩的关键。

（六）力量耐力

力量耐力，就是指肌肉长时间工作克服阻力的能力，或者能以预定的力度维持动作的能力。

（七）专项力量

专项力量，就是以高强度专项运动的形式完成动作、克服阻力的能力。提高专项力量是力量训练的核心目的。

（八）反应力

反应力，就是指肌肉在由离心式拉长到向心式收缩过程中，利用弹性能量在肌纤维中的储存再释放，以及神经反射调节所爆发出的力量。

力量的分类随着运动实践和训练科学的发展在不断细化、深入，最大力量、相对力量、快速力量、力量耐力的分类方式已不能很好地满足训练实践的需要（表8-1）。

表8-1　力量分类的细化

传统分类	细化分类		重要力量概念
	大类	亚类	
最大力量 相对力量 快速力量 爆发力量 力量耐力 专项力量	最大力量：神经肌肉支配能力、肌肉横断面 快速力量：起动快速力量（30毫秒）、结束快速力量 力量耐力：有氧力量耐力、次最大力量耐力、最大力量耐力 反应力量：短程式反应力量（踏跳<170毫秒）、长程式反应力量（踏跳>170毫秒）		基础力量 反应力量 核心力量 专项力量

三、力量素质训练的准备工作

（1）做好训练前的检查工作。具体就是，要对自己的身体条件进行检查，明确自身条件所允许承受的训练负荷，一定要把握好训练的量，这样才能在保证训练安全的前提下，获得最佳的训练效果。

（2）明确理想素质训练的目标，从而有效指导力量素质训练各项工作的开展和顺利进行。

（3）力量素质训练要持续进行，这样才能取得理想的训练效果，这就要求在开始之后，要按照训练计划坚持并保持下去。只有持之以恒，才能够达成目标。

（4）每天在力量素质训练结束之后，要坚持做好训练记录，训练项目的名称、组数、每组的重复次数和重量都要写清楚，还要写清楚训练的感觉。这能够为训练计划的调整和训练手段的改进提供依据和支持。

第二节　力量素质训练的基本原理与方法

一、力量素质训练的基本原理

（一）合理运动负荷原理

力量训练离不开适宜的运动负荷，这是必要条件之一。因此，在力量训练过程中，一定要对运动负荷进行合理安排，而所参照的依据主要是训练任务和对象的水平。随着力量素质训练的不断推进，运动负荷也要逐渐增加，需要遵循循序渐进的原则。

对于游泳运动力量训练来说，在经过一段时间的训练并且达到了一定的水平之后，运动负荷的增加必须达到极限。因为只有极限负荷的刺激，才能将运动员机体的机能潜力充分挖掘出来，达到参加激烈比赛，创造优异运动成绩的要求。但是有一点要明确，并不是负荷量越大越好，也不是始终都需要大负荷量，而是要从不同时期的训练任务和不同运动员的训练水平出发，逐步地增加，有节奏地安排，这才是合理的。

（二）不间断性与周期性原理

对于游泳运动力量训练来说，不间断性和周期性是非常重要的原理。力量素质必须通过多次重复训练才能得到一定的发展和提升。因此，对于游泳运动员来说，必须按计划进行系统、持续不断的训练。要想使游泳运动员的力量素质训练不间断地进行，各级训练组织形式之间的衔接至关重要，坚持全年训练有足够的训练日和训练次数，并在训练过程中采取有效措施，使伤病的发生概率大大降低。

在多年训练的各年度、各时期的训练中，要使游泳运动员的力量素质逐渐得到提高，保持不间断性与周期性的训练是非常重要且必要的。

（三）一般力量与专项力量训练结合原理

一般力量训练，就是要保证游泳运动员各器官系统机能得到全方位的发展，这是基础性的。专项力量训练，则是指用专项性力量训练和比赛性力量训练的方式来达到提高游泳运动员专项水平所需要的各器官系统的机能，这属于发展性和提高性的。

游泳运动本身就是一项全身性的运动项目，对运动员力量素质的全面性和发展性都有非常高的要求，因此，就需要在一般力量素质的基础上提高专项运动力量素质。因此，将一般力量训练和专项力量训练结合起来就显得尤为重要。在游泳运动力量素质训练过程中，要以游泳运动的专项特点为依据，结合运动员的训练水平和不同训练时期、阶段的任务，对这两者的训练比重进行合理安排。

二、力量素质训练的方法

（一）力量素质训练方法概述

通常情况下，力量素质训练方法可以大致分为3种类型，即静力性力量训练方法、动力性力量训练方法以及电刺激方法。其中，动力性力量训练方法又可以进一步细分为多种训练方法。

随着现代训练理论的不断发展，动力性力量训练已成为竞技运动中发展运动员力量最主要和最基本的形式。通常情况下，可以将力量素质训练的具体方法分为3种类型，即最大力量、速度力量和力量耐力的训练方法。

（二）最大力量训练

要想发展和提升最大力量，通常可以通过两种方式来实现。

（1）提高神经支配能力。具体来说，就是使用85%以上的负荷强度，极限用力，募集尽可能多的肌纤维参加工作。注意组间间歇相对充分，速度适中。各类力量练习理想的负荷形式可参照表8-2。

表8-2 发展不同类型力量的负荷安排（动力性）

目的	强度1%	组数/组	每组重复次数/次	动作速度	每组间歇/分钟
最大力量	≥85	6~10	1~5	快~适中	2~5
快速力量	70~85	6~8	3~6	极快	充分
肌肉体积	60~70	4~8	≥8	适中~慢	1~1.5
力量耐力	<60	2~4	≥12	适中	≤1

（2）增加肌肉横断面。具体来说，就是使用60%~85%的负重，次数较多，接近力竭但留有余地，可以动员尽可能多的肌纤维参加收缩。次数多于6次，一般在8~12次，特别是后面几次和后面几组练习要尽力坚持。

发展最大力量训练的主要方法有重复法、强度法、极限强度法、极端用力法、离心（退让）练习法、静力练习法和电刺激法等。下面就对其中几种加以分析和阐述。

1.重复训练法

重复法，通常会以75%~90%的强度进行训练，每组重复3~6次，每组间歇3分钟，负重量的大小应随肌肉力量的增加而逐渐加大。这种训练方法主要通过工作肌群的增长来达到有效提高肌肉力量的效果。

2.强度训练法

强度训练法，就是以大的、亚极限和极限重量（85%~100%的强度）进行优势工作，训练时逐渐达到用力极限，以后继续用对体力来说是强的、中上的和中等强度的负荷量，直到对这种刺激产生劣性或接近劣性反应时为止。

（1）金字塔负荷模型。训练负荷依次为85%×6—90%×（3~4）—95%×（2~3）—100%×1。训练的次数和组数可以适当调整。

（2）双金字塔负荷模型。训练负荷依次为80%×4—85%×3—90%×2—95%×1—95%×1—90%×2—85%×3—80%×4。训练的次数和组数可以适当调整。

3.电刺激法

电刺激是一种可以引起肌肉产生收缩的技术。它使大脑发出的中枢神经冲动被一种迫使肌肉收缩的电刺激所取代。近年来，人们对用电刺激法发展肌肉力量的关注程度不断提高。电刺激法有直接刺激法和间接刺激法两种形式，具体要根据实际需要选用。

4.退让训练法

退让练习法又被称为离心收缩法。它是在收缩的同时或收缩后被更大的外力拉长，肌肉的起止点被彼此分离。负重力量训练一般都包含退让性用力。退让性练习的强度一般以120%～190%为宜。例如，深蹲和卧推的负荷为110%～150%，加助力推起，加保护缓慢放下。退让性练习能比动力性练习对抗更大阻力，能用超出克制性收缩的强度进行练习。因而能给予神经肌肉系统非常强大的刺激，取得提高力量的效果。

5.静力性训练法

静力性力量训练是肌肉在紧张用力时其长度不发生变化的力量训练。进行静力性训练时肌肉长度基本不变，肌肉收缩所产生的能量基本上表现为肌肉张力增大，这是其能够有效发展肌肉力量的重要原因所在。静力性力量训练一般采用较大重量的负荷以递增重量的方法进行练习，如仰卧直臂下压、仰卧凳上、两手持哑铃（适当重量）、快速直臂下压（头上）、慢速直臂上摆。静力性训练要求同上。通常情况下，会将静力性训练与动力性训练结合起来运用。

（三）速度力量训练

要发展速度力量，可以采用的具体训练方法主要有以下几种。

1.组合训练方法

不管是什么样的训练方法，单一的训练方法的效果总是有限的，组合训练则能够对最大力量向爆发力的转化起到促进作用。在大力量训练后，紧接安排快速跳跃、起动和专项动作练习，充分利用力量练习后激活效应，能使力量训练的专项化效果得到强化。

一般来说，通过组合训练的方法来进行训练的具体手段有以下几种。

（1）杠铃半蹲起＋徒手半蹲跳。半蹲起要求上下转换要快，放下杠铃后紧接进行爆发式蹲跳训练。蹲跳时可以借助上拉动作减轻阻力，这样，在发展爆发力的效果方面更加显著。

（2）杠铃提踵＋徒手直膝跳。训练时其他关节（膝）尽量保持固定，以脚腕活动为主，有效提高踝关节爆发力。直膝跳时，跳过前后左右的标志物（较低），也可以通过单腿跳的形式来强化训练效果。

（3）卧推＋推实心球。实心球可以对墙推，也可以在队友的帮助下采取仰卧姿势向上推，从而使上肢爆发力得到发展和提升。有一点要注意，实心球不宜过重，接球、缓冲、上推要衔接迅速，加上超等长训练因素。

（4）力量＋超等长＋协调性＋投掷。在每组的力量训练后，做超等长的弹性力量训练，再做简单的协调性训练，最后做专项投掷训练。

2.反应力量训练

反应力量训练也被称为弹性力量训练、超等长训练或快速伸缩复合训练，被公认为是效果突出的爆发力训练手段。在采用这一训练方法来训练爆发力时，一定要注意训练负荷安排的合理性，否则，就会降低训练效果，甚至起反作用。

反应力量训练的具体手段有以下几种。

（1）连续跳栏架或跳箱练习。距离适当，高度适中，以能快速连贯地起跳为宜。前后左右方向可以变化，高低搭配，单腿练习或适当负重可以增加难度，使训练效果得以强化。

（2）俯卧撑击掌。其属于上肢的反应力练习，练习时迅速推起在胸前完成1~2次击掌。可以适当负重，或垫高腿部支撑，或者借助协调绳进行横向移动，增加难度，强化训练效果。

（3）推、抛实心球或能量球。其可仰卧上推（在同伴帮助下），也可以两人对推。只要进行动作设计，连续各种方向的抛实心球都可以进行反应力练习。注意训练的重量要适宜，动作衔接迅速，没有停顿。

3.弹震式训练

弹震式训练对于爆发力的训练和提升有着非常显著的效果。常见的弹震式训练方式有很多，如在卧推中把杠铃推出去、负重杠铃（较轻）跳起。

研究发现，相较于单纯的传统抗阻训练和反应力量训练，弹震式训练的效果更加显著。这是因为弹震式训练由抗阻＋反应力训练的方式组成，它将两者的优点综合起来，通过调整重量，保持动作连贯，保证力量训练的整体效果。

（1）壶铃跳。两脚适当分开，双手持壶铃，下蹲紧接跳起，连续动作，或站在两个高度、宽度适宜的跳凳上。训练时要注意壶铃不着地。

（2）负重单足跳越标志物。负沙袋连续单足跳，跨越标志物6~8个，距离适宜，高度为30~50厘米。本训练开始之前一定要做好充分的热身运动，以适应高强度训练，避免动作变形。

（3）使用末端释放器进行练习，单、双侧都可以进行练习。

（四）力量耐力训练

游泳项目中运动员的表现与力量耐力的水平之间是有着直接的相关性的。

力量耐力练习采用的手段和其他力量练习没有太大区别，主要体现在负荷强度相对较小，练习次数多甚至达到力竭，负荷训练的选择可以参照表8-3。

表8-3 力量训练负荷的估算

%1RM/千克	重复次数	%1RM/千克	重复次数
100	1	80	8
95	2	77	9
93	3	75	10
90	4	70	11
87	5	67	12
85	6	65	15
83	7	—	—

根据肌肉物质交换的关系，如要发展一般力量耐力，可采用极限用力的极端用力训练法、等动训练法、循环训练法和负荷强度较低的静力性训练法。下面就其中的几种加以介绍：

1.极端用力训练法

极端用力训练法，就是在训练时做极限数量的重复，即每组试举允许重复10~12次这一最大值，直到完全不能做为止。运动实践证明，极端用力法在有效发展运动员力量耐力素质的同时，还能使运动员的最大力量，以及意志和心理稳定性都得到有效培养和提升。

有一点要强调，不管采用什么样的训练方法，都要保证力量耐力训练的间歇时间。研究证实，间歇相对充分，使肌肉在较好的状态下进行力量耐力训练，由于动作效率高，往往会取得更好的效果，特别是对次最大、高强度力量耐力有更高要求的项目。

（1）高强度极端用力法。大于75%的强度，3~5组，每组8~12次，间歇2~3分钟。

（2）低强度极端用力法。30%~50%的强度，2~3组，每组多于12次，尽力，间歇1~2分钟。

（3）循环训练法。以站点的方式，按先后顺序进行上肢、腰背、下肢等不同部位练习，安排内容应以8~10个站为宜，可以适当减少站点，练习2~3组即可。

2.等动训练法

等动训练法，就是利用一种专门器械（等动练习器）进行力量训练的方法。通常情况下，器械所产生的阻力是和用力大小有密切关系的，具体来说，拉动尼龙绳时的力量越大，器械所产生的阻力也就越大。

第三节 一般性力量训练

一、负重训练法

（一）杠铃训练

杠铃训练是主要针对游泳专项工作肌群力量的发展而采取的训练方法。游泳力量训练常采用的杠铃训练手段有很多，如常见的提铃下蹲、卧推、俯卧提铃、屈前臂、头上屈伸前臂、手腕屈伸、体后提铃、负重下蹲等。

不管采用哪些训练手段，首要确定适宜的训练负荷。

下面就一些常用的杠铃训练手段加以介绍。

1.卧推

仰卧在卧推架上，双手握住杠铃，比肩略宽，呼气时将杠铃举起，吸气时屈臂缓慢落下。

通过这一训练手段，可使游泳运动员胸部的肌肉力量增强，具体针对的是胸大肌和肱三头肌。

2.头上推举

两脚自然站立，约与肩同宽。双手握住哑铃，屈肘将哑铃置于肩上，两手正握杠铃，提铃至胸，将哑铃快速推举至头上方，慢慢还原。

通过这一训练手段，可使游泳运动员的三角肌、斜方肌、肱三头肌和前锯肌等肌群的力量素质得到提升。

3.屈体提杠铃

两脚开立与肩同宽，上体前屈与地面平行，两膝稍屈，背部放松。掌心向内，与肩同宽，两臂下垂伸直持铃。两臂横杠贴身提起，接触上腹部，然后慢慢放下还原，多做几次。

通过这一训练手段，可使运动员的背部力量得到锻炼，尤其使背阔肌、肱二头肌和伸前臂肌的力量得以加强。

4.站姿弯举

直立，两手臂伸直自然下垂，手握杠铃，掌心向前。以肘为轴，两臂经体侧弯起带杠铃，上、前臂用力收紧，稍停2~3秒，持铃缓慢还原至体侧，重复练习。

通过这一训练手段，可使运动员的臂部力量得到锻炼，尤其是肱二头肌的力量得到显著增强。

5.卧举杠铃

仰卧于长凳上，双手握住杠铃，比肩略窄，肘关节弯曲成直角。肘部不动，手臂缓慢上举，扩胸，手臂往回拉，做这一动作时，中间不能有停顿。

通过这一训练手段，可使肱三头肌得到锻炼，由此，能起到有效提升臂部力量素质的作用。

6.窄握卧推

俯卧在长凳上，两脚平踏在地上，两手握住横杠中间，间距10~15厘米，两臂伸直持铃支撑在两肩上方。两臂慢慢弯屈落下至横杠触及胸部。然后向上推起至开始位置。

通过这一训练手段，可对运动员胸大肌的内侧部位、三角肌前束和肱三头肌力量进行训练和增强。

7.立举杠铃

手掌向上，握住杠铃，肘关节弯曲呈直角，两腿分开，与肩同宽。肘部靠在体侧，屈臂，肘部与上体不动，只借助手臂的力量举起杠铃。

通过这一训练手段，可使肱二头肌得到锻炼，这对于游泳运动员的臂部力量提升是有帮助的。

8.深蹲

双脚分开站立，双手握住杠铃，并将其置于颈后肩上，保持杠铃重心两边平衡。两脚分开间距一般与肩同宽。两眼目视前方。两膝慢慢弯曲，下蹲至全蹲止。躯干挺直，背部保持平直。当大腿起立超过水平位置时，即慢慢伸直至原位置。

通过这一训练手段，可使运动员大腿肌群、臀大肌和下背肌群，以及小腿都得到锻炼，力量素质也有所提升。

（二）哑铃训练

哑铃训练是一种效果非常好的发展小肌群力量的训练方法。

哑铃训练负荷也要保证适宜，具体要以个人力量水平为依据来选择相应的哑铃重量，一般以每次练习不少于8次，每次3~6组为宜。

1.头上推举

自然站立，双脚与肩同宽。两手正握杠铃，握距同肩宽，提铃至胸，将哑铃快速推举至头上方，然后逐渐恢复至原位。

通过这一训练手段，可使游泳运动员的三角肌、斜方肌、肱三头肌和前锯肌等肌群的力量素质得到锻炼和加强。

2.箭步蹲

立正，哑铃置于体侧。跨出一步成弓箭步，并下压。

通过这一训练方法，使运动员大腿肌群的力量得到发展和提升。

（三）徒手力量训练

徒手力量训练的具体训练手段有很多，具体要根据实际需要加以选用。例如，要想发展上肢力量，可以选择引体向上、俯卧撑等；要想发展下肢力量，则各种跳跃、跑等是理想的训练手段；仰卧起坐、悬垂举腿、背屈等在腰腹肌力量的锻炼和发展方面效果显著。

1.仰卧举腿

仰卧于垫上，两腿伸直且两脚并拢，双手置于头后，慢速上举，腿与上体折叠，使脚尖举至头后，然后慢速还原成预备姿势。也可在踝关节处负重训练。

通过这一训练手段，可使游泳运动员的腹直肌、腹外斜肌和骶棘肌的力量素质得到锻炼和提升。

2.俯卧撑

俯撑在地面或支架上，两手间距比肩膀稍宽，两臂伸直，两腿并拢。屈臂下降至全屈臂。

二、联合力量训练器训练法

联合力量训练器训练法，就是通过联合力量器各种力量训练功能的利用，来达到有效训练和提升与游泳专项特点相符的力量素质，从而使游泳运动员的力量素质得到全面锻炼和提升。

（一）单一动作训练

单一动作训练能有选择、有针对性地提高某局部力量水平。

（二）成套动作训练

有机组合和编排不同功能、不同身体部位力量训练，按其顺序重复训练，从而取得理想的训练效果。

三、实心球训练法

（一）"V"上式传球

两人对立坐于垫子上，相距1～3米，双腿翘起，呈"V"字姿势，利用两手的反作用力，将球传给对方。可以采用双手胸前接球的方式，接球后要迅速传回。通过这一训练手段，可使游泳运动员的臂部和腹部肌肉力量和平衡性得到锻炼和提升。

（二）"V"上式顶上传球

两人对立坐于垫上，相距2～3米，两腿翘起，呈"V"字姿势，保持姿势；两手持球，放于头后；双手用力，从头的后上方投向对方的头上，对方在头上用双手接球；接球后，利用其反作用力，迅速将球投回对方手中。通过这一训练手段，能使游泳运动员的臂部、肩部以及腹部的肌肉力量和平衡性得到发展。

（三）仰卧起坐式传球

两人对立坐于垫上，相距2~3米，双腿屈起并保持该姿势；两手持球，放于胸前，上体仰卧，运用腹部肌肉，抬起上体，将球投向对方；对方也立起双膝，在脸前接球。接球后，也以仰卧状的姿势，再将球投回给对方。通过这一训练手段，能使游泳运动员的臂部与腹部肌肉力量得到锻炼和提高。

（四）仰卧起坐式顶上传球

两人对立坐于垫上，相距2~3米，两脚稍分开，两膝立起，保持该姿势；仰面朝天，两手持球，放在头上。运用腹部肌肉，使上身坐起，两手用力，将球从头的后上方向对方头上投去，接球后成仰卧状，将球投回给对方。通过这一训练手段，能使游泳运动员的臂部、肩部以及腹部的肌肉力量得到发展和提升。

（五）跪式传球

两人相距3~5米，对立，双膝跪立于垫上，上身立起，互相面对，双膝外展，与肩同宽；双手持球，放于胸前，腰向后坐，双手用力，将球传到对方胸前；肘、上身、腰成缓冲姿势，接球时腰稍下坠。接球后利用反作用力将球传回给对方。通过这一训练手段，能使游泳运动员的臂部和腰部肌肉力量得到锻炼和提高。

（六）仰卧两头起式传球

两人面对面，呈俯卧姿势，上身与两腿向上翘起，保持姿势；双手持球，向对方的脸部传球。双手向头的前上方伸出，接住来球，接球后立即传回。注意传球要迅速且有节奏。通过这一训练手段，能使游泳运动员的臂部、腿部和背部的肌肉力量得到提升。

（七）腿推球

一人躺在地板上，双腿上举，用手臂支撑身体，保持平衡状态；然后同伴将球对准躺在地上的人的脚掌，并掷出，躺在地上的人接球，注意接球时膝部形成缓冲，用脚掌接住，利用膝部的反作用力将球踢回，按时进行。熟悉后加大掷球的力度。通过这一训练手段，能使游泳运动员的腿部动作力量得到加强。

（八）上踢

一人躺地面上，两腿上举；让同伴将球扔到自己的脚踝处，膝部稍屈，两脚夹住球；然后，向上踢还给同伴。通过这一训练手段，能使游泳运动员打腿的腿部与脚踝的动作力量得到加强。

第四节　专项力量训练

一、陆上专项力量训练

游泳专项力量训练可以在陆上进行，进行陆上专项训练时，所采用的练习动作要与游泳运动的技术动作结构接近，这样运动员通过陆上训练所获得的专项力量正是在水中训练和比赛时所需要的力量。

对于游泳运动员来说，水中体能训练是最好的专项力量训练方法，但水中无法进行拉力训练，而陆上拉力训练可以弥补水中训练的这一不足。

下面具体介绍游泳运动员在陆上模仿划水动作的拉力练习。

（一）拉力凳拉力练习

1.蛙泳划臂

（1）准备姿势：在拉力凳上俯卧，伸展手臂，两手将滑轮拉力的两端抓住。

（2）练习要领：两臂像游蛙泳一样同时"划水"。

（3）练习提示：练习重量和组数可根据训练目标而定，注意合理安排间歇时间。

2.蝶泳、自由泳划臂

（1）准备姿势：在拉力凳上俯卧，伸展手臂，两手将滑轮拉力的两端抓住。

（2）练习要领：两臂像游蝶泳或自由泳一样"划水"，同时划或交替划。

（3）练习提示：练习重量和组数可根据训练目标而定，注意合理安排间歇时间。

3. 仰泳划臂

（1）准备姿势：在拉力凳上俯卧，伸展手臂，两手将滑轮拉力的两端抓住。

（2）练习要领：两臂像游仰泳一样同时"划水"。

（3）练习提示：练习重量和组数可根据训练目标而定，注意合理安排间歇时间。

（二）橡胶带拉力练习

利用橡胶带进行拉力练习，橡胶带本身有弹力，这样可以增加练习负荷，很好地锻炼肌肉力量和肌肉耐力。练习时模拟划水动作，速度和水中划水时一样快，甚至要比水中还快，以促进肌肉力量的增强。

1. 蛙泳划臂

（1）准备姿势：在横梁上系好橡胶带，运动员正对橡胶带，向前俯身，双手将橡胶带的两端抓住。

（2）练习要领：两臂像游蛙泳一样同时"划水"。

（3）练习提示：橡胶带拉长的长度可根据器材的弹性和练习者的实际情况而调整，每次练习30次左右，共5组，或每次持续45秒，共5次。

2. 蝶泳、自由泳划臂

（1）准备姿势：在横梁上系好橡胶带，运动员正对橡胶带，向前俯身，双手将橡胶带的两端抓住。

（2）练习要领：两臂像游蝶泳或自由泳一样"划水"，同时划或交替划。

（3）练习提示：橡胶带拉长的长度可根据器材的弹性和练习者的实际情况而调整，每次练习30次左右，共5组，或每次持续45秒，共5次。

3. 仰泳划臂

（1）准备姿势：在横梁上系好橡胶带，运动员正对橡胶带，向上伸展双臂，双手将橡胶带的两端抓住。

（2）练习要领：两臂像游仰泳一样划水，同时划或在体侧交替划。

（3）练习提示：橡胶带拉长的长度可根据器材的弹性和练习者的实际情况而调整，每次练习30次左右，共5组，或每次持续45秒，共5次。

4.重点动作环节练习

（1）准备姿势：将橡胶带系在横梁或挂钩上，运动员正对橡皮胶带，向前俯身，双手将橡胶带的两端抓住。

（2）练习要领：通过拉力练习来模仿划水动作，尤其是抱水、推水等重要动作。

（3）练习提示：每次练习30次左右，共5组，或每次持续45秒，共5次。

（三）等动拉力器练习

在等动拉力器上进行等动练习，特点是动作速度基本稳定，各个动作阶段有相同的阻力，在肌肉完成动作的整个过程中始终都要用最大的力量，或者说整个练习过程中肌肉都能产生最大力量。进行等动拉力器练习时，肌肉维持运动过程中肌肉收缩的速度是恒常的，动作幅度很大，而且要用最大的力量或接近最大力量的力去完成动作的各个阶段。肌肉以最大负荷参与运动，这在增强肌肉力量方面所起的作用是其他负荷练习所不能比拟的。进行等动拉力器练习要注意以下几点。

（1）每周2～4次，至少坚持训练6周。

（2）每次做3组练习，每组8～15次（肌肉最大负荷收缩）。

（3）结合游泳运动项目的技术特点进行专项训练，动作速度接近或达到专项比赛速度。

二、水中专项力量训练

游泳运动员在水中发挥的力量直接影响速度，所以力量越强越有利于取得好的比赛成绩。要提升游泳运动员的专项力量速度，必须加强水中力量训练，在训练中尽快把陆上训练所获得的肌肉力量转换为能够提升比赛成绩的专项力量，为提高专项运动成绩奠定基础。游泳运动员通过陆上力量训练可以提升自身的力量耐力、爆发力，但陆上力量训练对游泳运动员来说存在无法提升牵引力和加快水中运动速度的缺陷，因此要将陆上模仿训练和水中专项训练结合起来进行力量训练。在水中训练肌肉力量，因为阻力的原因，练习负荷较大，能够使运动员在更大的阻力条件下强化肌肉力量，提升专项力量素质。

下面具体分析几种游泳运动的水中专项力量训练方法。

1.轮滑牵引训练

将轮滑牵引训练器材安在池边适宜位置，将绳索拴在练习者腰部，当练习者在水中游进时，教练员在池边拖拽绳索，增加练习负荷，使练习者在较大的阻力下锻炼肌肉力量。在采用轮滑牵引游的训练方法时，不同泳姿的练习距离不同，蝶泳练习距离以不超过100米为宜，其他泳姿的练习距离不要超过400米，如果练习距离过长，则练习者可能因为疲劳而导致动作变形。

（1）练习一：轮滑牵引重量以4~8千克为宜，可逐渐增加重量。练习时间和次数与游泳项目有关，如果是长距离项目，则练2~3组，每组8~10分钟；若是短距离项目，则练3~5组，每组3分钟。

（2）练习二：以最大速度进行练习，先尽全力游25米，如果做不到，则尽全力游20秒，休息片刻再尽力游20秒。

2.系橡皮软管训练

系橡皮软管游主要有以下两种方式。

（1）正向牵引练习：将橡皮软管运用到游泳力量训练中，橡皮软管具有弹性收缩的特征，利用这一特点对练习者进行正向牵引，可以提高练习者的游进速度，使划水频率加大，练习者能够深刻体会最快游速下的肌肉感觉。采用这一训练方法时，动作速度比竞技比赛还快，可以对练习者的速度感进行培养。

在实际练习中，将橡皮软管的两端分别系在练习者腰间和池壁处，刚开始练习者在橡皮软管的伸缩力拉动下以最快速度向前游进，游一段距离后橡皮软管的伸缩力减弱，此时教练员可以在池边拉动软管，练习者继续以最大速度游完剩余距离。练习距离以25米为宜，前12.5米不需要拉动软管，后12.5米需要教练员拉动软管，重复6组。也可以缩短练习距离，游15米，重复10组。

需要注意的是，正向牵引练习会给人的中枢神经系统带来很强的刺激，因此必须慎用这种练习方法。

（2）阻力牵引练习：将软管一端系在练习者腰间，另一端系在水池边，练习者可进行不同泳姿的游泳练习，尽可能拉长软管，游进时要克服软管收缩阻力，从而增强肌肉力量，强化耐力。

采用这一练习方法时，一般游25米即可，也就是说软管拉伸的最大长度是25米，练习者以最快的速度游完25米，休息1分钟，然后继续按同样的方法游相同的距离，重复5次左右。

3.牵引水桶训练

将一个适宜重量的水桶绑在练习者身上，练习者负荷水桶的重量用最快速度游进，以强化肌肉力量。水桶重量以6千克为宜，练习距离以25米为佳，共练习2次，合理安排间歇。短距离练习能够有效增强运动员的爆发力和无氧耐力。

4.戴划水掌训练

戴划水掌训练具有以下两方面的意义。

第一，能够使练习者以最佳游泳姿势做出高质量的划水动作，促进划水技术的提升。

第二，增强练习者划水时的爆发力。

采用这一方法进行力量训练，要对游进距离、练习时间等进行合理安排。虽然各种游泳距离都可以戴划水掌进行练习，但长期依赖划水掌会破坏运动员的肌肉感觉，因此在熟练划水技术和手臂力量增强后要渐渐摆脱划水掌，使运动员的水感渐渐恢复。青少年游泳选手尤其要谨慎使用这种练习方法，在技术练习中要尽可能避免戴划水掌练习，以免破坏技术。

5.戴脚蹼训练

在游泳力量训练中使用脚蹼有助于提升练习者腿部肌肉力量和协调能力；在仰泳、蝶泳和自由泳项目中，戴脚蹼训练的意义更加明显。运用于游泳训练中的脚蹼有大脚蹼、小脚蹼和连体脚蹼等几种类型。

（1）大脚蹼练习。在游泳训练中戴大脚蹼能够使游速更快，使练习者对高速游泳时的水感予以体会，也可以有效增强练习者的腿部肌肉力量，使其腿部协调能力得到提升。在不同距离的游泳训练、打腿训练或配合技术训练中都可以使用大脚蹼。

（2）小脚蹼练习。在游泳力量训练中戴小脚蹼有助于使练习者的打腿更有力，促进练习者腿部肌肉力量的强化，在各种泳式的打腿技术和配合技术练习中都适合戴小脚蹼进行训练。

（3）蹼泳连体脚蹼练习。在蝶泳、蛙泳打腿技术训练中适合采用蹼泳连体脚蹼，有助于促进运动员身体核心力量的增强，促进腰部更好发力。但这种脚蹼体积大，容易伤到人，因此训练时要注意安全，与其他队员保持距离，以免碰到他人。

采用这一练习方法时，可以佩戴呼吸管，在接近水面处进行练习，也可以在水下进行缺氧练习，主要练习打腿，距离以 25 米左右为宜。

6.戴阻力器训练

在游泳训练中，练习者可以戴的阻力器主要有阻力裤、阻力圈、非游泳服装等。戴这些阻力器进行练习，有助于促进手臂划水爆发力的提升，使动作频率加快，速度提升。这种练习简单易操作，对练习者的技术动作基本没有影响，而且练习时采用的泳姿和游进的距离不限。实际训练中应将这种训练方法与不戴任何东西的训练方法结合起来。

7.水槽训练

练习者在水槽中的固定位置进行最大速度的游泳练习，保持快速游进节奏。教练员在池边进行观察和指导，用声音或手势向练习者反馈问题，练习者及时对游速进行调整。一次练习时间持续 30 秒，共练习 10 ~ 18 次，间歇 2 ~ 3 分钟。

第五节　游泳运动力量素质训练要点

一、做好充分的准备活动

在游泳力量素质训练之前，一定要做好充分的准备活动，从而避免运动损伤的产生。另外，游泳运动员的力量素质与其他素质之间有着密切的联系，应将力量素质训练与其他素质，尤其是柔韧素质训练结合起来进行，从而保证训练效果。

二、选择合适的训练手段

在游泳力量素质训练过程中，不同的训练手段所产生的作用和效应都是不同的，因此，要根据实际情况和需求来选择合适的训练手段。

一般来说，那些有利于改善肌肉正确发力方式的训练手段是较为理想的选择，同时，还要注意有恰当的要求，如下蹲、蹲跳练习，能有效锻炼游泳运动员的整个下肢。要针对某个薄弱环节进行训练，如提高小腿肌肉力量就要选择专门的手段，进行负重提踵练习，相对固定膝关节，所取得的训练效果要更理想一些。

三、明确适宜的训练负荷

在确定好游泳运动力量训练的手段之后，还要确定训练负荷，因为这是对训练效果产生直接影响的重要因素。训练负荷太大或者太小都不合适，因为负荷过大易造成动作变形，甚至产生伤害和疲劳；过小则刺激不够，训练效果不理想。

通常所选择的训练负荷不同，对快肌、慢肌产生的刺激效果也会有所差别。因此，要对不同的训练阶段、时期进行充分考虑，并且与游泳运动员的自身特点和项目特点相结合，将训练量、强度、间歇之间的关系处理好。

四、与其他素质训练组合起来

研究发现，不管是什么样的训练手段，其训练的效果都是有限的，要达到理想的训练效果，需要将各种不同的训练手段组合起来加以应用。组合训练对于力量转化有着积极的促进作用。通常主要的组合有力量与技术练习、力量与专项练习、力量与速度、力量与跳跃、大负荷与小负荷、慢速—中速—快速组合等。需要强调的是，不同速度的力量组合练习方式一定要加以重视。

另外，游泳运动员在发展和提升力量素质时，一定要保证肌肉体积不增加（除50米运动员），这是一个重要的前提。

五、合理安排训练顺序

对于游泳运动力量素质训练来说，仅确定训练手段和训练负荷还远远不够，在训练的顺序上也要加以注意。通常情况下，训练负荷的顺序安排为小负荷—大负荷—小负荷；肌肉训练的顺序安排为大肌肉练习—小肌肉练习、较慢速度的练习—快速练习；提升机能方面的顺序安排为改变肌肉结构的练习—改善肌肉内协调能力的练习；具体的训练内容顺序安排为核心力量练习—一般性力量练习—专门性力量练习和力量性练习—速度性练习等。

另外，在不同的训练阶段，游泳运动力量素质训练的内容和相应的比重也要进行合理安排。

六、将训练负荷与恢复的关系处理好

在游泳运动力量训练之后，恢复的效果与训练负荷之间有着非常密切的关系。游泳运动力量训练的恢复，既涉及日常训练的恢复，又涉及训练周期以及比赛前期的恢复与调整等。游泳运动力量素质训练的效果，在很大程度上受到恢复充分与否的因素的影响，尤其是爆发性力量训练方面。因此，就要求在系统的游泳运动力量训练过程中，遵循负荷的逐渐递增原则，将训练负荷分层次安排。

七、做好力量素质训练之后的整理活动

通常游泳运动的力量素质训练都具有高强度的特点，能够极大程度地刺激运动员的肌肉，使肌肉产生疲劳感，代谢物积累，肌丝紊乱，功能下降。游泳运动力量素质训练过程中，要将紧张与放松有机结合起来。在训练间歇，特别是力量素质训练结束后，一定要进行彻底放松，用到的放松手段主要有牵拉、泡沫轴以及心理学手段、医学—生物学手段等，与此同时，还要对训练负荷和间隔时间进行合理安排。

八、与游泳技术有机结合

为了有效提升游泳运动员的专项能力，要求在进行力量素质训练时，一定要与游泳的专项技术结合起来进行。与技术结合是促使一般力量向专项力量转化，获得专项力量的有效途径。

具体来说，游泳运动力量素质训练不仅要对发展游泳专项动作的原动大肌群加以重视，同时还要对小肌群的力量训练加以重视，力求使练习动作符合专项动作肌肉收缩的特征。

第九章　游泳速度素质训练

游泳运动员的速度素质对其运动成绩具有决定性作用，科学进行游泳速度素质训练是提高游泳运动员运动成绩的关键。因此，在游泳体能训练中要高度重视速度素质训练，全面提升游泳运动员的一般速度素质和专项速度素质。本章主要研究游泳速度素质训练与提高，包括速度素质训练概述、一般速度素质训练、游泳专项速度素质训练以及游泳速度素质训练要点。

第一节　速度素质训练概述

一、速度素质的概念与分类

速度素质是指人体或人体某部位快速运动的能力，也就是人体或人体某一部位快速作出运动反应、快速移动以及快速完成动作的能力。速度素质包括反应速度、动作速度以及位移速度3种类型，这也是速度素质的3种表现形式。

二、速度素质训练的意义

速度素质训练具有以下几方面的作用与意义。

（1）使运动员的动作反应时缩短，技术动作质量得到提高。

（2）促进运动员力量水平与速度能力的提升，使其最大力量在快速动作中能够发挥得更好。

（3）促进运动员空间定位能力及运动机能水平的提高。

（4）使运动员的肌肉输出功率增加，使其神经系统能够更好地对技术动作加以控制，提高动作效率。

（5）实现速度障碍的成功突破，使运动员的速度能力获得长远发展。

三、速度素质训练的切入点

（一）人体重心位移速度

要通过位移速度训练提高人体重心的位移速度，以下几方面是训练的主要切入点。

1.提高对信号的快速反应能力

训练运动员对信号的反应速度能力，可以提高运动员动作的敏锐度。释放的信号要依运动项目而定，如短跑项目释放的信号是起跑枪声，网球项目释放的信号是回击球。

2.提高加速能力

有的运动项目是运动员之间在速度上的对抗，或者说速度决定了双方在技术对抗上的优势，训练加速能力有助于帮助运动员更快抢占优势，更好地完成技术动作。

3.提高保持最大速度的能力

运动员将特定技术动作尽可能快地加以完成的能力就是达到最大速度的能力，但前提是要保证技术动作准确、有效。要达到最大速度，需要人体各部分之间协调配合，也就是各部分都要尽可能快速活动，从而达到整体一致和整体快速的效果，这样才能以最快的速度完成复杂的技术动作。

4.提高保持最大速度的能力

达到最大速度后，如果这种速度转瞬即逝，那么不利于完成后面的一系列动作，而如果可以较长时间保持最大速度，那么就会获得很大的优势。所以说，保持最大速度的能力非常重要，这与耐力的关系不大，与协调能力的关系却非常密切。协调能力好的运动员不需要通过降低速度的手段来保持平衡和适应节奏，其依然可以保持最大速度。而如果运动员协调能力差，完成动作时不能保持平衡，并且无法适应节奏的变化，那么其不得不放慢速度，这必然会影响后面的发挥。

5.提高速度耐力水平

人体最大速度的维持需要肌肉持续的高强度收缩和高质量协调，这与耐力有密切的关系。能源物质参与人体肌肉工作的效率及机体排出废物的效率直接影响速度耐力水平。

6.突破速度障碍

速度障碍的突破需要对训练手段进行优化设计，采用最优训练手段。对于运动员已经形成的速度障碍，可采用多种训练手段来帮助突破，如助力训练法、阻力训练法、采用轻器械训练方法、模拟比赛及提高难度的训练方法等，这些都是速度训练的重要方法。另外，对突破速度障碍有积极作用的方式还有神经系统机能灵活性的增强、神经系统兴奋性及协同性的提升、培养运动感觉、提高肢体快速完成技术动作的能力等。

神经系统不灵活、运动神经元兴奋性弱及协同性差是导致速度障碍产生的主要原因。针对这些影响因素，设计速度素质训练手段时要与人体运动神经系统联系起来。例如，要提高优秀短跑运动员的比赛成绩，可重点对其技术动作的协同性进行培养，这比一味进行运动素质训练的效果更明显。

（二）身体环节动作速度

在跳跃、投掷、踢腿、打击等动作中，运动员身体环节的动作速度对其动作质量有直接的影响。改善身体环节的动作速度，可以从以下几方面切入。

1.提高相关身体素质

在动作速度训练中，除了要采用专门的动作速度训练手段，还要对影响速度的相关身体素质进行训练，这是不可缺少的辅助训练，如绝对力量训练、最大力量训练、弹性力量训练、协调性训练、灵敏性训练等。

2.提高快速完成动作的能力和专门力量

专门力量训练和提高动作速度的训练可以采用器械训练法。例如，要提高投掷运动员对器械的出手速度，可采用重量适宜的轻器械进行练习，重量太轻或太重都会对训练效果不利：器械太轻不利于正常技术动作模式的形成；器械太重容易加大损伤发生的危险。器械重量应比标准器械稍轻一些。采用轻器械进行一定组数的训练后，再采用标准重量的器械进行进阶练习，混合进行不同重量的器械训练，对于专门力量的提升有好处。

3.提高快速调节平衡的能力

任何运动项目都需要运动员具备快速调节平衡的能力，这样才能将动作很好地衔接起来，使动作更连贯、优美。

4.合理选择动作速度模式

对动作速度模式的选择要以运动员的技术水平为依据，但运动员的速度水平不应当对最基本技术动作的完成产生影响。

5.完整技术协调性训练

培养与提高运动员的动作速度，要求运动员能够将运动技术准确、规范地完成，这是一个非常重要的条件。因此在速度素质训练中可将完整技术协调性训练作为一个辅助手段。这一辅助训练手段可以使运动员完成身体环节快速动作的能力得到提升，从而促进力量传递及其向速度的快速转换。

例如，掷标枪运动员提高助跑速度会增加负荷，使下肢受到更大的刺激，这时投掷环节是运动员需要高度集中注意力的地方，而不必将注意力过多地放在助跑以及助跑所引起的动量转换上，注意力分配不当会影响助跑速度以及动能转化为弹性势能的效率。

6.根据项目需要选择练习方式

在速度素质训练中，一定要根据运动项目的专项需要来设计速度训练内容，安排训练方案。

例如，在跳跃类项目的速度训练中，要重点进行助跑训练（快速助跑练习、助跑起跳练习、快速踏跳练习等），提高动能，同时也要创造新的动作模式来快速完成起跳脚扒地起跳的动作，并加快力量向速度的转换。

四、速度素质的年度训练计划安排

为了迎接重要比赛，在比赛中有优异的表现，取得理想的比赛成绩，运动员必须做好充分的准备，规划好训练周期，有序组织周期内的训练量、训练负荷以及频率，从而使自己的竞技能力达到最佳状态。在年度体能训练的安排中，要特别重视准备期和比赛期的速度素质训练，这对于运动员保持良好体能状态具有重要意义。下面主要分析速度素质年度训练周期的阶段划分。

一般将年度训练周期分为准备阶段、适应阶段和比赛阶段3个阶段，第一阶段的训练要注意负荷量的积累，从而为适应期的高强度训练打好基础，比赛期的训练主要是为了形成与保持最佳体能状态，以提高比赛成绩。

（一）准备阶段

准备阶段的速度训练主要是为了促进运动员动作效率、肢体灵活性、弹性力量以及速度耐力的提升。

训练过程中合理安排一般训练和专门训练的比例，一般训练手段主要是不同距离跑或者跑类游戏，专门训练主要是结合技术动作的练习。在专门训练中要注意训练强度的变化，在准备阶段的训练中运动员要保持身心放松和节奏稳定。当运动员技术的稳定性因其力量及动作效率提升而受到影响时，要适当降低练习强度，以适应技术水平的变化。在结合技术的专门训练中，不要过分关注如何发挥最大力量，而应在动作的完成过程上集中注意力。准备阶段还应该安排一些加速练习方式，从而为适应阶段的训练做准备。

（二）适应阶段

适应阶段的重点是对弹性力量、速度及速度耐力进行训练，要针对这些素质设计专门的训练手段。当同时有多项因素对速度素质的发展产生影响或发挥作用时，训练强度应调整为最大强度或次最大强度。

需要注意的是，在适应阶段的速度训练中不能忽视训练前的热身准备活动和训练后的整理放松活动，在热身准备活动中应结合项目特征适当安排一些灵活性练习。

（三）比赛阶段

比赛阶段要根据运动员的体能状况和竞技状态来安排训练密度，以弹性力量训练、速度训练以及恢复性训练为主，每周应安排适当比例的速度练习，训练强度以最大强度为宜，此外还要安排一些速度耐力练习，以最大强度或次最大强度为宜。

第二节 一般速度素质训练

游泳运动员的一般速度素质训练要从速度素质的3个表现形式全面展开。

下面具体介绍3种不同类型速度素质的一般训练手段。

一、反应速度素质训练手段

（一）反应起跳

画圆圈，两人站圈外，练习者站在圈内手持竹竿向外画圆，圈外人跳起躲避竹竿，若躲避不及时被打中，则与圈内练习者互换角色继续练习。

（二）压臂固定瑞士球

端坐，一手臂向同方向侧伸，手掌压瑞士球。同伴向侧面不同方向拍球（最大力量的60%～75%），练习者手用力按压以固定球。

（三）贴人游戏

练习者两两前后站立，面向圈内围成圆圈，两人在圈外沿圈跑动追逐，被追者可跑至某两人的前面，则后面的第三人立即逃跑成为被追者。

（四）追逐游戏

练习者分单数队和双数队，教练发出单数或双数口令，两队按规则分别跑和追，在20米内追上即获胜。

（五）抢球游戏

圆圈上放3个实心球，4名练习者绕圈慢跑，听信号抢球，实心球和练习者的数量可以根据需要调整，但要确保球的数量总比练习者的数量少。

二、动作速度素质训练手段

（一）上肢和躯干练习

1.横向飞鸟

两脚开立，双手举杠铃片与胸齐高，手臂张开，还原，反复练习。

2.纵向飞鸟

双脚开立，双手持握杠铃片举过头顶，还原，反复练习。

3.双杠快速臂撑起

双手抓握双杠，两臂用力支撑，身体上移，再屈臂下移，反复练习。

4.仰卧快速伸臂

仰卧在瑞士球上，手持哑铃举起，保持片刻，然后放下。直臂练习与屈臂练习交替进行。

5.俯卧快速伸背

在球上俯卧，双手抓凳子两侧，两脚腾空。臀部发力，腿上抬至与髋、肩成一条直线，保持片刻，反复练习。

6.仰卧屈腿快速转腰

仰卧，双手握住横杆，屈膝收腹，髋快速向两侧转，反复练习。

7.仰卧双腿快速提球

仰卧，双腿在上，将脚踝绑在一起，球固定。两臂向同侧斜下方向伸展，腿发力尽可能靠近上体，还原，反复练习。

（二）髋部和下肢练习

1.快速内拉腿

将瑞士球放在体侧，同侧脚放在球上，将阻力滑轮绳索或胶带系在踝关节上。支撑腿膝、髋稍屈。球上的脚向身体方向移动，慢慢弯曲靠近身体，反复练习。

2.绳梯连续交叉步

两脚开立，两臂向两侧充分伸展，脚跟踮起，前脚掌撑地，向左侧或右侧快速移动身体。以向左侧移动为例，左脚先左移，右脚前交叉移到身体左侧，反复练习。

3.侧卧腿绕环

侧卧在斜板上，充分伸展身体，上侧腿尽量大幅度绕环，然后换腿练习，交替进行。

4.抱头旋转

屈膝弯腰，上体约平行地面，两手交叉在脑后抱头，朝同一方向快速旋转15秒左右，然后直走10米左右，重复练习。

5.扶墙快速踝屈伸

双手扶在墙上，一脚踮起，脚尖着地，脚背贴在另一只脚后部。身体向墙慢慢靠近，双臂保持稳定以支撑身体，还原，反复进行踝关节屈伸练习，两脚交替进行。

6.负重交换腿跳

将轻杠铃放在肩上，双手握杠铃杆两侧。快速起跳，双腿位置相互交换，反复练习。

三、位移速度素质训练手段

（一）高抬腿伸膝走

按照短跑的方式大步走，摆动腿高抬，充分屈膝使脚与大腿靠近。摆动腿下落时扒地，髋部在摆动腿的带动下向前移。

（二）踮步折叠腿大步走

按照短跑的方式充分摆臂大步走，摆动腿充分弯曲，后蹬腿要加上踮步动作。

（三）踮步高抬腿伸膝走

参考高抬腿伸膝走的训练方法，注意支撑腿要加上踮步，并尽可能抬高摆动腿的膝关节。伸髋、下落扒地的动作都要用爆发力去完成。

（四）踮步高抬腿伸膝走拉胶带

把胶带一端系在脚踝上，另一端固定在地面。然后参考踮步高抬腿伸膝走的训练方法进行练习。

（五）踮步折叠腿大步走拉胶带

把胶带一端系在脚踝上，另一端固定在地面。参考踮步折叠腿大步走的训练方法进行练习。

（六）身体前倾起跑

双脚并立，身体向前倾，直到快要失去平衡时快速向前跑。连续跑15～20米后稍停顿，然后继续练习。

（七）沙滩跑

在松软的沙滩上快速跑动。注意利用沙子的阻力提高速度力量。

（八）弓箭步纵跳

弓箭步准备，垂直起跳，落地还原，反复练习。双腿交替练习。

（九）拖降落伞跑

将绳索的一端系在腰部，另一端系在降落伞上，拖着降落伞快速跑。通过克服来自降落伞的阻力快速向前跑。

（十）陡坡上坡跑

在坡度为20°～35°的上坡道上快速跑进。持续4～8秒后稍停顿，然后继续，争取在该时间内每次跑的距离更长。

（十一）下坡跑

在坡度为3°～7°的下坡跑道上快跑。注意动作节奏。

（十二）跑台阶

连续快速跑上台阶。持续4～8秒后稍停顿，然后继续。

第三节　游泳专项速度素质训练

一、游进速度训练

（一）牵引训练

牵引训练是提高运动员游进速度的一个重要训练方法，通过牵力诱导，使运动员的动作速度得到最大化提高，从而提升游进速度。采用牵引训练方法，要在牵引力和导游速度的设计上多下功夫，确保通过这项训练可以使运动员的最高速度得以充分发挥。

需要注意的是，牵引训练最多重复10次，练习距离以30～40米为宜。练习速度要比运动员的最高速度快，但也不能过快，否则会使运动员的速度感下降，产生被动游进的感觉。

（二）短冲训练

采用短冲训练方式时，供能系统主要是磷酸原供能系统，练习方式为蹬边10～25米，出发15～25米，每次练习结束后休息1分钟左右，再继续练习，重复5次左右。通过该训练可提升无氧代谢能力和游进速度。

此外，要提升游进速度还要注重对快速力量素质和动作速度的训练，通过这些相关练习来促进绝对速度的提升，主要方法有快速划臂训练、快速打腿训练、快速分解练习等。

二、动作速度训练

出发起跳动作速度、转身动作速度是游泳运动员动作速度主要体现的地方。所以在动作速度训练中要重点从这两个方面进行，这对提高运动员的游泳技能具有重要意义。

（一）出发动作速度训练

游泳运动员的反应和起跳速度决定了出发速度的快慢。因此出发动作速度训练主要是进行反应速度训练和起跳滑行训练，也可以不断练习完整的出发技术，提高速度和熟练度。游泳运动员不仅要出发快，还要产生良好的出发效果。

（二）转身动作速度训练

1.转身动作专项训练

进行转身动作专项的连贯练习，如在与池壁相距10米的位置练习转身，反复进行多次练习。

2.综合转身动作训练

进行完整的游泳动作练习，在整个游进过程中多转身几次，动作不仅要快，还要准确，以促进转身动作速度和动作质量的提高。

三、动作频率训练

游泳运动员的速度快慢在一定程度上由动作频率决定，所以要特别重视动作频率训练，在保证动作效果的前提下保持适宜的动作频率。

在动作频率训练中，频率的加快应该建立在不对划水效果产生消极影响的基础上，否则会得不偿失。下面简单分析两种常见的动作频率训练方法。

（一）频率节奏训练

游泳运动员速度的保持以及体力的分配会受到其动作频率节奏的影响，因此要保持节奏的合理性。在100米泳池中进行4个分段的频率练习是典型的频率节奏训练法，我国很多优秀运动员都通过这个方法来训练频率节奏。

（二）最佳频率训练

游泳运动员重视动作频率训练，并不是一味强调提高动作频率，使频率达到最快；相反，频率过快会对划水效果产生不好的影响，最终影响游进速度和整个动作的完成质量。每个运动员都应该找到适合自己的最佳频率，从而提高速度。确定最佳频率，重要的是要将划频、划距、速度三者之间的关系处理好，找到这3个要素组合的最佳模式，这也是最佳频率训练的重点。

第四节　游泳速度素质训练要点

一、机体保持适宜工作状态

游泳速度素质训练对训练者机体工作状态的要求是达到并保持适宜状态，这主要体现在神经系统、肌肉系统、心血管系统等方面。只有达到这个要求，训练者的注意力才能完全集中到训练活动中，并能很好地完成训练，取得良好的训练效果。

二、合理安排训练时间

在日常训练课中，一般在课的前半部分进行速度训练，或者在上午运动员机体状态良好时进行训练。在周训练计划中，速度训练适合安排在小强度训练或调整训练后的第一天。在一个大的训练周期中要对速度训练的时间进行合理安排，主要在准备期后期和比赛期前期进行速度训练。在训练实践中具体要根据运动员的实际情况和训练需要对速度训练时间的安排进行灵活调整。

三、注意相关运动素质的发展

速度素质受到力量，尤其是快速力量的影响，所以要重视快速力量训练。此外，柔韧性也影响速度，柔韧性良好的运动员肌肉协调性更好，肌肉合力较大，肌肉阻力较小，速度更快，所以在游泳速度训练中也要加强对运动员柔韧性的训练。

四、重视肌肉放松

肌肉放松对提高速度是非常有帮助的。肌肉紧张会导致动作协调性较差，使运动员无法发挥速度能力。因此在游泳速度素质训练中运动员要适度放松肌肉，使血液循环变得通畅，更高效地利用能量物质，促进速度的提升。

第十章　游泳耐力素质训练

游泳作为运动，其本身是一项全身性的运动项目，但是，作为运动项目，耐力素质则是最重要的体能内容之一。运动员的耐力水平会在很大程度上影响最终的运动成绩，尤其对于中长距离的游泳比赛来说，耐力素质所起到的作用是具有决定性的。因此，对于游泳运动员来说，进行游泳耐力素质训练并使其提高是非常重要且必要的。本章主要对耐力素质训练概述，一般耐力素质训练、游泳专项耐力素质训练，以及游泳运动耐力素质训练的要点进行了分析和研究。

第一节　耐力素质训练概述

一、耐力素质的概念

耐力素质，就是人体在长时间工作或运动中克服疲劳的能力。耐力素质水平的高低，能够反映出人体健康水平或体质强弱。耐力素质作为身体素质的重要组成部分之一，与其他素质之间有着密切联系。

二、耐力素质的类型划分

不同的运动项目对机体体能的要求各不相同，耐力素质作为体能素质中重要的身体素质之一，在各种运动项目中，自身所具有的特征和标准也是较为特殊的。

通常可以按照下列标准来对耐力素质进行划分。

（一）按照运动时间划分

按照运动时间的长短不同，可以将耐力素质分为以下3种类型。

1.短时间耐力

短时间耐力，就是指运动持续时间在45秒至2分钟的运动项目所需的耐力。这类运动项目的供能主要来源于无氧代谢过程。

2.中等时间耐力

中等时间耐力，就是指运动持续时间在2~8分钟的运动项目所需的耐力。在运动过程中，机体对氧的吸收和利用的能力会对机体的运动能力产生直接影响。

3.长时间耐力

长时间耐力，就是指运动持续时间超过8分钟的运动项目所需要的耐力。一般在这一类型耐力素质的训练过程中，运动员的心率可达到170~180次/分钟，心排血量为30~40升/分钟，肺通气量可达到120~140升/分钟。

（二）按照氧代谢方式划分

按照氧代谢方式的不同，可以将耐力素质的类型划分为以下3种。

1.有氧耐力

有氧耐力，就是机体在氧气供应充分的情况下，坚持长时间运动的能力。机体的有氧代谢能力，能够将机体对氧气的吸收、运输和利用能力充分反映出来。要想发展和提升机体自身输送氧气的能力，就必须进行有氧耐力训练。

2.无氧耐力

无氧耐力，就是机体在氧供应不足的情况下，坚持长时间运动的能力。机体通过无氧耐力训练，能够使自身抗氧债能力得到有效提升。

3.有氧与无氧混合耐力

有氧与无氧混合耐力，是一种特殊耐力，其介于有氧耐力和无氧耐力之间，它是机体的有氧和无氧代谢同时参与供能的耐力。通常这种混合耐力素质运动的持续时间要比无氧耐力长，但是比有氧耐力要短（表10-1）。

表10-1　耐力训练的4个区段

区段序号	区段	乳酸含量（mmol/L）
1	代偿阶段	0～2
2	有氧阶段	2～3
3	有氧与无氧相结合阶段	3～6
4	无氧阶段	6～25

（三）按照肌肉工作方式划分

按照不同的肌肉工作方式，耐力素质的类型可以划分为以下两种。

1.静力性耐力

静力性耐力，就是指机体在长时间的静力性肌肉工作中克服疲劳的能力。

2.动力性耐力

动力性耐力，是指机体在长时间的动力性肌肉工作中克服疲劳的能力。

（四）按照身体活动划分

按照身体活动的不同，可以将耐力素质分为以下两种类型。

1.身体部位的耐力

身体部位的耐力主要是机体的某一身体部位在进行长时间运动时，克服疲劳的能力。在体能训练过程中，一般耐力的发展水平决定着这种局部耐力水平的提高程度。

2.全身的耐力

全身的耐力主要是机体在整个身体机能在运动训练中克服疲劳的综合能力。它是机体耐力素质的综合反映。

（五）按照运动项目耐力划分

1.一般耐力

一般耐力，就是指机体多肌群、多系统长时间工作的能力。一般耐力素质与运动项目无关，良好的一般耐力素质，是所有运动项目专项耐力素质发展与提升的基础。

2.专项耐力

专项耐力，就是指机体为了获取专项成绩，最大限度地动员身体机能，克服专项负荷所产生的疲劳的能力。专项耐力与运动项目之间关系密切，不同运动项目的运动特点不同，对专项耐力的要求也各不相同。

三、耐力素质训练的基本要求

（一）选择适宜的训练方式和方法

1.合理的训练方式

通常耐力素质训练的持续时间会比较长，这就要求在选择训练方式时一定要做到合理，从而保证对机体的有效刺激，使机体在生理和心理上都能保持良好的状态。

2.科学的训练方法

对于耐力素质的训练，选择正确、科学的训练方法至关重要。否则，容易导致运动员在耐力素质训练中产生厌恶感和抵触心理，因此，应以不同对象的生理、心理特点为依据，科学选择练习方法。

（二）训练运动负荷的安排要合理

有氧耐力是耐力素质的基础，要想提高有氧耐力水平，发展心肺功能水平是有效途径之一。一般有氧耐力锻炼的心率控制在140～170次/分钟，为运动员所能承受最大强度的75%～85%。对于高水平运动员来说，可以再适当增大训练强度。

（三）在有氧耐力的基础上进行无氧耐力训练

从发展的角度来讲，机体的有氧耐力的提高能为其无氧耐力的发展奠定良好的基础。科学的有氧耐力训练，能增大心腔，提高每搏输出量，从而为有机体无氧耐力的发展奠定基础。

在发展无氧耐力之前或同时应进行有氧耐力训练，这样能使先进行无氧运动训练所导致的每搏输出量难以提高的情况得到有效避免。

（四）兼顾女子生理特点

男女生理结构和特性的不同决定了他们的耐力素质训练也不同。女子的皮下肌肉和一些内脏器官中的脂肪含量较多，并且具有动用体内储存脂肪作为能源的能力，因而具有很强的从事耐力项目的能力。

此外，女运动员在月经期间最好不要从事大强度、长时间的耐力素质训练，同时，剧烈运动及其他外部刺激也要尽可能避免。

第二节 一般耐力素质训练

一、一般耐力素质训练效果的影响因素

一般耐力是运动员必备的身体素质之一，对于游泳运动员也是如此，其属于有氧训练。一般耐力的发展，核心在于最经济、最有效地利用已有的机能潜力。

游泳运动员的一般耐力素质的训练效果受到很多因素的影响，其中，起到决定性影响的有有氧能力水平、输氧系统工作效率、利用素质程度、技术动作效率、呼吸效率以及肌肉协调能力的水平。

二、一般耐力素质训练的基本方法

（一）持续训练法

持续训练法，是一种低强度、长时间、无间断地连续训练的方法。这一训练方法技术动作可单一、可多元，平均强度不大，负荷时间相对较长，以有氧代谢系统供能为主。其主要作用在于提高有氧代谢系统供能能力以及该供能状态下有氧运动的强度。一般，一组训练的持续负荷时间要控制在10分钟以上，负荷强度心率指标控制在160次/分钟左右，训练过程不中断。

持续训练法的训练目不同，其刺激的强度和负荷量也不相同（表10-2）。

表10-2 练习目的与刺激负荷的关系

训练目的	刺激强度		持续时间
	心率	强度	
调整、休整、恢复体力	120～150次/分钟	小强度	30～50分钟

续表

训练目的	刺激强度		持续时间
	心率	强度	
提高有氧耐力	150～180次/分钟	中等强度	50～90分钟
提高承受大负荷的能力	120～150次/分钟	小强度	90～120分钟
	150～180次/分钟	中等强度	
提高力量耐力	120～150次/分钟	小强度	不能再做为止
	150～180次/分钟	中等强度	

（二）间歇训练法

间歇训练法，是一种对多次训练的间歇时间作出严格规定，使机体处于不完全恢复状态下，反复进行训练的方法。间歇训练法在一般耐力的训练中是不可或缺的，对这一训练方法的运用，能使运动员机体的心脏功能得到增强，各机能产生适应性变化，有效提高和发展各种代谢供能能力，提高运动员机体抗乳酸的能力。

通常情况下，间歇的方法都是采用积极性休息方式，如慢跑或走等放松性的练习。心率恢复到120～130次/分钟后即可开始下一次训练。

间歇训练的不同时间、距离、练习的强度、间歇的时间与训练的目的，构成的间歇训练法的类型也是不同的（表10-3）。

表10-3　不同类型的间歇训练法参数

训练目的	训练时间	训练强度	间歇时间	重复次数
提高有氧耐力	8～15分钟	小强度	长	较少
提高无氧耐力	8秒至2分钟	最大强度或大强度	短	多
提高混合耐力	2～8分钟	中等强度	中	中
提高专项耐力	8秒至15分钟	大强度	短、中、长	少、中、多
提高力量耐力	8秒至15分钟	中等强度	短、中、长	多

（三）重复训练法

重复训练法是一种多次重复同一练习，两次（组）练习之间安排相对充分休息的训练方法。在一般耐力素质训练中，通过重复训练，能使运动员运动条件反射的过程得到强化，使机体尽快产生较高的适应性机制。需要强调的是，重复训练法是由单次（组）训练的负荷量、负荷强度及每两次（组）训练之间的休息时间这些要素构成的。静止、肌肉按摩或散步是这一训练方法经常采用的休息方式。

重复训练法的间歇时间以心率恢复至100～120次/分再进行下一次训练为宜。重复训练法的类型会因训练时间、距离、练习的强度、间歇的时间与训练目的的不同而不同（表10-4）。

表10-4　重复训练法的训练参照指标

训练目的	训练时间	训练强度	间歇时间	重复次数
提高有氧耐力	8～15分钟	最大强度、大强度	中、长	少
提高无氧耐力	2～100秒	极限强度、最大强度	短	少
提高混合耐力	2～10分钟	最大强度、大强度	中	少
提高专项耐力	15～60秒	大强度	长	少
提高专项速度	15～30秒	最大强度、大强度	短、中、长	少

（四）循环训练法

循环训练法，是按照训练的具体任务，设置多个训练站，练习者按照既定顺序和路线，依次完成每站训练任务的训练方法。这一训练方法能有效地提高自身训练情绪和积极性，合理地增大运动训练过程的训练密度，需要以个体实际情况为依据来进行针对性调整。

（五）变换训练法

变换训练法，就是通过对运动负荷、训练内容、训练形式以及条件的变化，来促进练习者的积极性、趣味性、适应性及应变能力提高的训练方法。通常变换训练法会因为负荷、内容和形式的变换而形成3种不同类型的训练方法。不管采用哪种类型的训练方法，在一般耐力训练过程中，都能起到促使机体产生适应性变化，帮助机体提高自身承受运动负荷能力的作用。

三、一般耐力素质训练的具体方法

一般耐力素质训练的基本特点表现为长时间、小强度。一般耐力素质训练采用的具体方法有很多，可以大致根据游泳的项目特点分为两种，即陆上训练和水中训练，具体训练方法如下。

（一）陆上训练

陆上训练一般会采用长时间的单一训练方式，常见的有越野跑20~120分钟、骑自行车40~180分钟、球类练习60~180分钟。陆上训练的主要功能在于其能在发展机体有氧代谢能力的同时，使工作肌群及关节、韧带的工作耐力得到提高。各种变换、组合的耐力练习，如法特莱克跑，其对于游泳运动员兴奋性的提高是有帮助的。

1.有氧耐力训练

有氧耐力训练是一般耐力的基础，运动员有氧耐力的发展水平主要取决于3个方面的因素，包括有氧代谢能力、能源物质的储存和支撑运动器官的功能。要提高游泳运动员的有氧耐力水平，采取的具体训练方法和手段有以下几个。

（1）变速跑：在场地上进行不同距离或者段落的变速跑。400米、600米、800米、1000米等段落的训练最为常见。

（2）定时走：在自然环境中，在规定的时间内进行自然走或稍快些自然走的训练。训练时间控制在30分钟左右即可。

（3）定时跑：在自然环境的场地中进行规定时间的跑动训练，时间最少为10~20分钟。

（4）定时定距跑：在自然环境的场地中做定时跑完成固定距离的训练。例如，在20分钟内跑完最少3500米的距离。

（5）重复跑：在规定的场地中进行重复跑的训练，注意要根据游泳运动的任务与要求，来确定重复跑的距离、次数与强度。重复跑强度要稍小一些，跑距可长些。一般重复跑距离为600~1200米。

2.无氧耐力训练

（1）间歇接力跑：4个人在跑道上分为两组训练，相互之间距离200米站立，听口令起跑，每人跑200米交接棒。重复训练8~10次结束。

（2）计时跑：短于专项距离的重复计时跑或长于专项距离的计时跑都可以。重复4～8次，间歇3～5分钟。强度为70%～90%。

（3）球场往返跑：在篮球场地上进行训练，在端线处站立，听口令起跑至对面端线后再转身跑回。每组往返4～6次，重复4～6组。强度为60%～70%。

（4）上下坡变速跑：在7°～10°的斜坡跑道上做上坡加速快跑100～120米，下坡放松慢跑回起点。每组4～6次，3～5组，组间歇10分钟。强度为65%～75%。

（二）水上训练

水上训练通常采用长游或各种形式的变速游。它可以使工作肌和血液中的脂肪得以消耗，对于体重的减轻是有帮助的。游泳运动的一般耐力素质的水上训练方法主要有以下几种。

1.长游训练

长游训练的时间为30～90分钟，训练心率要达到在130～150次/分钟。长游训练能有效提高有氧供能能力。长游训练是游泳运动员耐力的发展安全可靠的方法之一。例如，运动员可以进行2000米爬泳，85%的强度，心率为120～140次/分钟，休息4分钟，每次训练时间应在2.5小时左右。

2.变速游训练

长距离变速游者多选择800～3000米的游距，其中25%～50%的训练者采用50～200米的距离，训练强度为90%，其余以80%的强度进行练习。例如，2000米变速游〔（200米主项，90%强度）＋（200米副项，80%强度）〕，休息3分钟；800米变速游〔（50米爬泳，90%强度）＋（150米仰泳，80%强度）〕，休息1分钟。训练总时间在2～2.5小时，练习总量在8000～10000米。

第三节　游泳专项耐力素质训练

专项耐力素质，就是指一种能有效维持高速度运动的能力。专项耐力的供能系统主要为糖酵解供能，乳酸浓度指标能够将这一供能系统反映出来。

一、游泳专项耐力的特征

进行游泳速度耐力训练时，要针对不同速度耐力的供能特征，在训练手段与方法的选择上做到区别对待，从而使游泳专项（主项）的速度耐力素质得到有效发展和提升。

专项耐力指数＝平均速度/绝对速度。

二、影响游泳专项耐力素质训练效果的因素

（一）乳酸峰值和乳酸忍受水平

游泳运动专项耐力肌肉工作的主要供能来源是糖原酵解供能，凡制约糖酵解能力的因素，都会对专项耐力水平的发展与提高产生影响。

（二）负荷的作用方向

专项耐力的供能系统有两个以上，因此，在进行游泳运动专项耐力训练时，其复杂程度要高得多。另外，发展专项耐力的负荷强度也相对要高一些。负荷强度对机体生理产生较大且持久的影响，这就容易导致机体过度疲劳的产生，对训练技术有着较高的要求。

（三）力量训练水平

对于高速度的保持来说，力量训练水平所起到的作用至关重要，一般来说，与合理技术的有效结合，会使运动效率会更高、更经济。

（四）年龄与生长发育

对于年龄较小的少年儿童游泳运动员来说，他们早期的训练宜进行一般耐力和速度的训练，将发展有氧运动能力和绝对速度（ATP-CP供能能力）作为重点，随着年龄增长，生长发育成熟，逐步增加速度耐力的训练，提高糖酵解供能能力的训练比重。这类练习通常只占到总训练量的1/3左右。

三、游泳专项耐力素质训练方法

对于游泳运动员来说，专项耐力训练是以刺激无氧糖酵解供能系统，来提高糖酵解供能能力和供能效率的乳酸负荷训练。

大强度的间歇训练法、重复训练法及比赛训练法是游泳专项耐力素质训练常用的训练方法。通常游泳专项耐力训练的最大特点是总负荷高，心率、血乳酸达到最高水平。

采用大强度间歇训练时，应待心率恢复至120～145次/分钟后再进行下一次练习；进行重复训练时则要求心率恢复到120次/分钟以下。练习采用的距离如下：中距离为比赛距离的1/4～3/4；长距离不宜超过比赛距离的3/4；但常采用比1/4专项距离短的练习段落。这里要强调的是，游泳运动员专项耐力特点会因为游距的不同而有所差别。

（一）短距离游泳专项耐力训练

根据能量代谢的理论，无氧代谢水平的高低决定了短距离游泳运动员的运动能力。无氧训练常用的方法有速度训练、重复训练、间歇训练、变速训练，以及按照能量分类的高乳酸训练、乳酸耐受力训练、无氧耐力训练等。

1.高乳酸训练

高乳酸训练是指使训练强度足以达到产生最大乳酸，从而改进无氧代谢机能，提高工作肌耐乳酸和消除乳酸能力的训练方法。

2.乳酸耐受力训练

乳酸耐受力训练是最艰苦训练的负荷等级，具体是指在重复游或长距离游训练中，使运动员长时间产生的乳酸量大于消乳酸量的训练方法。改进无氧代谢的供给和忍痛能力，提高工作肌缓冲和耐乳酸能力以适应比赛，是乳酸耐受力训练的主要目的。乳酸耐受力训练的核心是重复次数、组数与间歇。可采用50～200米距离、总量在400～600米、训练时间与间歇时间之比为（1∶2）～（1∶1）的强度进行训练，也可用95%～110%的比赛速度，根据距离的不同把血乳酸指标控制在6～12毫摩尔/升，心率要求达到最高值或最高值减10次/分钟的强度进行训练。

高乳酸水平的血乳酸值在每升8毫摩尔以上，但在个体方面有着较大的差异性。在实际训练中，教练员应以运动员个体乳酸水平为准，负荷水平应控制在高于最大吸氧量训练的血乳酸值水平。一般的训练分段距离为100~200米，强度水平应在90%以上，心率达个人心率水平的最大值。

不同训练水平的运动员对乳酸的耐受力也是不同的，乳酸耐受力提高时，机体不易疲劳，运动能力也随之提高。因此，乳酸耐受力的训练对100米、200米项目尤为重要。发展乳酸耐受力的训练手段如表10-5所示。

表10-5 发展乳酸耐受力的训练手段

重复次数	占最好成绩的比例	占测验成绩的比例	血乳酸范围/（毫摩尔·升⁻¹）	心率范围/（次·分钟⁻¹）
5（6×100米）	86%~89%	90%~93%	12.58~13.57	180~190
2（10×100米）	86%~89%	89%~92%	11.94~13.36	180~198
1（20×50米）	84%~89%	89%~91%	9.2~15.23	197~200
1（100米分段游）	101%~103%	105%~110%	9.33~12.37	

3.无氧耐力训练

游泳比赛中，200米以下的比赛项目占到了80%，能量供给以无氧代谢为主，所以这些项目的运动员在训练进入专项提高阶段时，教练员都会安排大量的无氧耐力训练，从而使游泳运动员对乳酸的耐受程度有所提升，使运动员在身体供氧不足的情况下，还能维持较长时间对肌肉收缩功能的能力。由此可以得知，无氧运动能力的高低对短距离游泳运动员的运动能力产生决定性影响。

无氧耐力是运动员提高专项水平的重要保证。运动员通过无氧训练能使自身的无氧代谢能力得到提高，同时，还能对有氧、无氧两种代谢途径进行有效控制和调节。发展运动员的乳酸能供能能力时所用到的训练方法有很多，如间歇训练法、重复训练法，而发展非乳酸能供能的训练则主要采用短冲训练法。

（1）间歇训练法。无氧耐力训练中的间歇训练法对强度要求较高，强度为通常为85%~95%，根据训练内容确定训练手段。间歇训练法的主要作用在于，能使游泳运动员机体在血乳酸浓度很高时仍可以将肌肉的作用能力充分发挥出来。

发展糖酵解能力的训练会出现一些"梯形"组合训练。这种训练方法在安排上有两种，一种是从长到短，另一种是从短到长，训练效果也会因此而有所不同，通常前一种安排的主要作用是提高运动员迅速动员机体糖酵解的能力，后一种安排的作用则是提高机体长时间维持糖酵解机制的高度活性。

（2）重复训练法。重复训练法的形式与间歇训练的形式基本相同，主要差别在于，重复训练法在间歇时间上并没有非常严格的规定，通常只要运动员的呼吸和心率基本恢复就可以开始下一次训练。重复训练法能使游泳运动员的速度感和动作节奏感都有所加强。这部分的训练内容强度较大。因此在控制方面较为严格，教练员应注意运动员的完成情况，并做好运动员练后的恢复训练，从而使运动员过度训练的情况得到有效避免。

（3）短冲训练法。短冲训练法在每堂训练课中都会出现，具体来说，会要求游泳运动员用最快的速度全力完成。这种训练要求运动员的划手和打腿都要以最大力量和最快速度进行，因而对肌肉的刺激较大，在肌肉的速度和力量的提高以及快游时技术的改进等方面都有着积极的影响，对游泳运动员的神经系统来说，也是非常好的一种锻炼方式。

（二）中长距离游泳专项耐力训练

1.有氧无氧混合训练

有氧无氧混合训练是介于有氧和无氧训练之间的混合供能训练，血乳酸值为5~9毫摩尔/升，间歇时间控制在心率降至120次/分钟时开始下一次训练即可，这样能使游泳运动员有氧无氧混合供能能力得到有效提高，速度耐力得到发展。

（1）重复游的方法。该训练法为（2~4）×100米，间歇3~5分钟，要求完成最好成绩的95%~100%。

（2）递增变速游的方法。运动员完成每一游距时，后程应比前程快，如n×400米游泳训练要求每个400米用最好成绩的90%来完成，且每个400米后200米的成绩要比前200米快。较高负荷心率的刺激，能有效提高运动员机体抗乳酸能力，使他们在保持较高强度的情况下持续运动的能力得到保证。

（3）10~25米的配合游和分解训练。在进行这种游距的训练时，可采用加阻游、极限强度的带划水掌游、超极限速度（大于1.9米/秒）的水槽游（水流流速在1.9米/秒以上）、滑轮拉力游以及25~50米比赛游的方式练习。采用重复和间歇法训练时，重复次数不宜过多，重复次数应控制在6~8次或12~16次。

2.有氧耐力

游泳运动员的有氧耐力在整个游泳训练中所占的地位非常重要，其训练量在全年训练量中占主要地位，长距离运动员有氧训练的量所占百分比则更多。400米以上的游泳比赛项目以有氧代谢为主，这就更加突出了有氧训练的地位。

游泳训练中有氧耐力训练的方法、手段与运动强度、游距之间有着密切的关系。实践证明，对于长距离和超长距离游泳项目的运动员来说，70%~85%的运动强度，持续进行中距离训练并结合短的间歇，心率保持在120~160次/分钟的训练是较为适宜的，这样训练能使运动员的有氧代谢能力得到有效发展和提升。

一般来说，游泳运动员有氧耐力训练最常使用的方法是比赛训练法。

教练员通过对游泳运动员有氧耐力进行训练，从而使运动员身体各器官的功能和各项生理指标都得到发展，使其适应日后高强度的专项训练和比赛。

第四节　游泳运动耐力素质训练要点

一、遵循身心发展规律，选取有效的训练手段

耐力训练是体能训练的重要组成部分，也是体能储备的主要方面，因此，进行游泳运动耐力素质训练，一定要遵适宜的训练规律，这里主要是指游泳运动员的身心发展规律。

另外，在遵循游泳运动员身心发展规律的基础上，还要选择有效的训练手段，这样才能对游泳运动员竞技能力的保持和发展起到促进作用，

尽可能避免运动员发生伤病的情况。教练员在训练游泳运动员的耐力素质时，应注意选择有效的、与专项竞技能力结合较为紧密的训练手段。

二、遵循耐力素质发展的原则

（1）从实战出发原则。在耐力素质训练过程中，一定将比赛和训练之间的关系处理好，以比赛实战的需求为出发点，来进行相应的训练。

（2）适宜时机提高专门性原则。在进行常规的耐力素质训练时，还要在适宜的时机进行专门性耐力训练，并将两者有机结合起来。

（3）周期性原则。通常耐力素质的训练和发展过程是漫长的，需要多个训练周期才能实现的，因此，按照周期性特征进行训练，可以保证科学、合理地提高耐力素质水平。

（4）一致和协调性原则。游泳运动员的耐力素质训练要与取得发展耐力运动成绩要素之间形成统一的目标，并且要相互协调。

（5）针对性和持续性原则。游泳运动员的耐力素质训练要在明确目的的指引下进行，同时，还要保证其训练的系统性和连贯性。

（6）循序渐进原则。在对游泳运动员进行耐力素质训练时，训练负荷的增加要做到循序渐进，不能突然加大，从而使运动伤害事故得到有效避免。

（7）持久训练控制原则。在发展游泳运动员耐力素质的过程中，必须不间断地、高效率地控制训练全过程。

三、注意呼吸问题

游泳运动员在进行耐力素质训练时，一定要把握好关键因素，即正确的呼吸节奏。在游泳运动员进行中等负荷耐力训练时，机体的每分钟耗氧量与氧供给量之间的平衡会被打破，大负荷训练则会进一步加重这种不平衡感。另外，要高度关注呼吸节奏与动作节奏配合的一致性，从而保证呼吸与动作之间的协调性。

第十一章　游泳协调素质训练

协调素质是一项综合性运动素质，良好的协调能力是运动员准确完成动作的重要前提。在运动员体能水平及技术动作质量的评价中，协调素质又是一项非常重要的评价内容与指标。游泳运动是"手脚协调"类运动项目，对游泳运动员的协调能力有很高的要求，协调能力良好的运动员能够在比赛中更稳定地发挥。因此在游泳体能训练中要注重协调性训练，通过科学的训练提高游泳运动员的协调能力。本章主要对游泳协调素质的训练与提高进行了研究，首先阐述了协调素质的训练理论，然后重点对游泳运动员的协调性训练方法及训练中的要点展开了研究。

第一节　协调素质训练概述

一、协调素质的概念

人体不同肌肉共同工作以完成特定运动的能力就是协调素质。这是医学领域对协调性的定义。运动训练领域对协调素质的定义和医学领域对协调素质的定义相似，即为完成特定的动作，达到一定的运动目的，身体各器官系统与运动部位协同配合工作的能力。

协调素质是综合性运动素质，其包含的活动较为复杂，为便于理解，可将这一复杂的活动概括为向大脑输入信息，感官出现相应的反应，然后调用所学技能，以合理的运动程序来完成动作。简言之，就是大脑预测与评价输入的信息，并做出调整与反应。我们可以通过运动神经学习原理来理解协调性活动。运动神经学习程序如下。

第一，感官接收器受到来自肌肉运动的刺激。

第二，感官接收器向信息处理器——中枢神经系统传送信息。

第三，中枢神经系统执行工作，对接收的信息进行调整与改善。

第四，中枢神经系统通过运动神经通路向相应的肌肉传递信息，使肌肉顺利进入工作状态。

在运动神经学习的整个过程中，任何层面只要受到来自内外因素的刺激，学习结果就会受到影响，因此研究运动神经学习原理有一定的难度。运动神经学习过程也可以看作是动作行为的一系列变化过程，这一变化具有系统性，先获得技能，然后完美表现动作技能。在某一动作技能的学习过程中，如果学习者感觉有难度，对学习过程不理解，可以先把程序明确下来。

二、协调素质训练的层次划分

协同素质训练要达到高度协调性，需经历以下几个层次或阶段。

（一）粗糙的协调性

这是初级阶段，运动员必须对自己的身体动作有清晰的认识和正确的理解，从而努力完成新的任务。这一阶段，运动员主要靠视听觉来获取和识别信息，并基于这些感官系统的识别而理解动作，而其他感官暂时还不具备高度准确地识别信息的能力。这种感官模式有助于促进初级阶段的运动员在运动学习中不断进步，从而使自己的协调性由粗糙向优秀转换，从初级向中高级发展。

（二）优秀的协调性

这一阶段的运动员逐渐从内部感知动作，视听觉主要用来消化并且教练员发出的信息，对其他感觉器官不再过度依赖，本体感受器、接触感受器以及深度感受器被频繁运用，在运用这些感受器的同时，在反馈链机制原理的指导下进行动作技能锻炼，从而提高动作效率，并且对不必要动作的产生起到预防的作用。

（三）特级协调性

在这个最后阶段，运动员经过不断的练习，动作程序逐渐实现自动化，多余动作不再出现，此时即使在环境复杂多变的情况下，运动员的动作质量也能达到标准。

在协调性训练的3个阶段中，机体完成动作的效率随协调性的改善而逐渐提高。不同肌肉同时工作时协调性的提高促进了动作效率的提升。不同肌肉之间相互配合，相互作用，共同完成一个动作，这是肌肉协调性的表现。有时为完成一次肌肉收缩，需要多个神经肌肉单位共同参与工作，并相互作用。为提高肌肉协调能力，可进行负重训练、抗阻训练以及其他辅助训练。

三、协调素质训练与发展的基础

（一）平衡和底部支撑

1. 平衡

在有支撑的情况下使身体重心保持稳定的能力就是平衡。平衡是协调素质的一个重要组成部分，对运动技能的发展具有重要影响。下面具体分析人体运动中平衡的重要作用。

运动时的身体平衡点被称为身体中心，虽然这个平衡点是假想的，但确实对提高人体运动的平衡与稳定性有帮助。男性与女性的身体中心不同，但都在身体内部且一般不会发生变化。身体中心具体在身体的哪个部位，和人的身高、体型有关。当人体直立处于静止状态时，身体中心所在的点就是重心。但是重心和身体中心是有区别的，重心是起伏变化的，在身体内部具有波动性，运动可引起重心的变化，有时重心位于身体外部，运动的产生就是重心偏离中心或者重心与中心不在同一点的结果。

平衡有静态平衡和动态平衡两种类型。我们把身体内部区的平衡称为静态平衡，站立静止不动就是一种静态平衡状态，这种状态的维持离不开特定神经肌肉活动，而且身体内部的反馈系统也是系统化和复杂化的。平衡的保持或失衡主要看平衡阈这个临界点。

在运动状态下和有支撑的情况下使身体中心得以保持的能力就是动

态平衡，它是运动的本质。运动过程中的动态运动链能否保持有序的排列和长久的稳定，主要受平衡的影响，这进而又会对人体运动的动力的产生、增强或减弱造成影响。在动态平衡状态下，运动员对平衡阈的运用情况影响其运动的流畅性，如果运用有效，则通过对临界点的推动而运动，运动的灵活性与流畅性也会提高。运动员不仅要在不同的环境下、不同的对抗条件下竞争，还要在不同的平面上不断尝试与突破，这是动态平衡对运动员提出的重大挑战。良好的动态平衡能力对提高运动员的协调性、灵敏性以及整体运动表现能力具有非常重要的意义。

运动员明确自己的身体重心在哪个位置，然后保持这个重心不变，可以在运动中有效控制身体重心，在运动结束后使身体姿势恢复到原来的状态。运动员控制身体重心与保持平衡的能力直接影响其在运动场上的整体表现。

2.底部支撑

运动员完成技术动作时要保持合理的身体角度，这就需要底部支撑以达到一定的牢固程度。保持合理的身体角度就是要对身体各部位之间的关系进行正确处理，从而更好地对身体平衡进行控制，为运动方向与速度的快速调整提供方便。运动员对身体平衡阈的灵活操纵需要其身体各部位形成合理、均衡的角度，这个角度的形成应在支撑底部完成，均衡的身体角度可以作为杠杆调节运动员身体中心与地面支撑力的关系，为运动员速度的调整、跳跃动作的完成等提供方便。当支撑底部有干扰动作等外界力量介入时，保持身体角度的均衡显得更加重要。在移动类运动中，优秀运动员往往可以保持良好的身体角度，并在比赛中灵活运用身体角度来发挥自己的技术，如篮球运动员利用合理的身体角度能够完成高质量的起动、急停等动作，而且改变身体运动方向也很迅速、灵活。

（二）脚与地面的相互作用

运动员脚与地面的相互作用非常重要，就像篮球运动员手与球的相互作用很重要一样。运动员在运动技能的练习上会花费很多时间与精力，但是对脚与地面相互作用的问题却很少去思考，但有时脚以正确的方式接触地面以及正确把握脚与地面的相互作用比花大量时间重复练习运动技能还要重要，因为充分运用脚与地面的相互作用对运动成绩的提高有很大的帮助。

在运动链内部小腿发挥的力量虽然占的比例不大，但要将大肌肉群的力量激活，协调身体不同部位大肌肉群的工作，以发挥力量合力，都是离不开小腿力量的。不管是训练协调素质还是在运动比赛中，很多动作都需要通过脚踝背曲或脚趾上翘向胫骨移动才能完成。脚踝背曲是在提膝时自动形成的一个姿势，该姿势有助于使腿部随时准备好重新向后加速，然后在运动链系统中完成前脚掌与地面之间的力量传递。

运动员的双脚在很多运动项目中都是前脚掌支撑的重量达整个身体重量的75%，但脚趾尖不能承受太大的体重。如果运动员靠脚趾尖支撑体重来移动或起跳，因为无法对地面的反作用力进行充分利用，所以会大大增加脚筋、脚踝受伤的可能性，而且还会影响最终的运动表现和成绩。一般来说，做侧向移动的动作时，脚趾尖的方向垂直于运动方向，以帮助顺利完成侧向移动，这是与有效性技能相对应的，运动员移动时前后脚各有分工，前脚移动方向与目标方向垂直，后脚主要对身体的移动起到推动作用，这样运动员的前脚或者说是脚内侧承受体重，从而快速完成移动、切入等动作。运动员前脚提起，后脚被拖动，当转变为动态移动时，同样适合采用这种移动技能。

（三）地面的反作用力

人的身体具有将力量传送给地面的能力，传送力量后，这种着地能力使得地面产生反作用力，通过相互之间的能量转换，推动身体向预期方向活动。人体通过地面反作用力而移动的过程中对先天反射的利用很明显。地面的反作用力使得本身就有一定弹性的肌肉在运动中的动作表现力及动作频率得到了提升。

体育运动中，有的移动动作要在多个不同的方向上完成，这类动作一般脚抬得不高，而且屈膝、脚背曲主要是为了便于两脚变化移动方向时能够通过地面重新加速，从而顺利向目标方向快速移动。两脚背曲接触地面并通过地面的反作用力变化动作方向时，接触地面会产生有节奏的、清脆或猛烈的声音，像叩击声一样，如果声音很小、很平静，说明运动员向地面传送的力量很小，不能利用地面的反作用力完成接下来的动作。这种试图脚趾尖发力的方法是错误的。运动员应最大限度地利用地面的反作用力，以正确的动作接触地面，充分传送力量。

（四）身体姿势

运动员在运动中的身体姿势对运动成绩有非常大的影响。身体中心的稳定性是产生良好直立身体姿势的前提，腹直肌、腹横肌及其他肌肉协调工作能够使身体各部位的姿势保持稳定，从而维持身体中心的稳定性。在运动过程中呼吸时，胸膜内压有助于维持身体稳定，而且身体各部位可以通过胸膜内压向地面传送力量，这对于身体动作与平衡的改善具有重要作用。运动员完成每项动作都要依靠感官输入来进行信息的有效判断与处理。身体中心维持稳定可以使头部与身体动作更好地协调配合，也可以使感官系统快速地获取可靠信息，为反馈系统的运作提供帮助，这最终有助于进持续稳定的身体运动环境的形成。完成每个动作姿势，表达不同的运动风格，都需要先获得可靠的信息，然后正确处理信息，这能够提高动作表现力，也能有效预防运动损伤。

运动员的身体姿势与运动类型、运动形式有关，静态身体姿势的正确启动方法为臀部向后坐，腰部稍前倾，胸、肩在膝上方。身体重心由前脚掌支撑（有些运动要注意臀部下方双脚的交错移动，如网球运动），躯干平行于胫骨。刚开始运动员对这种姿势不习惯，但是适应一段时间后会发现这种身体姿势的平衡性和稳定性很强，而且容易发力，能够使身体各部位与地面保持恰当的角度。

（五）反应能力

身体姿势准备就绪，身体重心保持稳定后，要积极主动向目标方向移动，这对运动员的反应能力是一个很大的考验。在动态运动过程中锻炼协调素质也有助于提高反应能力。要进一步提高运动员的反应能力，就要对其感觉器官获取与处理信息的能力以及预测技战术的能力进行培养。

（六）快速起动

身体姿势、反应能力、目标移动方向都关系到快速启动的效果。要快速迈出第一步，就要先保持身体姿势的准确、身体角度的合理以及身体重心的平衡，从而产生推力使运动员向预期方向快速移动，避免起动中出现失误。

注意迈第一步时，不管是向前（后）方移动，还是向侧方移动，脚接触地面时要保持小腿角度的恰当与合理，不可以在重心前方迈步太大，否则会对后面的运动速度产生不良影响。一般来说，反应快、距离短是快速起动的要点。

（七）加速和减速

身体姿势正确，身体适度倾斜，小腿角度适宜，上下肢动作具有爆发力，是提高加速能力的几个重要条件。

在运动过程中，不能突然停止运动，而要先减速，如在急停动作中要先减小下肢速度，然后过渡到完全停止，这样能避免运动部位出现损伤。减速能力对运动员的相对力量提出了较高的要求。

（八）交互能力

从侧向移动变化为向前或向后移动时，这个转换就是交互。交互对运动员的快速反应能力提出了较高的要求，反应能力强的运动员能够快速从侧移转换为前移或后移，并在短时间内移动距离较长，而且也能凭借快速机敏的反应灵活调整速度。两脚交叉在运动中是比较常见的，接近旋转轴时，后脚在前脚上方交叉。

（九）变向能力

在做各种移动动作时，变化方向伴随着移动速度的调整，有时要加速，有时要减速，在不同的方向上做相同的移动动作，要注意前后的衔接，在变向中也可以改变移动方式，综合练习不同的移动技术。

（十）后退

后退动作主要出现在防守方，进攻方切入时，防守方要做一些后退动作，或者在线性运动转变时也会后退。后退属于初级动作，往往与其他专项动作一起出现，是连贯动作中的一个环节。

（十一）下落脚步动作

这类转换型脚步能将向前且带有斜线交叉跑的动作联系起来，对从后退跑到向前跑的转化具有一定的影响。做这类动作时，要先推动外侧脚使之有力地落下，然后放内侧脚。

第二节　游泳运动的协调性训练

一、游泳运动员一般协调能力训练

（一）各种跑

1.训练目的

促进身体各部位之间相互协调能力的提高。

2.训练方法

进行不同步伐、不同方向的跑步练习，跑步中可以加上踢腿动作，如交叉步前进或交叉步后退、快速转身跑、快速倒退跑、边踢腿边跑等。

3.训练要求

跑步中注意步伐、方向的变化。

（二）前滚翻

1.训练目的

促进躯干与四肢相互协调能力的提高。

2.训练方法

做好蹲撑准备，向前移动身体重心，向后下方蹬腿离地，手臂弯曲，头低下，臀部抬起，头后部着地，接着两手撑地，经后脑、背、腰、臀依次滚动，背部在地面上时，腹部收紧，膝盖弯曲，迅速团身抱腿。

3.训练要求

动作要连贯。

（三）后滚翻

1.训练目的

促进躯干与四肢相互协调能力的提高。

2.训练方法

做好蹲撑准备，稍向前移动身体，团身后滚，臀、腰、背向后依次

着地，然后快速弯曲手臂，肘部抬起，手腕翻转放在肩上，头部着地时
手撑地翻转回到蹲撑的准备姿势。

3.训练要求

动作要连贯。

（四）　鱼跃前滚翻

1.训练目的

促进身体协调能力的提高。

2.训练方法

准备姿势是屈膝半蹲，两臂向后举，做好该姿势后，向前摆动两臂，
两脚蹬地跳起，身体腾空，腿和臀在同一水平高度。接着向前伸展两臂
着地，手臂弯曲，头低下做前滚翻。

3.训练要求

腿蹬地起跳后，腰部肌肉收缩并保持适度紧张。

（五）　模仿做对侧动作

1.训练目的

促进四肢协调能力的提高。

2.训练方法

教练徒手做一套操类运动，练习者在教练身后做和教练相同的一套
操，动作相同，只是方向相反。

3.训练要求

增加组合变化以提高练习难度。

（六）　肩绕环

1.训练目的

促进上肢协调能力的提高。

2.训练方法

两脚左右分开，手臂充分向上伸展，手背向外；两臂分别向不同方
向做绕环运动。

3.训练要求

两臂绕环方向交替练习。

（七）纵跳

1. 训练目的

促进协调能力的提高。

2. 训练方法

并脚站立，两臂充分向上摆动同时两脚蹬地起跳，连续练习，做向上跳、左右跳、前后跳、跳起转身等交替练习。

3. 训练要求

落地时注意缓冲与保护。

（八）单足跳

1. 训练目的

促进协调能力的提高。

2. 训练方法

行进中两腿交替起跳，为增加难度和训练效果，可规定腿上抬的高度。

3. 训练要求

注意呼吸的配合。

（九）单足跳与前摆

1. 训练目的

促进腿部协调能力的提高。

2. 训练方法

在上述练习的基础上增加前摆动作，单腿抬起后向前摆动，两腿交替进行起跳并做前摆的练习。

3. 训练要求

尽可能将腿抬到最大高度。

（十）弹簧走

1. 训练目的

促进身体协调能力的提高。

2. 训练方法

重复做短距离的"弹簧步"练习，踝关节尽可能伸展，动作幅度尽可能大一些。

3.训练要求

练习中以前脚掌着地。

（十一）蹬山走

1.训练目的

促进身体协调能力的提高。

2.训练方法

轻快地蹬山走，距离20米，练习中力量由脚尖着地过渡到脚跟，左、右踝关节连续伸展。反复练习。

3.训练要求

膝关节稍屈以缓冲冲击力。

（十二）交叉跳绳

1.训练目的

促进身体平衡及协调能力的提高。

2.训练方法

在正常跳绳的基础上两手交叉摇绳，每摇一两次，单足或双足跳长绳1次。

3.训练要求

逐渐增加每跳摇绳的次数。

（十三）全身波浪起

1.训练目的

促进各肌群的协调能力的提高。

2.训练方法

双脚开立，先做直腿体前屈，然后依次进行向前跪膝（收腹、含胸、低头）、向前挺髋（收腹、含胸、低头）、向前挺腹（含胸、低头）、挺胸、抬头，成反的"S"形波动，两臂在体侧绕环。

3.训练要求

动作要柔和、顺畅。

以上锻炼方法可以进行组合练习。至少选择5个动作组合进行练习，其中至少有2个方向的变化。

（十四）协调类游戏训练

1.袋鼠跳

（1）训练目的：提高身体的灵敏性和协调性。

（2）训练方法：将练习者分成人数相等的两队，两队间隔一定距离成纵队站在起点线后。游戏开始，每队第一人听教练员信号，迅速跳进麻袋，双手提着麻袋口，用双脚跳跃前进，过折返线后钻出麻袋，提着麻袋跑回，交给本组第二人。依次类推，到最后一人跑回起点线结束，先完成的队获胜。

（3）训练要求：①教练员发出信号后，练习者方可跳进麻袋。②过折返线后方可钻出麻袋。③交接麻袋须在起点线后进行，不得抛传麻袋。④两队之间不得相互干扰。

2.横扫千军

（1）训练目的：提高身体的灵活性和协调性。

（2）训练方法：将练习者分成若干组，每组一个圆圈，分站在圆圈线上，每组选一人，手持绳索的无沙包一端，站在圆圈中心做好准备。游戏开始，持绳索者抡动绳索做圆周运动，横扫圈上练习者的膝部以下部位；当绳索经过练习者脚下时，练习者应立即跳起躲避绳索，如被绳索击中为失败，与抡绳索者交换角色，继续游戏。

（3）训练要求：①绳索被抡动时，头端不应高于练习者膝部。②圈上练习者不得用后退、跨越的方法躲避绳索。③被绳索触及膝部以下部位即为失败。

3.跳长绳

（1）训练目的：提高身体灵敏性、协调性和团结能力。

（2）训练方法：将练习者分成两组，每组先选出两名练习者摇绳，其他练习者陆续进入绳中，并连续跳绳，跳绳停摇为1局，每局以进入跳绳人数多或全部进入后跳绳次数多者为本局胜方，得1分。最后以积分多的组为胜。

（3）训练要求：①跳绳方法不限。②跳绳被绊住时，由绊绳者接替摇绳者继续摇绳。

4.点爆竹

（1）训练目的：提高身体的灵敏性和协调性。

（2）训练方法：练习者站成1个圆圈，1名练习者右臂前平举伸出食指，站在圆圈中间作"点炮人"。游戏开始，"点炮人"口中发出"哒……"的声音，同时沿顺（逆）时针方向转动表示爆竹已点燃，然后突然停止在任意1名练习者面前，并以右手指着对方。此时被指点的练习者应马上发出"砰"的声音表示炮已爆炸，而站其右侧的人立即用左手掩耳发出"叭"的声音表示回声，站其左侧的人立即用右手掩耳发出"哎呦"的声音表示受到惊吓。动作和声音发出不及时者为失败，应与"点爆竹"角色互换。

（3）训练要求：①"点爆竹"人手势应果断、准确。②声音和动作同时进行，若脱节则为失败。③被指人和左右侧人发出的声音顺序不能颠倒。

5.龙头捉龙尾

（1）训练目的：提高身体灵敏性和协调能力。

（2）训练方法：将练习者分成人数相等的两队，手扶（抱）住前面人腰的形式组成一路纵队，组成两条龙。游戏开始，龙头分别去捉对方的龙尾。每捉到1次得1分，得分多的队为胜。

（3）训练要求：①组成龙的人不得松手。②不得阻挡对方的行动。

6.一加一投篮比赛

（1）训练目的：提高动作的协调性。

（2）训练方法：将练习者分成人数相等的两队，各成一路纵队分别站在半场的罚球线后，排头手持篮球投篮，投中可再投1次；如第一次未投中则不可再投。排头投篮后传给本队第二人，然后自己站到队伍最后，依次类推，直至全队做完，累积投中次数多的队为胜。

（3）训练要求：必须站在罚球线后投篮。

7.传球比赛

（1）训练目的：提高身体的协调性。

（2）训练方法：将练习者分成人数相等的两队，成纵队分别面对本队圆圈站在传球线后。游戏开始，教练员发令后，排头快速跑到队前圆圈内拿起球，用上手传球的方法给本队排二传球，排二用同样方法传回给排头后跑至排尾，其他队员照以上方法依次进行，全队和排头传球1次后，排头把球放回原处，回到本队，拍本队排二的手后，站到排尾，排二则快速跑到圆内拾球同排头一样和本队队员每人传球1次……其他队员依次进行，先完成的队为胜。

（3）训练要求：①按规定方法和顺序传球。②传球不得出圈过线。③传失球必须自己拣回，重新开始。

9.发球得分

（1）训练目的：提高身体的协调性。

（2）训练方法：将练习者分成两组，各组人数相同，其中一组所有练习者站在本方场地端线后各持一球，另一组在场外拾球。持球组排头用正面上手发球的方式向对方号码区击球，球落到几号区得几分，其他练习者依次进行。两组轮换练习。累计分多的一组获胜。

（3）训练要求：①按规定方法击球。②球出界不计分。

二、游泳运动员专项协调能力训练

游泳运动要求运动员有良好的身体协调能力，因为游泳运动在水环境中进行，运动环境的特殊性使得运动员在游泳中对动作的控制变得复杂而困难，要将游泳技术掌握好，控制好自己在水中的动作，就要加强协调性的练习，形成良好的协调能力。游泳运动员在水中从平卧姿势开始完成一系列的游泳技术，这一姿势和陆上运动有很大的区别。运动员在游泳过程中动作面的保持情况直接影响其动作效果。游泳运动员的上下肢必须配合好，这又不同于陆上运动项目的手脚配合，水中手脚配合不是同步的，而陆上则须按一定的节奏完成手脚的左右交替配合。游泳运动员身体协调性的发展要与游泳技术特征相符，他们应加强专项协调能力训练，以更好地掌握与发挥游泳技术。

游泳专项协调能力训练包括以下2个方面。

（一）基础训练

在陆上模仿游泳技术动作，包括手臂动作、腿部动作以及手脚配合动作，甚至要模仿水环境中的呼吸方式，促进基本协调能力的形成与提高，从而为在水中训练游泳技能奠定良好的基础。

（二）专门训练

游泳运动员要在水环境中进行专项协调能力训练，主要从以下2个方面进行训练与提升。

（1）在水中进行的游泳技术练习，包括分解练习、完整练习，重复不断地练习是为了熟练动作，达到自动化阶段，更好地控制身体姿势和动作。

（2）游泳运动员通过花样游泳、水中健身操等其他运动来提高水上运动能力，同时还可以专门设计水中协调动作、水中游戏，通过趣味性练习来提升水感和技能。

游泳运动员的动作控制能力和水中运动技能提升后，有助于实现协调能力的提升。

第三节 游泳运动协调素质训练要点

一、与游泳技术练习相结合

在游泳专项协调素质的训练中，要结合游泳技术进行练习，将游泳技术融入协调素质训练方法手段中，从而促进游泳运动员技术质量与身体协调性的同步发展。

二、坚持练习

游泳运动员要坚持不懈地进行协调性练习，在开始阶段主要训练一般协调能力，然后逐渐向专项训练过渡，最后将一般训练与专项训练结合起来，促进协调身体素质的整体发展。

三、克服肌肉过度紧张

游泳运动员做游泳动作需要相关肌肉群适度收缩，但如果不能及时放松肌肉，就会出现肌肉紧张的问题，这会对动作质量产生影响，使动作看起来僵硬不自然，同时也可能引起运动损伤。所以在协调性训练中要注意克服这一问题，肌肉该收缩时收缩，该放松时放松，这样能够避免不必要的耗力。

四、提高"空间感"和空间准确性

对动作空间的准确判断能力是很多项目的运动员都要具备的能力，游泳运动同样如此。只有运动员具备这一能力，才能根据判断准确用力。因此，在游泳协调性训练中要注意对运动员一系列空间感（距离感、水感、速度感）和空间准确性的培养。

五、提高保持平衡的能力

身体姿势稳定是提高动作质量的前提，因此保持平衡的能力非常重要。对游泳运动员来说，平衡能力与协调能力密不可分，相辅相成，所以运动员要在协调训练中注意平衡的保持。

第十二章　游泳柔韧素质训练

　　游泳运动的体能素质中，柔韧素质也是非常重要的内容之一。游泳运动是需要人体在水中以滑动的形式向前游进的，因此，良好的身体柔韧性，对于游泳运动是有利的。要提升游泳运动员的柔韧素质，就要采用科学合理的训练方法和手段，并且控制好训练的负荷。本章就对柔韧素质训练的基本理论，以及游泳运动的柔韧性训练以及训练过程中的要点进行分析和阐述，从而对游泳柔韧素质的训练和提高起到科学的指导作用。

第一节　柔韧素质训练概述

一、柔韧素质的概念与作用

　　柔韧素质，就是人体各个关节活动范围及肌肉、韧带的伸展能力，也可以将其理解为人体一定关节大幅度完成动作的运动能力。

　　柔韧素质，可以从两点来进行深层次的理解：一个是关节活动幅度的大小；另一个是髋关节的肌肉、肌腱、韧带等软组织的伸展性。

　　柔韧素质的作用也是非常重要的，它在很多方面都有所体现，对游泳运动员体能水平的提升也有帮助（表12-1）。

表 12-1　柔韧素质的作用

运动性牵拉作用	运动时关节的活动幅度
	运动的准确性、经济性
	降低运动损伤
	保持肌肉的良好功能（弹性、爆发力等）
	预防肌肉僵硬及肌肉劳损

二、柔韧素质的类型划分

（一）按照与专项的关系划分

按照这一标准，柔韧素质的类型有以下两种，这也是最常见的柔韧素质类型划分方式。

1.一般柔韧素质

一般柔韧素质，就是指与一般身体、运动技战术等需要相适应的柔韧素质。一般柔韧素质包含的内容较为丰富，其中，身体最主要关节的活动能力也是重要内容之一。

2.专门柔韧素质

专门柔韧素质，就是指专项运动所需要的特殊柔韧素质。一般柔韧素质是专门柔韧素质的基础，与不同的运动项目有着密切的联系。

（二）按照完成训练的动作方式划分

按照这一标准，柔韧素质的类型有以下两种。

1.主动柔韧素质

主动柔韧素质，就是指运动员依靠相应关节周围肌肉群的积极工作，完成大幅度动作的能力。

2.被动柔韧素质

被动柔韧素质，就是指借助外界的力量使身体各关节的灵活性达到最大程度的一种能力。

（三）按照表现形式和身体状况划分

按照这一标准，柔韧素质的类型有以下两种。

1.静力性柔韧素质

静力性柔韧素质，指的是以静力性技术动作的需要为依据，将肌肉、肌腱、韧带等软组织拉伸至动作所需的位置角度，并能够控制其停留一定时间所表现出来的一种能力。

2.动力性柔韧素质

动力性柔韧素质，就是指以动力性技术动作的需要为依据，将肌肉、肌腱、韧带等软组织拉伸至解剖学所允许的最大限度，随后再利用强有力的弹性回缩力完成技术动作的一种能力。动力性柔韧素质是在静力性柔韧素质的基础上发展起来的。

三、柔韧素质训练中的拉伸

运动员柔韧素质的发展，是需要经过各种拉伸训练才能实现的。下面就对拉伸进行分析和阐述。

（一）拉伸的概念与作用

拉伸，是一种有目的性和针对性地选择影响的技术和姿势进行牵拉，要保证训练的科学性。

拉伸本身有着非常显著的作用，体现在以下两个方面。

（1）拉伸能够使肌肉、肌腱、韧带和神经的协同工作能力得到有效提升。

（2）拉伸能使运动员的肌肉力量快速增长。

（二）功能性拉伸训练的安全细则

由于拉伸具有一定的危险性，因此，熟悉并掌握拉伸训练的安全细则，保证拉伸训练的安全性至关重要。

（1）拉伸训练前要进行充分的热身运动。

（2）拉伸时，要保证用力均匀。

（3）拉伸时，要把握好度。

（4）拉伸的强度要适宜，拉伸强度的增加要遵循循序渐进原则。

（5）拉伸时，一定要配合正确的呼吸动作。

（6）拉伸的体位要保持正常姿态。

（7）静力性拉伸之后，切忌爆发力训练。

（8）在瑜伽垫等固定的柔韧表面上进行拉伸训练。

（9）主要采用坐姿、俯卧和仰卧的拉伸姿势。

（10）要保证拉伸动作的正确性。

（三）拉伸训练的内容与分类

拉伸训练包含的内容非常丰富，身体不同部位、不同形式的拉伸都属于这一范畴。通常，拉伸的部位主要是大关节周围的大肌肉群，按拉伸类型分类，可以将拉伸训练方法分为静力拉伸、弹性拉伸等。另外，根据是否有人协助，也可以将拉伸训练方法分为主动性拉伸和被动性拉伸（表12-2）。

表12-2　拉伸分类

拉伸种类	按是否有人协助	主动性拉伸（独立完成，使用瑞士球或助力带等）
		被动性拉伸（教练员和运动员相互配合，较少有对器材的要求）
	按拉伸类型	静力拉伸
		弹性拉伸
		本位感受性神经肌肉促进法（PNF牵张法）

1.主动性拉伸

主动性拉伸，就是指运动员依靠自己的力量，通过各关节及其相关肌肉的主动收缩，来改善关节灵活性和肌肉伸展性的方法。

主动性拉伸又可以分为主动性动力拉伸和主动性静力拉伸。

主动性静力拉伸的主要作用体现在肌肉、韧带等伸展性的发展上。主动性静力拉伸的特点表现为训练强度较小，且动作幅度较大，有助于节省体能，无须专门训练场地和训练器械，简单易行。

2.被动性拉伸

被动性拉伸，就是指运动员借助外力或同伴的作用，帮助进行伸展的训练。它又可以分为被动性动力拉伸和被动性静力拉伸。

3.静力拉伸

静力拉伸是指一种缓慢的、稳定的、在拉伸的止点停留一定时间的拉伸方法，它是在一定时间内，固定在一定范围内的伸展运动。静力拉伸具有显著的特点：动作缓慢；会有不适感产生；没有疼痛感；肢体运动的幅度比较小。在进行静力拉伸的训练时，需要对准备活动中静力拉伸和动态拉伸的比例和前后顺序加以掌握。

4.弹性拉伸

弹性拉伸，是指在关键幅度末端，无间歇地进行反复弹性牵拉活动，使关节活动力度增加。弹性拉伸的特点会引起肌肉酸痛、疼痛，甚至肌肉损伤；也可能是弹性牵拉激活牵张反射。需要强调的是，弹性拉伸属于不提倡的拉伸技术。

第二节　游泳运动的柔韧性训练

对于游泳运动来说，运动员的柔韧素质和关节灵活性是至关重要的，否则，动作的幅度以及完成动作的效果都无法实现和保证。因此，发展游泳运动柔韧素质和关节灵活性是非常重要且必要的。

一、游泳运动的柔韧素质特征

游泳运动员的柔韧素质会影响游泳动作的幅度、动作的效果，从而进一步对游进速度产生影响；游泳运动员肩关节柔韧素质和灵活性则会对游泳手臂动作质量产生影响；踝关节跖屈和脚掌外翻的程度则会对腿动作效果产生直接的影响。

二、游泳运动柔韧素质训练效果的影响因素

游泳运动柔韧素质训练效果受到很多因素的影响，其中，较为主要的有以下几点。

（一）年龄因素

柔韧发展效果与年龄成反比例关系，小的时候进行柔韧素质训练，能有效缩短柔韧素质的降低速度，对于游泳运动是有利的。柔韧发展水平与力量水平成不确定的反比例关系，一般认为少年儿童在10～14岁是发展柔韧性的最佳时机。

（二）时间间隔

柔韧素质训练的时间并不是越多越好，通常，隔天训练1次是最为

理想的状态，间隔时间长会使柔韧水平下降。

（三）关节肌肉、韧带、肌腱的伸展范围和弹性

肌肉活动中的收缩与放松的协调能力，都会对游泳运动员的柔韧素质产生影响。

（四）肌肉中微纤维增多

大负荷、高强度的训练使部分肌纤维损伤，由此便导致了肌肉中微纤维的产生。通常会通过深度按摩的方式来达到消除肌肉中微纤维的目的。

（五）温度因素

肌肉在适宜的温度中，往往能处于放松的状态，其对于肌肉弹性、关节韧带的伸展程度和关节囊的润滑的提升都是有利的。在这样的条件下训练和发展柔韧素质，通常都能取得理想的效果，且受伤概率会大大降低。在此基础上发展柔韧，不但效果好，而且不易受伤。如果肌肉处于温度过低的条件下，则往往会出现肌肉紧张，关节僵硬的情况，如此便不能将柔韧水平充分发挥出来，柔韧训练也不能取得理想的训练效果。

三、发展柔韧素质和关节柔韧性的手段

发展游泳运动柔韧素质的常用训练手段有很多，具体如下。

1.上肢柔韧素质训练手段

（1）个人训练（图12-1）。

图12-1　上肢柔韧素质训练之个人训练

（2）他人辅助训练（图12-2）。

（a）

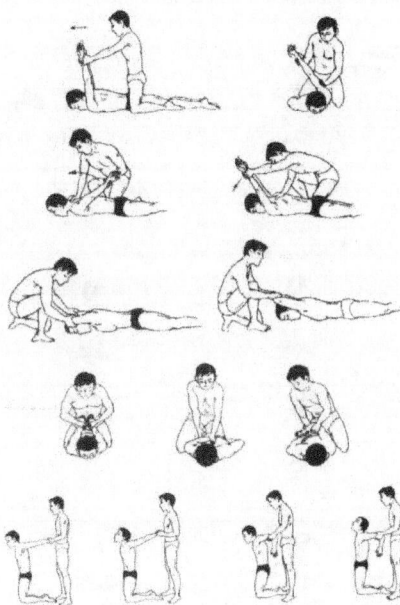

（b）

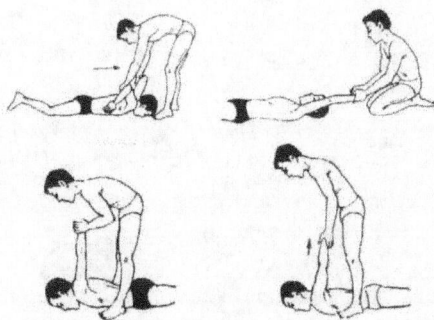

（c）

图12-2　上肢柔韧素质训练之他人辅助训练（续）

2.下肢柔韧素质训练手段

（1）踝关节柔韧素质与关节灵活性训练（图12-3）。

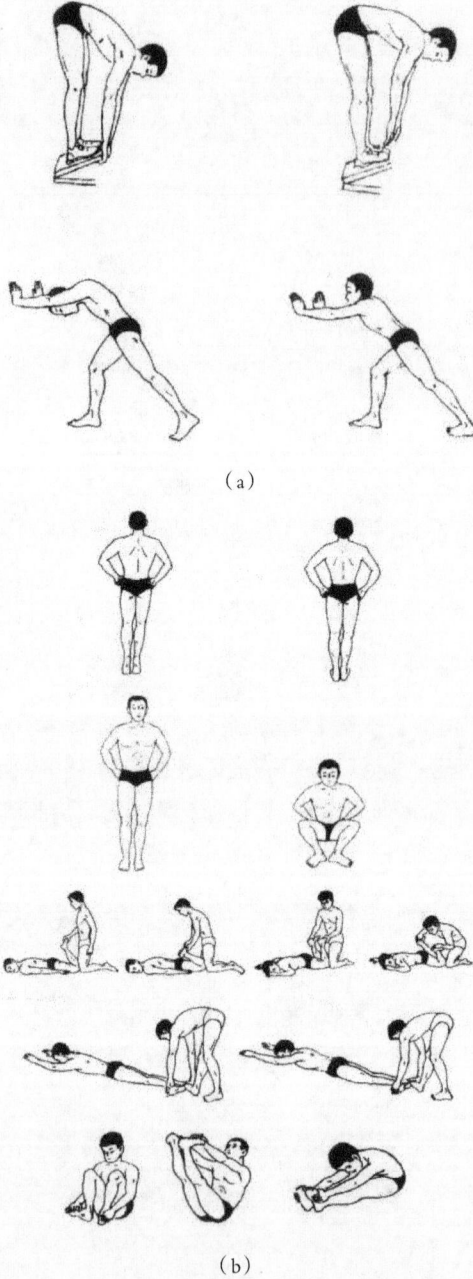

（a）

（b）

图12-3　踝关节柔韧素质与关节灵活性训练

（2）膝、髋关节柔韧素质与灵活性训练（图12-4）。

（a）　　　　　　　　　　　　（b）

（c）

图12-4　膝、髋关节柔韧与灵活性训练

3.腰腹部柔韧素质训练手段。

（1）个人训练（图12-5）

图12-5 腰腹部柔韧素质训练之个人训练

（2）他人辅助训练（图12-6）。

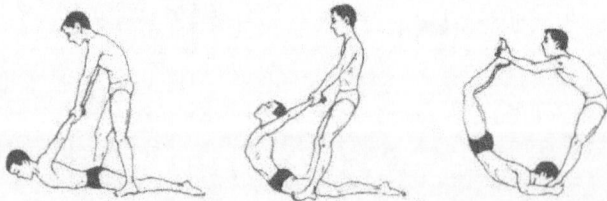

图12-6 腰腹部柔韧素质训练之他人辅助训练

4.其他训练手段

除了上述柔韧素质的训练手段外，游泳运动员常用的柔韧训练手段见表12-3。

表12-3 常用的柔韧训练手段

手段	具体内容
利用器械	利用肋木、把杆、单杠、跳马、平衡木、吊环等体操房器械，或利用木棍、绳、橡皮筋等轻器械
进行阻力、助力练习	利用同伴的助力，负重进行外部的阻力练习，或利用自身所给的助力或自身体重进行练习（压腿、悬垂等）
常采用的动作	压、吊、摆、踢、劈、绕环、前屈、后仰、转等

每次训练前后应安排10～20分钟的牵拉练习，这对运动员在游泳专项训练时增大动作幅度与精进技术都是非常有利的。这里有一点要注意，建议静力牵拉和收缩–放松牵拉持续6～60秒，因为训练效果可能达到的活动范围极限在开始数秒时就已经产生，过长的牵拉可能是浪费时间。每次练习可进行3～6组，每组10～15次。

第三节　游泳运动柔韧素质训练要点

一、做好充分的准备活动和放松练习

肌肉的伸展性与肌肉的温度有关，在柔韧素质训练开始之前，首先要做好充分的准备活动，从而使肌肉的温度提高，降低肌肉内部的黏滞性，避免肌肉拉伤的发生，柔韧素质训练的效果也会得到保证。

柔韧素质训练结束后，要做好整理活动，以达到良好的放松效果，使身体尽快得到恢复。在每个伸展练习后，都应做好与动作方向相反的放松练习，使供血供能机能加强，有助于伸展肌群的放松和恢复。

二、训练不能急于求成，要循序渐进、持之以恒

肌肉、韧带等的拉伸和伸长，并不是短时间内就能达成的，因此，进行柔韧素质训练，一定不能急于求成，要逐步提高，避免肌肉、韧带拉伤。

三、柔韧训练要与专项相结合，并做到因人而异

游泳柔韧素质训练，必须要与游泳专项特点相结合，因为只有这样，所提升的柔韧素质才能对游泳运动产生积极的影响，这才是有意义的。游泳运动员主要要求踝关节和躯干的柔韧性，因此，这就是游泳运动员柔韧素质训练的重点所在。

四、柔韧素质训练方法要科学

（一）静力拉伸训练注意事项

（1）静力拉伸训练时要循序渐进，肌肉韧带的拉伸长度与关节活动范围的加大要逐渐进行，保证理想的训练效果。

（2）静力拉伸训练要控制量，不宜过多，因为过多地采用静力拉伸，容易使肌肉失去弹性，使肌肉的牵张反射能力下降。

（二）动力拉伸训练注意事项

（1）动力拉伸训练时，拉伸动作幅度、用力程度以及用力速度要由小到大，由慢到快，以防肌肉拉伤。

（2）在发展一般柔韧性的基础上，尽量运用与专项技术接近或相类似的动力拉伸练习。

（3）动力拉伸训练要与静力拉伸方法交替使用，使其有良好的迁移、提高柔韧训练的效果。

五、柔韧素质要与其他素质结合进行训练

身体素质在发展过程中，并不是单独进行的，各个身体素质之间的发展是相互影响且相互之间有转移现象的，各种身体素质之间的关系也会因为运动器官的生长发育而受到一定的影响。所以，这就要求将柔韧素质训练与其他身体能力的训练结合起来，使它们相互促进，共同发展。需要注意的是，通过有效的方法和手段，把柔韧素质训练与力量素质训练结合起来，或合理地安排柔韧素质训练与力量素质训练的顺序和比例，使两者的配合达到最好的效果。

六、柔韧素质训练要保证训练时间

一天中对可以进行柔韧素质训练的时间没有特殊要求，但在不同时间段训练的效果是有差别的。但就人体本身而言，早晨机体由于没有适当运动，柔韧性明显较低，下午经过一定的活动，机体表现出良好的柔韧性。根据人体这一特征安排柔韧训练时间，可起到事半功倍的效果。

第十三章　心理因素与游泳运动

第一节　心理学在游泳运动中的应用

近年来随着我国整体国情的不断变化，综合国力的稳步上升，我国的体育事业也有了空前的发展，达到了一个前所未有的高度。但是，面对成绩运动员们不能忽视的是体育运动始终处在变化之中。

运动心理学是心理学的一个分支，它是一门研究人们在运动中心理发生变化及其发展规律的科学。实践证明，有效地掌握和运用运动心理学，能更好地了解运动员在运动的各种运动心理，帮助运动员更好的掌握动作技巧。运动心理主要包括广义运动心理和狭义运动心理两个概念。广义运动心理是指人们在整个运动过程中所产生和表现出的心理状态，它包括运动前、运动中、运动后3个不同阶段所产生和表现出的心理状态。狭义运动心理是指运动前、运动中两个不同阶段所产生和表现出的心理状态。

一、运动心理学基础

（一）运动心理学理论概述

运动心理学是一门研究在体育运动中，个体的心理活动特点和规律的心理学学科。因此，运动员应要学习和掌握相关的心理学理论，以具备良好的心理素质。心理学学科发展迅速，尤其是在竞技体育领域，这一门学科理论受到广泛的重视，得到了充分的利用。

运动心理学这一门学科在各类体育运动中得到了充分的利用，其任务主要体现在以下几个方面。

（1）研究运动员在训练和比赛中的心理过程特点与规律，以及运动员自身的个性差异与比赛成绩的关系，如游泳运动员在训练和比赛中的心理状态呈现，比赛成败后的心理表现等。

（2）研究运动员的心理过程、个性特点会对自身发展产生哪些影响。

（3）研究运动员运动技能的形成与发展，运动技能的形成规律，如通过什么样的训练手段能帮助运动员快速地提高运动技能。

（4）运动心理学还研究在比赛过程中运动员的心理状态，如在游泳训练和比赛中，运动员如何有效地刺激和发挥自身的最佳状态；发生突发状况时，运动员如何快速冷静地处理，需要运动员具备什么样的心理条件。

（二）运动认知

1.运动中的感觉与知觉

（1）感觉、知觉的概念。感觉是指人脑对作用于感觉器官的客观事物个别属性的反应，而知觉则是指人脑对作用于感觉器官的客观事物的整体反应。感觉和知觉在一定程度上都能够较为准确地反映客观事物，是人体一切心理现象的基础。但两者之间存在一定的差别。

对客观事物发生反应的具体水平不同。感觉反映客观事物的个别属性，知觉则是对客观事物的整体感知，但两者之间有着密不可分的关系，感觉不能脱离具体事物而独立存在，需要与整体事物建立起一定的联系。

感觉是知觉的基础，知觉是感觉的进一步深化。知觉不是各种感觉的简单相加，知觉大于各种感觉之和，具有自身整体的意义。

（2）感觉、知觉的种类：①外部感觉。接受丰富的外部刺激，反映外部事物的属性，包括视觉、嗅觉等。②内部感觉。接受内部刺激，反映身体内脏器官的状态或身体位置的运动，通常包括平衡觉、动觉、内脏感觉。

（3）感觉与运动。在游泳运动中，运动员的感觉非常重要，尤其是对于一名初学者而言，他要通过自身的不断练习，逐步掌握运动知识，习得运动技能。学生在进行动作练习时，需要依靠感觉器官提供的各种感觉信息不断深化对动作的认识，其中，相较于视觉与听觉，动觉的作用尤为突出，对提升运动成绩、掌握运动技能尤为重要。通常情况下，人体在刚开始进行运动时，对动觉的感受较为模糊，随着运动训练的逐步推进，模糊的感觉会变得越来越清晰，这对于运动技能的掌握具有十分重要的意义。

（4）知觉与运动：①运动知觉与运动。运动员在参加游泳运动的过程中，必须依靠运动知觉产生对外界事物、自身运动的反应。游泳运动员在游进的过程中，感知自己的上肢、下肢动作属于主体运动知觉。经常参加训练能快速感知外界的各种变化，控制自身的动作，提升自身的技能水平。②空间知觉与运动。空间知觉也是一种非常重要的能力，可以说，正确的空间知觉反映了物体的空间特征，涉及物体的方位、距离等多种信息。在各种空间知觉中，方位知觉、距离知觉与身体运动之间存在较大的关联。运动场上的任何活动都需要有空间知觉的参与。对于游泳及水上运动而言，空间知觉也是非常重要的。③时间知觉与运动。时间知觉与运动员身体运动的协调性、韵律节奏有着非常密切的关系，作为一名出色的运动员，必须要注意培养自己的时间知觉能力。不同的运动项目对运动员的知觉要求不同，游泳运动员主要是通过肌肉运动感觉估计时间的长短，把控自己在水下或水中的运动节奏。

2.运动中的表象与想象

（1）表象、想象的概念。表象指人体在头脑中反映之前感知过的事物形象。例如，在头脑中浮现出著名影星的形象。

想象是指人体在头脑中创造新形象的过程，此过程受头脑中已经存在的表象的影响，需要个体充分发挥创造力，将各种信息按照全新的方式加以组合。运动员需要在运动训练、运动比赛的过程中发挥想象。

总体上而言，表象与想象之间有着极为密切的关系，其中表象是想象的基础、素材和想象是对表象素材的加工和改造。可以说没有表象，想象就无从谈起。对于游泳运动员而言，其在训练的过程中，要注意训练自己的表象与想象能力，这对于自己竞技能力的提高具有十分重要的意义。

（2）表象、想象与运动：①运动员要想形成运动动作、掌握运动技能离不开运动表象与再造想象。教练员通过利用运动表象、讲解动作概念将运动知识传授给学生，学生通过教练员的讲解与示范、观看比赛录像等，初步形成较为清晰的运动表象，再对相关技术动作进行模仿，随后通过再造想象，不断巩固与加强技术动作，使之达到熟练化、自动化的程度。由此看来，运动员头脑中的表象储备越多，再造想象能力越强，运动动作就越容易掌握。②表象训练和想象训练可以帮助运动员巩固与改善技术动作。有相关实验结果表明，在游泳训练中，先进行陆上各种动作的练习，然后在水下进行实践，能取得不错的训练效果。大量的实践表明，表象训练和想象训练确实在运动训练中有着显著的功效。如今有很多的游泳运动员都在利用表象训练、想象训练来提升自身的运动成绩。③创造想象有利于实现战术创造。任何创造发明都离不开创造者头脑中进行的想象，游泳运动中各种尖端、高难技术动作的创新及运用都离不开创造想象活动。在比赛中，运动员也需要具备一定的预见性，如此才能有利于运动成绩的获得。④在比赛前，想象训练能够有效降低运动员的焦虑水平，缓解运动员的情绪波动，帮助运动员达到最佳状态。

3.运动中的思维

（1）思维的概念。思维是人脑对客观事物本质属性的概括与认识。与感觉、知觉直接反映客观事物不同，思维是对客观事物的间接反映，需要利用某种媒介物，通过大脑对客观事物进行充分的加工。在体育运动领域中，人们常常利用思维做出各种决策判断。例如，人们在赛前充分分析不同球队、不同运动员之间的实力差异，预测比赛结果；研究人员、学者将不同的运动项目按照一定的原则进行分类等。许多活动都可以被看作是思维的产物，思维作为一种理性活动、理性认识，在感知觉的基础上产生，从事物的表面现象中发现普遍的规律，认识事物的本质。

（2）体育运动领域思维的种类。从体育运动实践需要的角度出发，思维主要分为运动操作思维和战术思维。

运动操作思维。这种思维方式常在动作或操作技术中进行，运动员不仅需要考虑自身的肢体动作，而且需要考虑器械的运动，实现二者的充分结合。例如，摩托车和汽艇运动员在比赛或训练中需要利用运动操作思维，实现对摩托车、汽艇的操控。动作思维单单以肌肉动作为特征，而运动操作思维帮助运动员在完成操作动作的过程中发展自身运动能力、思维能力。运动操作思维作为运动员的一项基本功，养成其思维方式需要以大量的肌肉练习为基础，不断摸索动作的规律与本质。

战术思维。在体育运动项目中，战术思维指运动员在完成战术任务的过程中进行的思维活动。不同运动员之间的战术思维能力存在差异，主要体现在灵活性、预见性、创造性上。战术思维能力的高低在一定程度上反映了运动员的个人能力。运动员只有充分利用战术思维调节、计划自己的行动，才能在瞬息万变的赛场上把握时机，击溃对手，获得胜利。

（3）思维与运动。在体育运动活动中，思维发挥着重要的作用。

思维有助于运动技术的形成。运动员掌握运动概念、动作要领必须依赖思维。了解动作之间的内部联系、客观规律必须通过思维才能实现。

运用思维有助于提高训练质量。高质量的训练不仅需要运动员刻苦努力，而且需要运动员掌握方法与技巧，达到事半功倍的效果。因此，在训练过程中要避免简单的重复，在完成训练任务后注重总结与回顾，要求运动员及时评价自己的技术动作，评定训练效果。

运用思维有助于实现战术运用和战术创造。战术指双方队员根据赛场上的情况，为了达成遏制对方进攻、取得比赛胜利的目的，所采取的一系列有效的计划与策略。战术的最终胜利不仅与运动技术有关，而且还在于运动员具有的较强的战术思维能力。战术思维包括多方面的内容，例如，预测比赛进程、了解对手意图、选择具体的战术手段等。战术意识在战术思维中尤为重要，主要表现为在复杂的局面下准确观察场上变化，随机应变，在短时间内实施最佳决策。

（三）运动中的情绪

1.情绪的概念

情绪是指人体一系列的主观认知经验，在一定程度上反映了个体愿望与个体需要。

2.情绪的几个层面

美国著名心理学家伊扎德将情绪划分为情绪体验、生理唤醒、行为表现3个层面，这些层面共同构成了一个较为完整的情绪过程。

（1）情绪体验。情绪体验作为一种主观感受，是情绪的核心成分，通常情况下，一个人的情绪体验处在不断的发展和变化之中，受周围环境的影响，会发生不同程度的变化。

在性质方面，情绪包括简单的情绪体验（快乐、痛苦等）和复杂的情绪体验（悲喜交加、苦中作乐等）。这两种情绪是人的情绪的重要方面。

在强度方面，性质不同的各种情绪在不同的时间范围内表现出不同的强度。例如，喜这一情绪，根据强度的不同，可以从适意、愉快到欢乐、狂喜；怒，可以从轻微不满到生气再到暴怒等。随着情绪强度的逐步增加，个人也更加容易卷入到情绪之中，无法自拔。与此同时，当一件事物对人越发重要，其情绪体验就越发强烈。例如，食物对于饥饿的人来说，比对饱腹者更有意义，更能给他们带来强烈的情绪体验。

（2）生理唤醒。生理唤醒指人在情绪状态中体验到的外周生理器官和组织的一系列变化，其变化过程由自主神经系统来调控。在情绪的刺激下，自主神经系统激活了有机体各器官组织的活动，使有机体产生了一系列的生理反应。自主神经系统由交感和副交感神经系统构成，二者相互作用，共同调控着内脏器官、外部腺体和内分泌腺的活动。

（3）行为表现。行为表现指反映个体情绪的外部行为，人的面部表情就属于这样一种外部行为表现。表情是情绪的语言，人们常常用微笑表现愉快的心情，用哭表现伤心的心情。然而，每个人会有较为独特、稳定的情绪动作模式，此模式是人们相互之间理解对方情绪的重要方式，能帮助人们识别不同的心理情绪。

3.竞技运动中的情绪

（1）唤醒。在早期心理学领域，唤醒与生理唤醒等同，反映了有机体内部器官和组织的生理激活水平。通常情况下，人体在一天内的生理唤醒水平有显著变化，夜间生理唤醒水平较低，白天随着人体兴奋性的提高，唤醒水平也缓慢提升。除此之外，相关研究结果表明，人的生理唤醒水平与体温变化呈现高度正相关，表现出一定的周期性、节律性特点。

唤醒主要包括生理唤醒和心理唤醒两个方面，伴随着时代的不断发展，人们更加重视唤醒的心理因素和认知因素。心理上的唤醒实际上是一种"心理能量"，是有机体普遍的生理、心理激活状态，体现了心理功能的强度。

心理唤醒与生理唤醒之间有着十分密切的联系，生理唤醒是心理唤醒的基础，心理唤醒与个体的生理变化、物质能量代谢有关，心理唤醒水平受生理、认知、情绪等多种因素的影响。可以说心理唤醒与生理唤醒是相互依存、共同发展的。

（2）焦虑。焦虑这一情绪非常复杂，它属于人的不同情绪的集合。焦虑伴随着明显的生理变化，例如，肾上腺素浓度增加、血压升高、呼吸频率加快、皮肤苍白等。由此可见，焦虑作为一种消极的情绪状态，与身体唤醒水平的提高有关，感到焦虑的人通常会出现神经紧张、担心等一系列状况。

焦虑的种类可以分为以下几种。

客观性焦虑和神经症性焦虑。客观性焦虑与害怕同义，是人们对真实危险的正常反应，神经症性焦虑则处在人们的潜意识中，通常表现为意识上的矛盾。

正常焦虑、异常焦虑。通常人们都有过焦虑体验，当人们在日常生活中觉察到某种潜在的威胁时，人脑中与焦虑相关的"程序"就会"启动"，帮助人们采取有效措施，避开危险。因此，焦虑通常是可以理解、具有积极意义的，这种焦虑被称之为"正常焦虑"。然而，有些人在特定情境中体验到了"不合理"或"过分"的焦虑。人们找不出焦虑的具体原因，个人的情绪体验与现实状况不符，且焦虑的强度过大、持续时间过长。这种焦虑被称之为"异常焦虑"。异常焦虑往往不能进行自我控制，需要通过医学帮助获得心理上的健康状态。

状态焦虑、特质焦虑。状态焦虑是一种暂时性的焦虑，通常由特定的情境触发，在心理上表现为忧虑、恐慌，并在生理、行为上有相应表现。特质焦虑则是一种人格上的焦虑倾向，高特质焦虑的个体容易将不存在危险的情境看作是威胁情境，做出过高的状态焦虑反应。

在特殊情境下，焦虑分为竞赛特质焦虑、竞赛状态焦虑。竞赛特质焦虑指运动员将几乎所有的竞赛情境知觉判断为威胁，并做出高度的紧张反应。竞赛状态焦虑指运动员将某一具体的竞赛情境知觉判断为威胁，处在较为严重的焦虑状态之中。状态焦虑通常由认知焦虑、躯体焦虑两方面构成。认知焦虑表现为对个体行为的消极关注、紧张、担忧等一系列负面情绪。躯体焦虑则主要通过心率加快、呼吸频率加快等身体症状加以表现。运动员在赛前表现出来的竞赛状态焦虑被称为赛前状态焦虑，对失败、评价的恐惧等各种因素均会引发赛前状态焦虑。

（四）运动动机

人的行为离不开动机的驱动。运动员在体育比赛、日常训练、体育课堂上的具体表现均受动机的支配。强烈的运动动机促使人们长期参加运动活动，保持训练强度，在训练中更加努力，更加集中注意力，获得更好的训练效果。

1.动机的概念

动机是指推动个体进行活动的心理动因和内部动力，它能引起并维持个体的活动并且指向一定的目标。运动动机是推动运动员参与体育运动的内部动力。

2.动机分类

依据不同的划分标准，可将动机分为以下种类。

（1）生物性动机和社会性动机。生物性动机是指以有机体自身的生物学需要为基础，如饥饿、睡眠等生理需求而产生的动机。社会性动机是指以个体的社会性需要为基础，如因情感、成就、尊重等需要而产生的动机。

（2）内部动机和外部动机。依据人的心理动因划分，动机可分为内部动机和外部动机。内部动机是指来自个体内部需要的内部动机，如归属感、自我实现等心理需要；外部动机则是指来自外部环境的刺激和诱发，例如获胜后的奖金、名誉等。这两种动机在运动员中都是较为常见的。不论是哪一种动机，如果利用得当，通常都能取得不错的效果。

但需要注意的是，内部动机的推动力往往要大于外部动机的推动力，持续时间也更长。但以内部动机主导的运动员缺少强烈的成为冠军的雄心。他们更享受运动过程中获得的自我提升感和掌控感。而外部动机对运动员的推动力较小，维持的时间也较短，他们对运动成绩或运动目标有着强烈的追求，希望得到社会的认可和赞扬。

（3）直接动机和间接动机。直接动机是指以兴趣爱好为出发点，更多的指向活动过程的动机。例如，学生对篮球运动的热爱，享受在篮球运动中发挥自身潜能的愉悦感。间接动机以间接兴趣为基础，更多的指向活动结果。例如，学员为了掌握某个高难度动作，可以反复不断地练习同一个动作。

整体上来说，直接动机对人的行为有更强的推动力，但是当任务难度过大时，直接动机的局限性就体现了出来，这时候就需要间接动机来配合。

3.动机的培养与激发

根据运动动机的基本理论，在游泳教学或训练中要培养和激发运动员正确的动机，以实现预期的训练目标。

（1）满足乐趣的需求。对于游泳爱好者而言，除了获得比赛胜利的需求外，同时还有娱乐的心理需求。专业的游泳运动员参加游泳运动是一种职业，但也少不了娱乐的要素。因此，教练应该培养和保护运动员的这种兴趣，让运动员产生更加强烈的内部动机，这对于提升他们的训练积极性具有十分重要的作用。

（2）胜任感的需求。在游泳比赛中，运动员都十分渴望获得比赛的胜利，都有着强烈的胜负感和胜任感。作为一名合格的教练员，应该花精力设计安排训练或者比赛，让每一位运动员都有成功的体验，对自己的技术水平有积极自信的认知。这对于运动员竞技能力的提升具有一定的帮助。

（3）归属感的需求。无论是普通人还是专业的运动员，一般都有着强烈的归属感，可以说这是每一个人的内心需求。对于游泳运动员而言，他们渴望成为运动集体的重要一员，这将极大地满足他们的归属感。作为教练，应该努力增强凝聚力，确保每个球员都能在球队中找到自己独有的位置，感到自己是团队重要的一员，团队成员之间相互协作，实现共同发展和进步。

（4）自主需求发展。个性化发展是众多年轻人的追求，对于那些青少年运动员来说也是如此。根据青少年身心发展的这一特性，教练员可以在时机成熟的时候，适当地给予他们一定的自主权，让他们自己掌控部分训练计划和学习计划，自主设定目标并对效果负责。有研究表明，否定个人控制自己生活的权利会损伤体能的内部动机，而给予一定的自主权，鼓励个体的独立发展，会让他们获得满足感和自信心，从而更好地提升自身的训练水平，促进自身竞技能力的提高。

二、游泳运动与运动心理学的互相关系

从运动学角度出发，竞技游泳运动具有技巧需求高、体力消耗大、比赛时间短的特点，这要求游泳运动员不仅在比赛前要充分的热身，同时更要有良好的心理状态，以求在短时间内发挥出自己最佳的水平，方可取得良好的成绩。从目前的竞技游泳训练方法和历次赛例看，我国泳坛的前辈们已经总结出一些调整运动员赛前心态和日常训练心理的经验方法。但从科学的角度出发，这些经验方法仍缺乏足够的系统性和全面性，不能很好的解决运动中所产生的所有问题。

三、运动心理训练方法

（一）日常运动心理训练

1.意念训练

意念训练，又被称为想象训练，是日常运动心理训练的一种。其具体的训练方法是在日常训练中，让运动员脑海里不断重复取得最好成绩的那场比赛中自己的心理状态、运动姿势及赛场环境。培养其快速的塑造获胜的虚拟内部、外部环境，发挥出最佳水平。站在运动训练角度，该训练可以使运动员在平时训练中每次均发挥出自己的最佳水平，帮助运动员更好的认识自我和突破自我。站在竞赛的角度，该训练可以帮助运动员更快、更好的适应赛场环境，达到处处是主场的效果。结合游泳运动来说就是通过看自身比赛录像、教练讲解，让运动员在脑海中不断重复游得最快的一次比赛中，自己的游泳姿势，换气频率及心理感受，使短期动作记忆上升为长期动作记忆，并形成动作习惯，以此达到保持最佳水平的目的。

2.注意力训练

注意力训练是日常运动心理训练的一种。其主要的运用原理是培养

运动员快速的将自己的注意力集中在某一事物上的能力，让自己从赛场上紧张、嘈杂的环境中脱离出来，达到及时调整运动心态的目的。其主要作用就是帮助运动员克服赛场上不利于运动员正常发挥的外部干扰，主要是观众效应（观众效应是指赛场上观众的喝彩、倒彩对运动员所造成的心理影响）。较常用的主要方法包括事物法和变音法两种。事物法，就是指在培养运动员在比赛前将自己的注意力集中在某一物体上的方法。一般采用的手段是在平时让运动员拥有一件自己的"幸运物"，时刻培养人、物之间的感情联系，当进入赛场时就让运动员将注意力集中在自己的"幸运物"上，以此摆脱现场干扰。变音法，就是指培养运动员在比赛中忽视赛场的嘈杂环境，而将注意力集中在某一单一节奏的声音（心跳声或钟表声）上的方法。其具体的操作方法是在平时制作一盘充满噪音（越接近比赛实际越好）的录音带，同时在噪音中插入细微的（在正常情况下几乎听不见）有一定节奏频率的钟表"滴答"声，让运动员在剧烈的运动后听录音带，尽可能快的报告出钟表滴声的频率，以此强迫运动员快速的调整自己的心态，然后逐渐养成习惯。

（二）临赛心理调整

诱导训练，又被称为暗示法，就是指通过他人（教练）或自己反复不断的进行强烈的心理暗示，使运动员在比赛中达到某种心理状态的方法。它主要包括他人暗示和自我暗示两种形式。他人暗示，就是指赛前教练通过动作、语言的手段让运动员进入某种状态的方法。例如，1981年中国女排在第一次夺得女排世锦赛冠军时，赛前30分钟时教练一句要求也没提，只是让大家打一场娱乐、休闲球，大家打得高兴就好。结果我国女排在良好的心理状态下夺得了冠军。但该方法的使用效果，严重的受人格魅力（他人暗示中教练员的魅力）和被暗示者的易暗示性制约，只有当暗示者人格魅力高或被暗示者易暗示性强时该方法才能取得效果，反之则无效。排尿法，它是指在赛前利用适当的时机进行排尿，主要原理是通过排尿过程让身体肌肉放松，从而通过神经回路将排尿刺激传入丘脑，让运动员产生愉悦、放松的感觉，从而在短时间内让人达到身心放松的目的，它是一种利用身、心相互关系来调节心理的方法。但该方法的负面效果也较明显。一是效能时间短，作用消失快；二是该方法如果没有科学的指导容易让运动员产生依赖，反而养成不好的习惯影响比赛成绩。

阻断思维法，它是指当运动员临赛前出现不良情绪或负面思维时（"我不行""她太强了，我赢不了"），利用大声吼叫或突然性动作阻断消极意思流的继续产生，然后快速找到新的注意焦点，形成新的意识流以取代消极意识流，从而达到摆脱不良情绪的目的。但由于该方法是立足于詹姆士的意识流观点而提出的，因此它也面临着与意识流理论同样的难题，即原有意识流是否能被有效代替？结合体育运动来说就是，当临赛前出现不良情绪时大吼一声就能完全摆脱不良情绪吗？

四、游泳运动传统组训技巧的心理作用（以"3-2-1"比赛战略为例）

同时值得我们注意的是，除了几种传统的运动心理训练方法外，在平时训练、比赛中仍存在一些没有被心理学科学归类的，但经过实践证明却又在调整运动员心理状态方面的行之有效的方法。它们主要是老一辈优秀的游泳教练员在长时间的教育、训练、比赛中逐渐探索、积累起来的方法，是一种通过科学的组训方式而达到调整运动员训练、赛前心理状态的方法。其具有操作性简单、适用范围广的特点，其中较典型的代表有"3-2-1"比赛战略。

"3-2-1"比赛战略就是让运动员首先参加三组低于他们水平的比赛，增强他们的获胜欲望。然后让运动员参加两组相同水平的比赛，增强他们的获胜信心。最后，教练员和运动员一起参加一组高于他们水平的比赛，这时他们处于"不能获胜"的位置，但由于前两种比赛的遗留的获胜信念，往往能使运动员超常发挥达到一个新的水平。类似的例子有很多，这里就不一一列举。目前由于技术手段的不足，我们仍很难弄清这类方法中存在的心理规律，但我们可以肯定的是该类训练方法不论对心理学还是运动学来说都具有很大的价值，只要我们能弄清该类方法的运作特点，我国的游泳事业必能再上一个新的台阶。

第二节　游泳运动员比赛制胜的心理因素及对策

运动，尤其是竞技运动不单单是肌肉和肢体的简单活动，它还包括了大脑心理机制的形成和各种复杂的思维活动，还有运动员的个性心理特征等，在其所从事的竞技体育活动中起着重要的作用。在田麦久教授主编的运动训练学中指出，通常情况下，具有一定训练水平或具有一定训练年限的运动员在赛前体能、技能、战术能力均相较稳定，但其心理能力却非常活跃，而心理状态的变化常常会对体能、技能、战术的发挥有很大的影响，最终对参赛结果产生巨大的影响。

一、运动员比赛应激及应对措施

刘淑梅、高淑娟于2011年指出应激来源的客观因素，首先竞赛本身具有应激性。其次竞赛本身具有重大的社会意义和个人意义。最后竞赛结果具有不确定性。她们还指出外因通过内因引起作用，应激的内因是运动员强烈的动机。

陈南生于2000年指出高应激唤醒水平对促进血睾酮和血红蛋白的激活程度也具有较好的心理生物学意义，二者相互依存，相互促进。但他同时也指出，处于高应激唤醒水平需更长的恢复时间。

谭先明、陈小敏和王春阳于2002年指出在心理中介因素方面，男运动员更多的选择"解决问题"的应付方式，女运动员则较多采用"幻想""忍耐"的应付方式。

李建设、汪莹、陈伟等于2008年指出健将级和一级运动员明显比二级运动员更多的采用主动应对方式，而二级运动员明显比高水平运动员更多地采用情绪应对和超越应对方式。

综上所述，运动员如果较长时间处于高应激状态，这对运动员的心理和生理将会造成较大的损耗，需要及时的调整恢复。同时研究指出，男女运动员在应对问题上存在差异，而优秀运动员会比普通运动员更多的采取主动地应对措施。所以在日常训练中，要主动地引导运动员发挥自身能动性去解决问题，并根据男女不同的心理应激因素更准确地把握运动员心理应激因素。在竞技体育中，优秀运动员必须承受来自不同方面的压力，训练的伤病、比赛的失利、日常人际关系的维护、父母与教练的期望等，面对这些压力，不同运动员采取的应对措施并不相同。正确的应对措施可以帮助运动员越挫越勇，但错误的应对措施则不能有效帮助运动员成长，改善不利情况，还会使其形成焦虑、倦怠等负面情绪，影响运动成绩，甚至危害身心健康。

二、运动员赛前焦虑及应对措施

杨坤于2011年指出对于个体失败焦虑和躯体焦虑，维度训练年限短的运动员高于训练年限长的运动员；对于社会期待焦虑与自信维度，训练年限长的运动员高于训练年限短的运动员，训练年限越长，运动员对赛前心理紧张的调控能力越强。

宋耀伟于2012年指出个体失败焦虑是影响优秀游泳运动员赛前情绪状态的敏感维度，其与比赛发挥关系密切。有些运动员躯体特质焦虑与特质自信相对敏感，这与比赛发挥有一定联系。社会期待焦虑可能并非是影响游泳运动员赛前情绪的敏感维度。游泳运动员赛前2小时内的适宜比赛的心理状态包括较高水平正确导向的自信、中等偏低水平的躯体特质焦虑、个体失败焦虑和社会期待焦虑。

张艳于2014年指出运动员在青少年时期，情绪起伏最大，易受外界干扰，但处在心理发展的关键时期，可塑性强。所以在这一时期，要对运动员进行系统的心理训练，提升他们的心理技能。

综上所述，不同训练年限的运动员会出现不同程度、不同维度的运动焦虑。不同维度的焦虑会对比赛造成不同程度的影响。尤其是青少年运动员正是心理发展的关键时期，要更加重视其心理的发展变化，在训练中应采取有效的训练手段进行心理训练。运动员在比赛场上的运动表现是否优秀都受到心理因素的影响。教练员一定要注意根据比赛的需要在日常进行有针对性的心理训练，以及在大赛中帮助游泳运动员把心理状态调控到一个适宜参加比赛的心理状态。

三、运动员意志品质及锻炼方式

从项群训练理论的角度分析，体能类项群是以短时间内有效的发挥体能为主要表现特征，其竞技比赛大多为间隔对抗。目前体能类项群的训练对于运动员的心理要求主要是坚持和忍受。教练员的支持是通过改善运动员的基本需要（自主、能力和关系）进而增进运动员自尊水平，最终达到心理坚韧性的提升。女运动员在坚韧性上显著优于男运动员，男运动员在果敢性上显著优于女运动员。业余与专业少年运动员的意志品质不存在显著性差异。

综上所述，不同运动等级的运动员在意志品质上是有差距的，男女性别意志品质在不同维度上是有不同差异的。教练员需要在日常训练中针对不同的运动员进行有针对性的意志力培养。上述有学者指出教练员的支持会对运动员的自尊水平产生积极影响，并最终促使运动员心理坚韧性得到提升。在平时的训练中，教练员不仅可以以激励的方式刺激运动员主动进行训练，还可以以适当鼓励的方式来促进运动员主动进行训练。对优秀的游泳运动员来讲，顽强的意志品质是必不可缺少的。因为他们要在枯燥的日常训练中和竞争激烈的比赛中承受比旁人更多的心理压力，并且还要在力竭的状态下仍然不断努力，不断拼搏，努力克服种种困难，这都是与顽强的意志品质分不开的。

第三节　游泳运动员的竞赛压力管理

一、概述

在势均力敌的比赛中，有效的压力管理对于游泳运动员来说尤为重要。众多研究发现，运动员优异的竞技成绩与有效压力的管理是密切相关的，而无效的压力管理对其竞技成绩具有负面影响。在面对压力较大的训练和比赛时，具有良好的压力管理技巧的运动员会有更出色的运动表现。因此，压力的有效管理可以使游泳运动员在训练和比赛中排除干扰，集中注意力投入于训练和比赛，获得良好的竞技心理状态。这既是每个教练员和运动员所追求的目标，也是相关体育工作者的研究重点。

二、运动员竞赛压力的管理

女运动员竞赛压力水平高于男运动员，训练年限长的运动员竞赛压力水平相对高，运动级别高的运动员竞赛压力水平相对高，文化程度高的运动员的竞赛压力水平也相对更高。现今，游泳运动技术已经非常先进，应该在运动员心理调控上加大研究力度。本研究主要从情绪和认知方面对优秀游泳运动员竞赛压力进行调控管理，所以应针对运动员的性别、训练年限、运动级别及文化程度来进行有效的心理调控训练，对于重点培养的运动员要特别重视，建议每周安排1~2次的系统的心理调控训练，要有相关的心理辅导人员进行指导。

（一）游泳运动员的认知调控管理

1.比赛任务目标设置的调控

据研究调查发现，优秀的游泳运动员经常会因为训练和比赛中未完成的任务目标产生消极的认知方式，导致训练的积极性下降严重。根据这一现象，针对经常出现此类情况的运动员，教练应该对其训练或比赛目标进行合理的设置，使运动员经过努力能够顺利完成训练和比赛任务，达到预定的目标，体验成功的满足感，形成积极的认知方式。目标设置应根据运动员的个人的特点和运动水平进行安排，它是对运动员的动机性活动和即将完成的结果所设计的规划。目标设置与动机的强度和方向有直接的关系。对于比赛任务目标的设置具体如下。

（1）设置具体数量化的目标。在训练和比赛中，设置具体的数量化目标，既精确又便于对目标进行数量分析，对于激发运动员的内部动机具有显著的效果。相反，不能进行数量分析的、不具体的目标将导致运动员内部动机的降低。实验研究表明，在训练和比赛中设置具体化的目标相比设置一般性的目标对于运动员成绩的提高具有更好的效果。例如，在训练或比赛中应该达到具体的成绩，100米自由泳在多少秒内完成、50米蝶泳在多少秒内完成等。

（2）设置现实目标。运动员通常在比赛中不能正确的看待和区分现实目标和不现实目标，现实目标通过努力可以实现，而不现实目标是不可能达到的。游泳运动员经过艰苦的训练不断的提升自己的运动水平，在这个过程中，努力训练可以达到的现实目标对于激发运动员动机的效果更佳，而无法完成的目标则易使运动员情绪低落、参赛动机降低、自信心不足等。因此，在优秀游泳运动员的训练和比赛中，应该根据每一位运动员的运动水平设置现实目标，提高其斗志，对其内在潜力进行充分的挖掘。

（3）设置比赛表现的目标。设置比赛的表现目标是为了让优秀游泳运动员注重自己竞技成绩的提高，通过比赛使运动员与自己进行纵向的比较，它有利于提高运动员参赛的内部动机。所以，运动员一旦在比赛中创造更好的个人成绩，就能极大的增强其自信心。而比赛名次目标则是让运动员以超越对手为目标，注重自己与对手之间的横向比较。但是设置比赛名次目标易导致运动员产生极端心理，当运动员超越对手取得优异成绩时，会产生自我满足感和骄傲感，当运动员在比赛中失败时，会造成运动员自信心不足，产生挫败感，甚至导致自卑心理。

2.心理技能训练方法的调控

根据调查研究发现，在训练和比赛中，优秀游泳运动员易因自身不良的运动表现而产生消极认知，影响其参赛情绪，从而降低其内部动机。针对此，有以下几种训练方法。

（1）认知重构法。认知重构是运动员心理调控训练中经常运用的方法，它是以积极的认知方式来主导运动员的认知，使运动员在训练和比赛中以积极乐观的态度对事物进行评价，重点在于消除其消极认知方式。在认知重构的初期，运动员易以消极的认知方式来看待事物，在培养运动员建立积极认知方式的过程中应要求运动员有意识的运用积极的认知方式面对各种情况，逐步使积极思维方式主导运动员的认知活动，最终达到消除消极思维的目的，而这个过程需要经过长期的系统训练。与此同时，也应该对消极思维存在的原因进行全面分析总结，从而达到最佳的认知重构效果。

（2）思维阻断法。在训练和比赛中，运动员经常采用特定的暗示性语言和行为对产生的消极思维进行应对和阻断，这种方法被称为思维阻断法。当运动员受挫后出现消极思维时，往往可以通过暗示性言语进行阻断，如内心暗示自己或低声说出"停""我可以"等词；也可以通过行为表现对消极思维进行阻断，如用力掐身体或轻咬手指等。运动员应根据自己的个人情况选择最适合的、最简单有效的方式。

（3）对立思维法。对立思维法是一种针对错误的观念运用严密的逻辑和客观的事实进行辩驳的方法。辩论法是运用广泛的方法之一，它可以让运动员对其错误的观念提出质疑，通过辩论的方式认识到错误之处，然后进行纠正。运动员的消极思维是基于过去长期对事物的认知而形成的，要想将其消除，仅仅通过简单的否定是无法达成的，要对消极思维形成的思想基础采用严密的逻辑来进行推理破坏，让运动员从根本上认识到消极思维的错误。

（二）情绪调控管理

1.外界刺激的调控

此次调查显示，大部分优秀游泳运动员比较容易在赛前受外界刺激的干扰。外界刺激对于运动员的影响具有两面性，主要分为不良刺激和良好刺激，具体分类如下。

（1）避免不良刺激。在比赛前，运动员很容易受比赛现场环境的影响。因此，应该尽可能让运动员少接触那些能够引起情绪焦虑的外界刺激。针对此情况，主要可以从以下两个方面进行调控。

运动员把自己平时接触到的易导致情绪焦虑的外界刺激逐一罗列出来，赛前针对性的采取相应的措施避免与之接触。

与运动员相关者尽可能不要给其带来负面影响。这样以来，可以在很大程度上减少运动员受到的干扰，使其能够以稳定的竞技心理状态全身心投入于比赛中。姚家新（1995）研究中认为，对于外部环境进行更好的控制需要减少与之相关的不确定性和淡化其重要性。

（2）关注良好刺激。积极正面的信息对于建立稳定的情绪尤其重要。运动员应该主动将其注意力集中于能让自己产生愉悦情绪的良好外界刺激上。在训练和比赛之余，运动员可以通过倾听节奏缓慢的音乐，观看振奋人心的游泳比赛视频，观看励志影视，队内联谊，与队友或亲友多交流等使身心得到放松。在平时的生活中，运动员也应该多注意和接触一些具有良好氛围的环境。

2.生理因素的调控

生理上的调控方法主要有生理调节法和生理唤醒法。通过对运动员生理上的有效调节可以使其身心放松，舒缓紧张情绪，对于运动员的情绪的调控具有积极作用。因此，对于优秀游泳运动员情绪的调控可以采用生理调节法和生理唤醒法。

（1）生理调节法。在游泳比赛开始前，可以通过身体活动来调节优秀游泳运动员的参赛情绪。人的大脑和肌肉之间可以相互传导神经的兴奋。运动员身体肌肉的活动频率与神经的兴奋水平是相互影响和促进的，身体肌肉的活动频率越高，产生的神经兴奋水平就越高，参赛情绪就会高涨，运动员会表现得非常兴奋和激动；反之，将导致运动员参赛情绪低落。因此，优秀游泳运动员赛前可以结合准备动作综合变化练习，对动作的方向、节奏、强度和频率等进行调整，这样既可以让运动员在生理上适应比赛，又能让运动员保持良好的竞技心理状态。

此外，人的面部表情也可以在一定程度上反映出情绪的变化，因而也可以通过调节优秀游泳运动员的面部表情来调控其赛前情绪。面部表情的调节可以达到多种降压效果，如通过自信的微笑进行自我鼓励，同时也可以通过放松面部肌肉降低其紧张焦虑感。

（2）生理唤醒法。生理唤醒法主要是通过调节运动员的生理唤醒水平对其产生的不良情绪进行调控管理。在训练和比赛中，放松训练法是运动员在训练和比赛中经常使用的生理唤醒调控措施。研究表明，放松训练是调控运动员参赛情绪的一种有效的生理唤醒调控手段，它主要是依靠相关的暗示语集中运动员的注意力，通过对运动员呼吸的调节，使其身体慢慢放松，对中枢神经系统的兴奋性具有调节的作用，从而使运动员达到较好的竞技心理状态。以下两种放松方法是运动员训练和比赛中经常使用的。

呼吸放松法。运动员在训练和比赛中进行放松练习时，可以采用操作简便的呼吸放松法。在比赛前，游泳运动员可以运用深呼吸来稳定自己的情绪，可以通过短而快的呼吸方式来提高情绪的兴奋性，也可以通过大声的呐喊来振奋自己的情绪。运动员通常采用腹式呼吸和自我引导放松两种方法，操作简单，效果明显，这两种放松方式都是运用暗示语结合节奏缓慢的呼吸，最终达到身体肌肉的放松。经过长时间系统的训练可以使优秀游泳运动员快速的得到身体肌肉的放松，稳定其情绪，从而达到良好的竞技心理状态。

轻松音乐法。轻松音乐法是运用能让人得到身心放松的音乐，结合不同速率、节奏及强度的动作对运动员情绪进行调控管理的方法，它可以使运动员在生理机能和感官上接收到不同程度的刺激，起到放松和缓解紧张情绪的作用。与此类似的还有瑜伽放松法、静坐法等。对优秀游泳运动员进行情绪调控训练的整个过程中，集中注意力是极其关键的。而集中注意力必须要有相应的具体对象，运动员要尽力排除外界的干扰，让自己的头脑意识活动集中在相对应的活动或事物上。

在训练和比赛中，放松练习比较适于赛前易产生紧张焦虑感的游泳运动员，而心理调节能力强的游泳运动员更要注重生理方面的放松，如身体关节、肌肉等。对于心理适应能力较差的游泳运动员则需要在其心理和生理上都采取相应的放松措施，从而更好的针对每一位优秀游泳运动员进行有效的情绪调控管理。

3.心理因素的调控

游泳运动员整体年龄偏小，情绪波动性大，心理调节能力相对较弱。在比赛中，其竞技心理状态直接影响技术动作的稳定性，对其竞技水平的发挥有决定性的作用。所以，针对优秀游泳运动员的心理特点，提出以下训练方法。

（1）干扰适应法。运动员在比赛时易受到不同程度的比赛环境的干扰。游泳属于同场对抗的项目，在同场对抗比赛中存在显著的竞技环境分化干扰性的特点。主要分为听觉干扰和视觉干扰，其易导致运动员注意力不集中、心绪杂乱。因此，可以采用以下两种调控方法来提高优秀游泳运动员的抗干扰能力：其一，尽量多地参加比赛，通过比赛积累经验，更好的去适应比赛的节奏及现场的氛围，达到减轻或消除紧张情绪的目的；其二，进行模拟训练，对于平时的训练，有意加入一些和比赛现场相关的元素，如大声呐喊、在一旁做干扰手势等影响因素。经过长时间的训练，游泳运动员的适应能力会得到相应的提高，从而使其注意力高度集中到比赛中。

（2）暗示训练法。暗示法主要是借助暗示性语言、面部表情等对运动员的心理活动进行干预控制，进而稳定运动员的情绪，使其在比赛中有出色的运动表现。积极的自我暗示可以使运动员的情绪唤醒水平得到相应的提高，有助于缓解其紧张焦虑的情绪。所以，运动员在比赛中应该多使用积极的语言进行自我暗示。自我暗示法是借助语气词来调节他人或自己的认知、情感和意志的过程，从而纠正或改变人们某种习惯或情绪状态。暗示语在使用时要具有针对性、具体化，并且要使用积极性的词汇，如"我能行""放松""别紧张""我很有实力""冷静"等情绪语言进行自我肯定，增强自信和提高自我效能感。在训练和比赛中，教练员和队员应多使用表情和肢体语言对运动员进行积极暗示，如信任的目光、微笑的表情、支持的手势等。

（3）表象训练法。表象训练法不仅可以对人的情绪进行有效的调节，而且对人的生理唤醒水平也具有调节作用。一般适用于训练和比赛之余，运动员大多是在比赛前采用此方法，它主要是运用内心演练的形式来进行的，让运动员在大脑模拟比赛的场景，是一种非常有效的情绪调控方法。心理学研究表明，运动员在赛前训练中运用表象训练可以调节大脑皮层中枢神经的兴奋性，有利于专项技术动作的巩固和定型，进一步加深对技术动作环节的印象。为了增强表象训练法的效果，应该在放松训练后对比赛的动作技术进行准确完整的表象，尽可能贴近现实的比赛情况。在平时的训练和比赛后，运动员可以通过对成功场景、比赛过程的冥想，减轻运动员的紧张、焦虑，也可以适当的振奋呐喊，进行合理的情绪宣泄进而提高大脑的兴奋性，提升自信心和增强正情绪反应。

第十四章　游泳运动身体功能训练实践

第一节　游泳运动的神经肌肉激活训练

　　神经肌肉激活技术是一种高水平的神经肌肉刺激，目的在于激活肌肉组织。运动训练领域的肌肉与神经系统激活是指为训练或比赛提供一种高效的、系统的、有针对性的激活方法，满足专项练习的特殊需要。神经肌肉激活训练通常采用自重练习或负重练习的方式来刺激目标肌肉参与运动，从而唤醒机体进入工作状态以及提高神经系统对骨骼肌等运动系统的支配与控制能力。人体运动是神经系统（神经）和肌肉系统（肌肉）协同运作的结果。本质上，神经是肌肉收缩的控制器，而肌肉是实现神经控制目标的效应器，两者之间良好的协同工作是进行一切运动的根本保障。因此，神经肌肉激活练习是人体参与高负荷运动前，为了克服肌肉惰性、提高神经支配能力、优化动作模式和激活身体机能而开展的以增强神经肌肉控制功能为主要目的的专门性动作练习。

　　最新研究表明，神经肌肉激活练习不仅能有效唤醒身体、激活肌肉，使人体能够快速地进入最佳的工作状态，同时还可以建立、强化正确的动作模式，从而提高动作技能的准确性和动作练习的效率性。神经肌肉系统是神经系统和肌肉系统的有机组合，因此发展肌肉力量和神经支配肌肉的控制能力是神经肌肉系统的根本功能。人体在运动过程中，无时无刻不需要神经肌肉系统的参与，神经支配肌肉的能力越强，运动表现越优异。目前影响神经肌肉激活的练习思路有两种：第一，从提高全身各部位肌群参与程度的角度出发，通常采用多关节联动的练习方式来提高各部位肌群参与运动的程度，这类练习的"激活"效果较好，但负荷较大、动作控制较难；第二，从增加神经系统控制肌肉参与运动的难度出发，通过改变动作完成过程中所依赖的外部环境（稳定与非稳定平面）与动作完成标准等方式，不断提高神经系统控制肌肉完成特定动作的速率与准确性，这类练习具有激活效应好、刺激强度大的优点，但这类练习对身体能力的要求较高，而高质量动作难以连续完成。在这两种练习思路的引导下，如今，运动训练领域主要采用的神经肌肉激活练习方式有自重练习、多关节联动练习和弹力带负重练习等。虽然不同专项运动员的竞技方式、竞技水平、练习方法都不尽相同，但大家进行神经肌肉激活训练的目的都是一致的，即在准备活动中对全身各部位、各系统进行最大程度地动员，使其能够迅速适应后续开展的专项训练，并在专项练习中有较好的运动表现。

一、神经肌肉激活训练的概念、价值与作用

神经肌肉激活练习可较好地提高运动员神经系统的专注度和参与度，使大脑反应速度加快，从而提高中枢神经系统的兴奋性。神经系统兴奋性的提升能够加强运动中枢间的相互协调，使躯干在神经系统的支配下，有序、正确、协调地完成动作，进而提高运动员的运动能力与动作效率，为正式训练或比赛做好身心准备。

（一）神经肌肉激活练习的概念与价值

无论运动员的竞技水平如何，在进行专项训练前开展神经肌肉激活练习是十分必要的，此练习通常以激活身体惰性肌肉（臀肌）和专项运动的主要肌肉为目的，将专项运动需要和身体预热准备相结合，以运动基本姿势为基本起始动作，有针对性地开展与专项运动能力相匹配，且能够在训练前的短暂时间内对运动员机体进行激活、唤醒的身体练习。神经肌肉激活练习过程中，可根据专项运动需要，进行快速移动和反应性练习，如力求在短时间内完成尽可能多的动作重复次数的练习，或一些需依据口令做出相应的动作反应的练习。总之，神经肌肉激活练习的最终目标是实现"（专项所需的技术）动作准备与预先激活（运动所需

的身体部位）"功能。不过，当前竞技训练领域对于"动作准备与预先激活"练习并没有统一的标准化范式，通常认为只要是能使运动员的神经兴奋程度与肢体活动能力得到提高的练习都是行之有效的。例如，游泳运动员在赛前用以激活神经肌肉的弹力带练习、篮球和足球运动员进行的灵敏性绳梯练习等，都属于训练或赛前开展的专项化的神经肌肉激活练习。

神经肌肉激活练习并不等同于正式训练前的准备活动或热身活动，它是指运动员为了使全身神经肌肉、心血管等各个系统能够适应高强度训练或激烈比赛的需要而专门进行的一系列热身准备活动和动作练习。神经肌肉激活练习属于准备活动中的一个独立的系统板块，它包括"动作准备"与"预先激活"两部分的内容，这两部分内容通过独立开展与融合开展交互进行的方式来满足"激活"的需求。本书中所介绍的动作准备与预先激活练习板块是为满足游泳运动员对日常训练和比赛的特殊要求而准备的一套有效的、系统的和个性化的练习方法，它是预防运动损伤和提高竞技能力的有效训练手段之一。

本节关于动作准备与预先激活练习的内容是根据游泳运动员的训练与比赛需要而设计的，分为3个部分，即臀部激活、动作技能整合和神经激活练习。

（二）神经肌肉激活练习的主要作用

1.建立、强化正确的动作模式

在神经肌肉激活练习的训练过程中，个体常通过具体的动作练习来强化身体整个动力链的协同参与，通过神经系统支配下各运动系统之间的相互联系，使得身体各环节有序地组合运动，从而建立、强化正确的动作模式。这不仅可使热身训练的效益最大化地迁移至专项技术层面，使动作精准、合理，同时也进一步减少了不必要的能量损失与泄漏，使动作节能、高效。正确的动作模式是运动技术的基础，动作模式的正确与否将会对运动员的训练（或竞赛）安全和运动能力水平产生直接影响，最终决定竞技运动表现水平。

2.提升机体温度

在神经肌肉激活练习中，通过一系列强度递增的动作练习，可使身体温度在合理范围内逐步升高。身体温度的升高可以降低肌肉黏滞性，提高肌肉收缩和舒张的速度，从而增加肌肉力量和爆发力。另外，适宜的动作练习还可以增加肌肉的供氧能力，增强机体内酶的活性，有助于能量物质代谢水平的提高。

3.有效伸展肌肉

神经肌肉激活练习中的拉伸练习是以动态或动静结合的方式牵拉肌肉，它更符合人体运动的基本形式，且能够提高在动态运动中所需的关节灵活性与柔韧性，能够预防运动损伤。以动态的方式牵拉伸展，不仅使肌肉得到了有效的延展和拉伸，并且还增加了肌肉的弹性与爆发力，让肢体各运动器官得以更快速地进入工作状态。

4.唤醒、激活肌肉中的本体感受器

大多数的体育项目在进行运动时，身体的空间位置始终处于动态变化之中，如跳跃类运动，由地面阶段的稳定支撑至腾空阶段的无支撑再过渡至着陆阶段的非稳定支撑，运动员经历了"稳定（固定支撑）—不稳定（无支撑）—不完全稳定（无固定支撑）"的变化过程。这类由环境空间变化或运动器械操控方式所产生的力学改变需要运动者具有较敏锐的本体感受能力，能够依据特定的时空环境来及时调整身体姿态，采取相应的动作模式来应对运动进程中的不同动作要求。

游泳运动由于"水"的特殊物理性质，对于运动员在非稳定支撑状态下的姿态控制能力要求极为严格。在专项训练之前，唤醒、激活肌肉中的本体感受器，可以帮助运动个体更好地感受、接受和控制运动中的关节位置与动作方向，更好地发挥肌肉力量，更好地协调不同肌肉之间的用力程度，同时增强身体对于运动空间和运动介质的感知能力与肢体控制能力，能够提升整体运动表现。因此，游泳运动员可通过神经肌肉激活练习中的多种介于稳定与不稳定状态之间进行动态转换的身体训练来唤醒、激活肌肉中的本体感受器，通过这一特定的动作练习方式来提升运动员的空间适应能力，使其能够根据外部负荷的变化及时调整身体姿势，灵活应对不同的物理条件需求。

5.唤醒、激活神经系统

神经肌肉激活练习板块中含有动态稳定性练习和反应性练习。此类练习可以有效提升运动员神经系统的专注度和参与度，使大脑反应速度加快，提升神经系统的兴奋性。神经系统兴奋性的提升不仅能加强运动中枢系统之间的相互协调，使机体在神经系统的支配下，有序、准确、协调地完成动作，而且还能延迟运动疲劳感的出现，为正式训练或比赛做好各方面的准备。

二、神经肌肉激活练习的内容板块与训练设计

本书根据游泳运动的专项特点和竞技能力发展需要，制定了适用于游泳选手或游泳爱好者的神经肌肉激活练习板块。该练习板块主要包括4个部分，其充分满足了练习者期望，通过训练前（参赛前）的专门准备活动来激活神经与肌肉，同时强化动作技能的需求。它们之间相互关联、互为递进，构成了一套完整的神经肌肉激活练习板块体系。

（一）游泳运动员神经肌肉激活练习的内容板块

1.臀肌激活

大量的运动实践和人体科学实验证明，运动员较少或较难动员臀部肌肉参与运动，许多运动员会因为神经肌肉发展不均衡而过度调动大腿前群肌肉（主要是股四头肌）来参与多数的动作控制，从而导致运动员在膝关节的反复屈伸和不当用力的运动过程中，出现膝部的意外损伤、过度磨损或动作代偿现象。从人体功能解剖结构来看，臀大肌实际上是人体中最大的单块肌肉，可以提供强大的力量，对运动时身体姿态的保持和稳定发挥着十分重要的作用。臀肌是连接上肢运动链和下肢运动链的中间枢纽，也是人体上下部运动整合发力的"联合发电机"与"重要动力源"，在人体运动过程中始终担负着维持脊柱稳定的作用，同时它也是四肢发力输出和动作达成的关键所在。激活臀肌的练习简便、易操作，在进行准备活动时，通过几组简单的练习便能促使练习者的臀肌得到充分动员，使其主动参与到随后的运动中，从而使训练达到事半功倍之效。在臀肌激活动作练习过程中，首先要求保持运动基本姿势；其次，通过在膝关节上部及踝关节上部放置弹力带，进行以控制髋关节水平稳定为主的动作练习，以此突出髋部肌群在人体运动中的重要作用，使练习者深刻感受到参与高强度运动前充分激活、动员和募集臀部肌肉的重要性。

2.动态拉伸

动态拉伸是相对于静态拉伸而言的。通常运动员进行静态拉伸的方式是将部分肢体伸展，使局部肌肉被牵拉至一定长度后保持一定的伸展时间。而动态拉伸则是以动态（运动）的方式进行肢体伸展与牵拉的练习，强调充分模拟专项技术动作进行拉伸。一般情况下，针对专项所需的神经肌肉激活练习大多以运动基本姿势为基本动作模式来设计拉伸动作，通常选择4~8个动作，每个动作拉伸至最大幅度时仅保持1~2秒便进入下一个动作。如此有序地对全身各主要肌群进行牵拉。在实践中，运动员往往先进行针对髋部各肌群的拉伸动作练习，再进行多关节参与的拉伸动作练习，最后根据不同运动员及不同运动专项的特殊需求，增加有针对性的拉伸练习。

在神经肌肉激活练习中所进行的肢体牵拉是通过各种动态的拉伸实现肌肉、关节的伸展以及提升身体温度，使身体做好开始专项练习的准备。同时通过各种基本动作模式的练习预热，使其在练习者的神经系统中留下运动痕迹，建立神经系统对目标肌肉、关节的紧密链接，减少运动过程中代偿性动作的出现，提高动作的完成质量。在动态拉伸中，当肢体处于较大拉伸幅度时，运动关节周围的主动肌与拮抗肌之间是交互抑制的关系，交互抑制使得不同做工肌肉产生收缩与舒张的交替变化，这种形式可以激活关节周围的小肌肉群，使其参与到维持关节稳定的工作中去，而小肌肉群的这种持续的、有效的工作将有助于改善运动姿势，减小发生损伤的风险。

3.动作技能整合

动作是竞技运动不可分割的最小单位，是竞技运动组成的重要因素。"力量""速度""耐力"等运动能力的测量只是对动作绩效的定量描述，但却忽略了动作质量对速度、耐力等运动能力的影响与作用，因此仅拘泥于外在运动"绩效"的"数量"评价是毫无意义的，正确的动作模式和良好的技术水平才是优异动作绩效的本源和优异动作表现的最佳保障。动作技能整合练习是基于动作模式的身体练习。动作整合中强调在身体整体动力链的参与下，建立起专项运动所需的神经支配下的肌肉、关节等各运动系统之间的有机联系，通过身体各运动环节有序地组合运动，进一步强化正确的动作模式。整合并强化正确的动作模式，可以增加动作的经济性，减少不必要的能量损耗。在准备活动过程中采用与专项技术动作高度相似的基本动作模式的动作训练，依靠神经肌肉相互链接的痕迹效应可以更好地为开展高强度训练和竞赛做好身心准备。

本书主要列举了游泳项目的动作技能整合内容，结合游泳专项水中身体姿态控制和肌肉用力特点，注重在保持脊柱核心稳定的前提下，肩、髋、膝、踝协调控制、有序发力的动作模式。本书所列举的练习对于其他与游泳具有相似肌肉用力方式的运动专项也同样有借鉴意义。一方面，所有的动作练习必须要与游泳专项动作的外在需求相符合，动作设计要以核心稳定为基本前提，在此基础上通过俯卧、仰卧的身体姿态控制形式，进一步发展、优化游进时的运动姿势、动作模式与肌肉用力，为后续的专项动作技能训练做好准备；另一方面，通过使用弹力带或拉力器的静态与动态结合的练习方式，进一步激活全身不同部位肌群，提高练习者在不同方向、速度、体位下的肌肉用力感和本体感受，强化与游泳专项技术相关的运动姿势和动作模式，为后续的专项快速动作练习做好准备。

4.神经激活

神经激活练习可以很好地提高练习者在运动中的神经系统的专注度与参与度，使大脑反应速度加快，从而提高中枢神经系统的兴奋性。神经系统兴奋性的提升能够加强运动中枢间的相互协调，使躯体在神经系统的支配下，有序、准确、协调地完成动作，进而提高身体的运动能力与运动效率，为正式训练或比赛做好准备。神经肌肉激活练习通常是以运动基本姿势为起始动作的，在尽可能模拟专项技术动作的基础之上，完成快速的肢体移动、身体重心移动和反应性练习，力求在短时间内重复尽可能多的动作次数，或者是依据口令做出相应的动作反应。

（二）游泳运动员神经肌肉激活练习设计

（1）总体时间控制：8~15分钟。

（2）间歇时间：基本无间歇，不同动作练习转换之间自然过渡。

（3）动作数目：臀部激活部分选择2~4个动作，动态拉伸部分选择4~8个动作，动作技能整合与神经激活部分各选择5~6个动作。

（4）动作次数和组数：每个部分的动作都只做1~2组，臀部激活部分每个动作保持20~30秒，动态拉伸部分每个动作4~6次（身体每侧），动作技能整合部分单侧动作每边行进距离10~20米，神经激活部分每次练习持续10秒左右。

（5）动作的选择：在进行神经肌肉激活练习时，运动员需要考虑不同运动专项的特殊需求和将要进行的训练课的主体训练内容，以这两方面的需求作为参考，进行有针对性的动作准备与预先激活练习。

本章介绍了神经肌肉激活练习的4个主要板块，由于不同泳姿的专项训练所采用的动作模式及运动员的肌群存有一定的差异，而动态拉伸与神经激活练习的主旨是根据专项动作的个性需求来设计针对性练习手段，如爬泳选手可采用爬泳划臂时的肩部旋转动作并配合使用弹力带进行专项的（肩袖肌群）动态拉伸；又如蛙泳选手可采用快速蛙跳作为神经肌肉的激活练习手段。总而言之，动态拉伸与神经肌肉激活应保持非常集中的针对性，故下文所介绍的练习内容不涉及上述两类练习的具体方案，仅提供普适性较强的（针对所有专项游泳选手的）臀部激活、游泳动作技能整合和弹力带负重激活练习方案。

三、游泳运动员神经肌肉激活练习内容与方法

（一）臀肌激活练习

臀肌是人体中肌肉体积最大的肌群，它包括臀大肌、臀中肌、臀小肌，但它同时也是惰性最大的肌群。由于臀肌在身体上、下肢躯干的能量传递中发挥着中继站的关键作用，因此在参与训练和比赛前充分刺激臀部肌群的兴奋程度，可有效提高髋关节的稳定能力，同时降低运动损伤的风险。游泳是一项在水中借助四肢与水的相互作用来推动人体前进的运动项目，由于"水"这个特殊的运动环境，使得游泳运动员必须在游进过程中始终保持良好的流线型身体姿态，这样才能获得更好的游进效率，因此在进行专项训练前充分激活臀肌就显得十分必要。

1.臀肌桥：双腿支撑

（1）动作功能：在稳定身体重心的前提下，高质量完成动作，充分激活臀大肌、腘绳肌和下背部肌群。

（2）动作要点：①仰卧姿势，双手环抱于胸前，屈膝勾脚尖。②臀部尽力收缩的同时抬起髋部，直至肩、躯干、髋、膝在一条直线上。③保持规定时间后回到起始位置，短暂休息后再次练习。④注意背部不要出现弓型。

2.臀肌桥：单脚支撑屈膝军步

（1）动作功能：在稳定身体重心的前提下，高质量完成动作，激活臀部、大腿后侧、背部肌群。

（2）动作要点：①仰卧姿势，双手环抱于胸前，屈膝勾脚。②臀部收缩抬起髋部，直至肩、躯干、髋、膝在一条直线上。③保持臀肌桥姿势，屈膝抬起右腿，膝关节尽量向胸部贴近。④保持规定时间后回到起始位置，双侧交替练习。⑤注意背部不要出现弓型，膝关节贴近胸部时，髋部保持抬起高度。

3.臀肌桥：下肢负重屈膝军步

（1）动作功能：在稳定身体重心的前提下，高质量完成动作，激活臀部、大腿后侧、背部肌群、屈髋肌群、伸膝肌群。

（2）动作要点：①呈仰卧姿势，双手环抱于胸前，屈膝勾脚尖，弹力带放于双脚脚背上。②臀部尽力收缩的同时抬起髋部，直至肩、躯干、髋、膝在一条直线上。③保持臀肌桥姿势，屈膝抬起右腿，膝关节尽量向胸部贴近，撑开弹力带。④保持规定时间后回到起始位置，双侧交替练习。⑤注意背部不要出现弓形，膝关节贴近胸部时，髋部保持抬起高度。

4.臀肌桥：上下肢弹力带负重屈膝军步

（1）动作功能：在稳定身体重心的前提下，高质量完成动作，激活肩部、臀部、大腿后侧、背部肌群、屈髋肌群和伸膝肌群。

（2）动作要点：①仰卧姿势，双手贴于耳侧伸直，左手抓住弹力带，屈膝勾脚尖，弹力带放置于双脚脚背部。②臀部收缩抬起髋部，直至肩、躯干、髋、膝在一条直线上。③保持臀肌桥姿势，屈膝抬起右腿，膝关节尽量向胸部贴近，撑开弹力带，左手拉住弹力带尽量向髋部贴近。④保持2~3秒，回到初始位置，交换对侧进行，完成规定次数。⑤注意背部不要出现弓形，膝关节贴近胸部时，髋部保持抬起高度。

（二）动作技能整合练习

竞技运动比拼的不仅是身体能力，更是动作技能水平，因此在开展高强度训练或竞赛前，结合游泳专项技术动作，实施游泳专项的动作技能整合练习，使练习者能够在准备活动阶段对专项的运动模式进行预热与适应，以达到优化动作模式、增强本体感觉的目的，这一练习过程是十分必要且效果显著的。除此之外，这类练习能够使动作模式得到巩固与提升的同时，刺激练习者专项训练的目标肌群，使主要肌群与神经系统均得到有效激活。

1.背桥：双脚负重直臂伸展

（1）动作功能：脊柱核心肌群收紧，保持身体重心稳定，充分激活肩带、背部、臀部与大腿外侧肌群。

（2）动作要点：①俯卧姿势，双臂伸直贴于耳侧，双腿伸直与髋同宽，弹力带放于双腿踝关节外侧。②背部用力收缩的同时抬起双臂和双腿，下巴微微回收，眼睛斜视前下方45°的地面，双腿同时用力撑开弹力带。③保持规定时间后回到起始位置。④注意做背桥练习时胸部应尽可能地抬离地面。

2.背桥：双脚负重屈臂

（1）动作功能：脊柱核心肌群收紧，保持身体重心稳定，激活肩带肌群、背部肌群、臀部肌群与大腿外侧肌群。

（2）动作要点：①俯卧姿势，双臂放于体侧呈"W"形，双腿伸直与髋同宽，弹力带放于双腿踝关节上部。②背部用力收缩，同时抬起双臂和双腿，下巴微微回收，眼睛斜视前下方45°的地面，双腿同时用力撑开弹力带。③保持规定时间后回到起始位置。④注意做背桥练习时胸部应尽可能地离开地面。

3.背桥：双手双脚负重屈臂

（1）动作功能：脊柱核心肌群收紧，保持身体重心稳定，激活肩带肌群、背部肌群、臀部肌群与大腿外侧肌群。

（2）动作要点：①俯卧姿势，双手抓住弹力带两端置于颈后，双臂放于体侧呈"W"形，双腿伸直与髋同宽，弹力带放于双腿踝关节上部。②背部用力收缩的同时抬起双臂和双腿，眼睛斜视前下方45°的地面，双手用力拉住弹力带并保持"W"姿态稳定不动，同时双脚撑开弹力带。③保持规定时间后回到起始位置。④注意做背桥练习时胸部应尽可能地离开地面。

4.背桥：双手双脚负重直臂

（1）动作功能：脊柱核心肌群收紧，保持身体重心稳定，激活肩带肌群、背部肌群、臀部肌群与大腿外侧肌群。

（2）动作要点：①俯卧姿势，双臂伸直贴于耳侧，双手握住弹力带两端，双腿伸直与髋同宽，弹力带放于双腿踝关节上部。②背部用力收缩，同时抬起双臂和双腿，眼睛斜视前下方45°的地面，双手撑开弹力带侧平举，双腿同时撑开弹力带。③保持规定时间后回到起始位置。④注意做背桥练习时胸部应尽可能地离开地面。

四、游泳运动员神经肌肉激活练习的基本原则

为了帮助游泳运动员在训练或比赛前全方位地激活肌体（神经激活与肌肉激活），调整好身心状态，有必要在专项训练前开展积极的动作准备与预先激活练习。为使神经肌肉激活练习更具科学性和系统性，本节列举了以下4项训练基本原则，供广大教练员、运动员和业余爱好者作为训练参考。

（一）科学性原则

神经肌肉激活练习的本质是让运动员通过适宜的准备活动使身体温度逐渐升高，能够在随后的训练或比赛中创造优异的运动表现，因此合理地安排准备阶段的练习内容、运动负荷等方法以体现训练的科学化水平，这也是运动员开展科学化训练的客观需要。

运动负荷主要是指运动时人体所承担的生理负荷。运动量、运动强度和训练密度是构成运动负荷的核心要素。因为人体肌肉和内脏器官的惰性特点，使得人体在运动时总是遵循由低变高的负荷适应特性，故不同专项运动员在准备时期的练习负荷也遵循负荷递增的原则。把握神经肌肉激活练习的训练质量的关键是对练习负荷大小的把控，若练习负荷量过大，会导致运动员过早出现疲劳，但是练习负荷量过小，又达不到热身的效果。因此，可以通过对运动时心率的监控来实现对练习负荷的

精准控制。通常情况下，动作准备阶段的心率应控制在最大心率的 70%～75%。

（二）针对性原则

针对性是指在神经肌肉激活练习过程中，应对不同的要素进行区别对待，需要根据运动员的年龄、专项、身体特点、运动水平以及练习目的等不同因素，因人而异、有的放矢地进行专门的动作设计与创编。练习动作的难易程度及强度也是动作练习过程中应着重考虑的关键因素。实践中既要有针对性地选择与专项技术动作相似的动作来开展训练，又要研判不同难度的动作与不同强度的练习所产生的练习效应差异，力争做到精准掌控每一位练习者的练习效率。

（三）全面性原则

全面性是指在开展神经肌肉激活的相关练习的过程中，要将可能影响到热身效果和练习质量的因素考虑周全。通过对动作设计、活动顺序、练习负荷等因素的通盘考虑，运用合理的动作练习全面调动身体机能、充分拉伸身体各部位肌群，使内脏器官和运动系统都能够迅速进入工作状态中，以满足训练或竞赛的需要。对动作所涉及的不同身体部位而言，动作练习应该围绕头颈部、躯干、髋部、膝部和踝部等主要运动关节与身体部位进行合理设计，可以通过动作变换设计出不同的动作形式，以满足不同运动专项的技术动作需要。从运动专项技术动作类型的角度设计练习动作时，应充分考虑练习动作与运动专项技术动作的匹配程度，尽可能以符合专项动作特点的动作模式完成练习，同时还要考虑不同动作模式的不同运用，应注重不同动作模式在不同身体重心、不同运动方向上的组合运用，以达到预先激活专项技术动作所涉及的目标肌群以及提高不同动作模式的实践运用能力的目标，同时进一步提高内脏器官的工作水平，提升内在机能水平，满足训练和比赛的需要。

（四）渐进性原则

神经肌肉激活的目的是使人体在进入正式训练前得到快速升温和激活，使机体达到最佳运动状态。但倘若动作准备设计不合理，不但无法达到预期目标，反而会导致运动疲劳过早出现（负荷刺激过大）或热身不充分（负荷刺激不足）等不良现象。因此，在准备阶段的负荷安排上要遵循渐进性原则，精心组织安排练习内容与负荷递增形式，既要考虑不同运动员之间运动素质的差异性，又要考虑不同运动专项技术动作之间的共性与个性，科学、全面、系统地组织开展该阶段的训练。由于运动负荷与技术动作的难易程度紧密相关，因此神经肌肉激活练习的动作设计应遵循由易到难、由简到繁、由静态到动态、由稳定支撑到非稳定支撑、由小幅到大幅、由一维到多维、由神经系统和肌肉组织的单一反应到复合反应的渐进提升原则来安排准备阶段的练习动作和练习负荷，以求获取最佳练习效应。

第二节　游泳运动的核心力量与稳定训练

核心稳定通常是指以控制腰、骨盆和髋关节为主的脊柱核心部位的姿势与动作，使其有利于力的产生、传递和控制，以提高四肢运动链的活动效率。首先，从人体解剖学观点看，许多与四肢活动有关的肌群大多发端于脊柱核心部位，核心部位承上启下：上承头、胸部，不仅与头部在运动中稳定平台的搭建息息相关，还与上下肢的活动幅度、力度密切联系；脊柱核心还向下通过髋部连接下肢，为后蹬和摆腿提供牢固的用力固定点；核心稳定训练也常用于发展人体对位置和运动的感知。其次，从运动学特征分析，四肢是重要的动力来源和速度传递的效应器，躯干是中枢，脊柱核心部位正处于人体的中枢部分，不仅是身体的重心所在，同时对动作的完成质量产生至关重要的影响作用。脊柱核心部位肌肉力量与稳定能力的强弱直接与人体运动中的制动、控制和四肢协调与力量获取关系密切。最后，从动力学角度分析，脊柱核心部位主要有传导力的作用，所以核心部位的缓冲和力量传递效果就显得非常关键。总而言之，核心稳定性对于人体运动能力的提升和高质量动作的完成都十分重要，如若核心稳定性强，则人体运动时四肢控制有序，能够自由发挥而不给脊柱带来额外负荷，若核心稳定性弱，则运动时所产生的力就会在脊柱等薄弱环节发生泄漏、缓冲或转移，使力产生分解，从而导致动力链传递过程中出现额外的力量消耗和能量损耗，甚至带来运动损伤的风险。

一、脊柱核心稳定概念、基本构成与分类

（一）核心稳定的概念

核心稳定性是指能稳定人体的系统，是能使椎体的中部区域保持在生理极限范围内的能力。核心稳定由腰—骨盆—髋共同参与的，可以保持躯干的动态、静态姿势，控制脊柱弯曲的能力，并能在躯体受到干扰后恢复平衡。核心稳定与姿态控制、动作表现等关系密切，因而越来越多的人开始重视核心稳定对运动时身体姿态和运动能力的影响。

核心力量与稳定性训练始于20世纪80年代的西方国家，其因常被当为一种治疗下腰背痛的康复训练手段而得以迅速发展。相关研究认为，核心稳定性对强调肩与髋部转动的爬泳、仰泳运动员的运动表现影响相对较大。因为核心部位是由斜行特性的后锯肌、腹内外斜肌等核心肌群和菱形肌构成的整体，体现了控制人体旋转动力链的"披肩"效应。除此之外，核心力量能有效维持人体在水中运动时的姿势控制和动作协调。由于"水"这个特殊的外在环境对运动员身体姿态控制的外在约定性，使得核心力量与稳定性练习成为游泳运动员日常身体训练的重中之重。脊柱核心力量和稳定性不仅为所有的水中运动提供稳定的支撑平台，而且还为仰泳、爬泳等追求身体旋转用力的运动提供了足够的动力来源。因此脊柱核心力量和稳定性是不同年龄游泳运动员的核心运动能力，尤其在青年少年游泳运动员的基础体能训练阶段应占据相当大的训练比例。

1.解剖核心

解剖核心概念已被康复和运动训练界广泛接受，并据此发展出许多核心力量的训练方法与手段。核心稳定性通常是指运动中控制骨盆和躯干部位肌肉的稳定姿态，为上下肢运动创造支点，并协调上下肢的发力，使力量的产生、传递和控制达到最佳化。所谓核心力量，是指人体核心部位（腰椎—骨盆—髋关节）的肌群，是以稳定人体核心部位、控制重心运动、传递上下肢力量为主要目的而产生的力量。相关研究认为核心稳定性是在一个完整的动力链中，为保证力量和运动能够最适宜地产生、

传递、控制至四肢末端，而具有的控制躯干位置和运动的能力，其本质就是保持脊柱中立区域在一定的生理范围内。人体核心区通常是指包含着骨盆、脊柱、四肢主要关节与肌肉的复杂作用联合体。解剖核心被定义为中轴骨骼以及附着于中轴骨骼近端的所有软组织。这些软组织可以产生运动（向心运动）或制止运动（离心和等长运动）。虽然不同研究对核心区或核心稳定性有不同观点，但大多数研究在以下方面达成了共识。

（1）核心区的定义：中轴骨骼区域，即解剖核心（脊柱—骨盆—髋关节）。

（2）核心区的作用：稳定（脊柱或重心）和传递（力量）。

（3）核心稳定力量与传统腰腹力量训练在功能和用力上存在很大不同。

2.功能核心

随着对人体的深入认识，筋膜技术、运动链和动态神经稳定训练（DNS）的出现，核心柱的概念逐渐颠覆了人们对解剖核心的认知。相关研究者认为前深线是身体筋膜的核心。除了髋关节内收和横膈肌呼吸运动之外，前深线没有直接参与到其他运动中，但几乎所有的运动都受它的影响，尤其是核心稳定性和身体姿势的细微调节。前深线从足底出发，沿小腿后侧上行，从膝后方到达大腿内侧，向上分出两条轨道：一条由髋、骨盆至腰椎前侧；另一条从后通过骨盆底部至腰椎后侧，并在腰椎处重新汇合至膈肌，经过胸部至面颅底部。随着对人体和训练规律认识的不断深入，西方训练界最先将运动链的概念引入体能训练中，指出运动链是在中枢和运动神经支配下，人体按照专项特定动作顺序在多关节、多肌肉参与的联合运动过程中动力传递。动作神经稳定理论认为人体的稳定核心包括脊柱短节间肌（多裂肌）—深层颈屈肌—横膈肌—腹壁肌群—盆底肌。在产生目的性动作前，人体肌肉通常会自主激活，建立稳定基础的"前馈控制机制"。每个动作开始时都要先稳定脊柱，以便为其他参与部位提供平衡，确保动作安全高效。在动作过程中，稳定肌的激活是自发的或潜意识的。但现实中，各种不良诱因导致身体出现代偿机制，这些代偿措施通常表现为表层肌群的过载。由于平衡性变差，产生的动作缺乏效率，脊柱稳定性便一定程度地下降。

3.核心稳定的再认识

解剖核心与功能核心都从结构和功能层面探讨控制人体核心稳定的重点区域在运动中所承担的作用。首先，解剖核心区域被描述为中轴骨脊柱—骨盆—髋关节周围的大量肌群；而功能核心则聚焦在横膈肌—腰大肌—腹肌—盆底肌为中轴的核心柱上，认为所有肩部—躯干—骨盆组成的核心柱是所有运动专项取得优异成绩的关键。其次，从功能角度看，过去认为只要解剖核心区域稳定，力量传递就会高效，而现在功能核心将实现运动链的顺序激活作为目标，并将横膈肌的作用和地位提到新的高度。布拉格学派将呼吸看作最重要的功能动作，认为错误的呼吸模式必然导致错误的动作模式。因此，核心稳定并非仅是看上去躯干能保持固定、不产生位移，而是在于核心区域的有效激活，保证运动链有序完成四肢动作。

（二）核心肌群分类

核心肌群通常是指位于腹部前后环绕着身躯，负责保护脊椎稳定的重要肌肉群，包括腹横肌、骨盆底肌群以及下背肌。核心肌群主要是由横膈肌、腹直肌、腹斜肌、下背肌、竖脊肌和骨盆底肌等组成的肌肉群。

竞技体育运动不可分割的最小单位是动作。人体运动是由神经控制支配肌肉牵拉骨骼围绕关节所做的整体协调运动，因而所有动作控制与执行的前提条件是身体核心（脊柱）静态或动态稳定。唯有身体核心稳定，才能为全身肌肉的有序发力和协调整合提供有利条件，反之亦然。由于核心肌群在所有运动项目的技术动作完成中发挥了十分重要的作用，因而核心肌群训练是所有运动专项训练的重中之重。根据肌肉的起止点、性质和个体功能来划分，可以将核心肌肉分成局部肌和整体肌，其中局部肌主要是Ⅰ型肌纤维，整体肌则以Ⅱ型肌纤维为主，我们通常称核心小肌群为核心稳定肌群，人体核心肌群分类一览表详见表14-1。

表14-1 人体核心肌群分类一览表

肌群特征	核心区域肌群	
	核心小肌群（局部肌）	核心大肌群（整体肌）
起止点	起止点都在核心	只有起点或止点在核心

续表

肌群特征	核心区域肌群	
	核心小肌群（局部肌）	核心大肌群（整体肌）
肌群	腹横肌、多裂肌、腹内斜肌、腹外斜肌深层、腰方肌、膈肌、盆底肌、髂肋肌和最长肌（腰部）、背部回旋肌、棘间肌、横突间肌	腹直肌、梨状肌、缝匠肌、股二头肌长头、半膜肌、半腱肌、耻骨肌、长收肌、短收肌、股薄肌、腹外斜肌浅层、髂腰肌、竖脊肌、髂肋肌（胸部）、背阔肌、下后距肌、臀大肌、臀中肌、臀小肌、闭孔内外肌
肌肉性质	深层、腱膜形、慢收缩纤维、耐力佳、较短、募集较差、低负荷下活跃（0～40%最大主动收缩）	浅层、纺锤形、快收缩纤维、爆发力佳、较长、优先募集、高负荷下活跃（40%以上最大主动收缩）
功能	椎骨间的稳定和腹压调节	大环节之间的运动与稳定、力的传递、腹压调节

  国外研究发现，脊柱的整个运动中深层的多裂肌长度变化很小，并认为多裂肌主要负责稳定作用。胸腰筋膜不属于肌肉，但它是连接上肢（通过背阔肌）和下肢（通过臀大肌）的重要结构，将腹内斜肌和腹横肌联系在一起，所以在投掷类项目的运动链中，胸腰筋膜能为腰椎的运动和核心稳定提供支持，成为维持腹部圈状保护和促进身体姿态稳定的人体组织。从运动环境而言，游泳是全身浸入水中的一种全身性运动，在人体肢体与水的相互作用过程中，人体首先需要保持良好的流线型身体姿势，从而减少游进时的前进阻力，获得最佳的推进力，使得人体不断适应变化着的水中环境。对于动作结构而言，各泳姿都是在保持躯干稳定状态下，上下肢体协调、有序用力，拉动人体不断向前游进的动作。由于核心稳定是一切动作有序组织与执行的前提基础，因此游泳对于核心肌群静态与动态稳定能力的要求极高，所以在青少年游泳运动员的力量训练中，核心稳定性与力量训练占据的比例较高。

二、核心稳定性与力量训练的主要内容与方法

核心稳定性与力量训练的重点是通过调节神经—肌肉控制系统，加强机体局部和整体稳定性与协调性，有利于力量负荷的转移和相关肌肉纤维的激活与动员，从而使肌肉的力量得以恢复、耐力得以保持，重新获得姿势平衡，最终达到动态核心稳定以及核心肌群的高效调节与控制。

（一）静态核心力量训练

1.跪式平板支撑：单臂举

（1）动作功能：刺激脊柱核心肌群收紧，提升身体重心稳定性和身体姿态控制能力，激活肩部及躯干肌群。

（2）动作要点：①双手推起躯干呈双手双膝跪姿，右手掌触地支撑，向前抬起左臂直至与同侧耳朵齐平。②腰腹部肌群收紧，控制骨盆，使左右两侧保持水平。③维持动作至规定时间后，回到起始位置，双侧手臂交替做相同动作。④练习时保持身体躯干稳定，控制身体重心，避免多余动作。

2.跪式平板支撑：单臂单腿伸

（1）动作功能：刺激脊柱核心肌群收紧，提升身体重心稳定性和身体姿态控制能力，激活肩部及躯干肌群。

（2）动作要点：①双手推起躯干呈双手双膝跪姿，双臂伸直，腹背肌群收紧，控制身体重心。②上抬右臂与左腿，直至与地面平行。③回到起始姿态，换对侧肢体重复相同动作。④收紧腹肌，运动中躯干不要出现多余动作，在保持脊柱稳定、不晃动的前提下，尽可能抬高臂腿（至水平位）。

3.跪式平板支撑：膝触地单腿伸

（1）动作功能：刺激脊柱核心肌群收紧，提升身体重心稳定性和身体姿态控制能力，激活肩部及躯干肌群。

（2）动作要点：①俯卧姿势，双膝触地，小腿折叠，双手支撑于肩部正下方。②双手推起呈俯卧平板姿势，保持头部、背部、下肢呈一条直线。③保持平板姿势，左腿直腿上抬，维持伸展姿势至规定时间。④回到起始姿态，换对侧腿练习。⑤在保持躯干稳定的前提下，尽可能推

高躯干。

4.跪式平板支撑：膝触地单臂前伸

（1）动作功能：刺激脊柱核心肌群收紧，提升身体重心稳定性和身体姿态控制能力，激活肩部及躯干肌群。

（2）动作要点：①俯卧姿势，双膝触地，小腿折叠，双手支撑于肩部正下方。②双手推起呈俯卧平板姿势，保持头部、背部、下肢呈一条直线。③保持俯卧平板支撑姿势，抬起左臂向前伸出并保持至规定时间。④回到起始姿态，换对侧手臂做相同动作。⑤在保持躯干稳定的前提下，尽可能推高躯干，同时维持双侧肩膀在同一水平位置。

5.手式平板支撑：双手俯卧撑

（1）动作功能：刺激脊柱核心肌群收紧，提升身体重心稳定性和身体姿态控制能力，激活肩部及躯干肌群。

（2）动作要点：①俯卧撑姿势。②腹背部肌群收紧，双手推起，双手与躯干形成90°左右的夹角。③身体重心稳定，不晃动，使躯干尽可能远离地面。④注意保持头部、肩部、躯干、踝关节呈一条直线。

6.手式平板支撑：单臂伸

（1）动作功能：刺激脊柱核心肌群收紧，提高核心肌群力量及稳定性，增强身体姿态控制能力，激活肩部及躯干肌群。

（2）动作要点：①俯卧撑姿势，双手、双脚与肩同宽，双臂支撑于肩部正下方。②躯干保持不动，慢慢抬起左臂直至与同侧耳朵平齐，并与背部呈一条直线，维持该姿势至规定时间。③回到起始姿态，换对侧手臂完成相同练习。④注意抬起右臂时，重心保持在双脚之间，腹肌收紧，躯干保持稳定，不晃动。

7.手式平板支撑：单腿伸

（1）动作功能：刺激脊柱核心肌群收紧，提高核心肌群力量及稳定性，增强身体姿态控制能力，激活肩部及躯干肌群。

（2）动作要点：①俯卧姿势，双手、双脚与肩同宽，双手支撑于肩部正下方。②双手推起形成俯卧平板姿势，保持头部、臀部、下肢呈一条直线。③保持平板支撑姿态，直膝上抬左腿，保持至规定时间。④回到起始姿态，换对侧腿重复相同练习。⑤在保持躯干稳定的前提下，尽可能地推高躯干。

8.手式平板支撑：对侧臂腿伸

（1）动作功能：刺激脊柱核心肌群收紧，提高核心肌群力量及稳定性，增强身体姿态控制能力，激活肩部及躯干肌群。

（2）动作要点：①俯卧撑姿势，双手和双脚分开，与肩同宽，双手支撑于肩部正下方。②躯干保持不动，同时抬起左臂与右腿，直至与背部呈一条直线，维持姿势至规定时间。③回到起始姿态，换对侧臂与腿做相同动作。④注意，抬起臂与腿时，重心需保持在双脚之间，腹肌收紧，维持躯干稳定、不晃动。

9.肘式平板支撑

（1）动作功能：刺激脊柱核心肌群收紧，提高核心肌群力量及稳定性，增强身体姿态控制能力，激活肩部及躯干肌群。

（2）动作要点：①俯卧姿势，双臂屈肘呈90°，支撑于肩部正下方，手掌、小臂紧压地面。②双肘、双脚稳定置于地面上作为支撑点，保持前臂与上臂呈90°夹角、上臂与躯干呈90°夹角的姿势至规定时间。③腹部收紧，肩、髋需保持在一条直线上。

10.肘式平板支撑：单臂伸

（1）动作功能：刺激脊柱核心肌群收紧，提高核心肌群力量及稳定性，增强身体姿态控制能力，激活肩部及躯干肌群。

（2）动作要点：①俯卧，双臂屈肘呈90°，支撑于肩部正下方，手掌、小臂紧压地面，双脚分开与肩同宽，呈双肘双脚支撑姿势，保持背部平直呈一条直线。②保持身体稳定不动，慢慢抬起左臂保持至规定时间。③回到起始姿态，换对侧手臂做相同动作。④保持腹部收紧，躯干稳定，身体重心位于双脚之间。

11.肘式平板支撑：单腿伸

（1）动作功能：刺激脊柱核心肌群收紧，提高核心肌群力量及稳定性，增强身体姿态控制能力，激活肩部及躯干肌群。

（2）动作要点：①俯卧，双臂屈肘呈90°，支撑于肩部正下方，手掌、小臂紧压地面，双脚分开与肩同宽，呈双肘双脚支撑姿势，保持背部平直呈一条直线。②保持身体稳定、不晃动，慢慢抬起左腿，保持该姿势至规定时间，然后回到起始姿势，换对侧腿做相同动作。③保持腹背部肌群收紧，躯干稳定不动，身体重心位于双脚之间。

12.肘式平板支撑：单臂单腿伸

（1）动作功能：刺激脊柱核心肌群收紧，提高核心肌群力量及稳定性，增强身体姿态控制能力，激活肩部、躯干及臀部肌群。

（2）动作要点：①俯卧，双臂屈肘呈90°，支撑于肩部正下方，手掌、小臂紧压地面，双脚分开与肩同宽，呈双肘双脚支撑姿势，保持背部平直呈一条直线。②保持身体稳定不动，同时抬起右臂与左腿，持续至规定时间。③回到起始姿势，对侧臂与腿重复相同动作。④保持腹部收紧，躯干稳定，身体重心位于双脚之间。

13.屈膝侧向撑

（1）动作功能：刺激脊柱核心肌群收紧，提高核心肌群和身体侧链的力量，提升侧向身体姿态的控制能力，激活肩部、躯干及臀部肌群。

（2）动作要点：①右侧位卧于地面，双腿弯曲，右肘放于肩关节下方，手掌、小臂紧压地面。②右肘发力推地，撑起髋部（离地），肘与膝支撑身体重量，使躯干保持平直姿势，左臂于肩部上方伸展。③保持该动作至规定时间后回到起始姿势，旋转至对侧方向做相同动作。④保持腹背部肌群收紧，将躯干维持在一条直线上。

14.屈膝侧向撑：伸臂伸腿

（1）动作功能：刺激脊柱核心肌群收紧，提高核心肌群和身体侧链的力量，提升侧向身体姿态的控制能力，激活肩部、躯干、髋部及下肢肌群。

（2）动作要点：①右侧位卧于地面，双腿弯曲，右肘放于肩关节下方，手掌、小臂紧压地面。②右肘推起髋部离开地面，支撑一侧的肘与膝撑起身体重量，使躯干保持平直，同时向上方伸展左臂并将左腿伸直上抬。③保持该动作至规定时间后回到起始姿势，旋转至对侧方向做相同动作。④保持腹背部肌群收紧，将躯干维持在一条直线上。

15.分腿侧向撑：伸臂

（1）动作功能：刺激脊柱核心肌群收紧，提高核心肌群和身体侧链的力量，提升侧向身体姿态的控制能力，激活肩部、躯干及臀部肌群。

（2）动作要点：①右侧位卧，右臂伸直放于肩关节下方，手掌着地、支撑，右腿置于地面，双脚分开，左脚在前、右脚在后。②向上顶髋，使右腿离开地面，将重心前移至右手掌后，上举左臂。③保持该动作至规定时间后，回到起始姿势，旋转至对侧方向做相同动作。④撑起躯干时，腹背部肌群收紧，同时收下颌、伸髋、保持躯干呈一条直线。⑤在动作保持阶段，躯干、手臂及双腿始终保持伸直状态，不能弯曲。

16.侧向撑：伸臂

（1）动作功能：刺激脊柱核心肌群收紧，提高核心肌群和身体侧链的力量，提升侧向身体姿态的控制能力，激活肩部、躯干及臀部肌群。

（2）动作要点：①身体呈一条直线，向右侧卧，右手放于肩关节下方。②右臂屈肘呈90°，手掌与小臂紧压地面，向上推起躯干，双腿并拢伸直。③保持躯干稳定后向上伸展左侧手臂。④保持该动作至规定时间后，回到起始姿势，旋转至对侧方向做相同动作。⑤推起躯干时，收紧腹肌，同时收下颌、伸髋。⑥在动作保持阶段，躯干、伸展臂与双腿始终保持伸直状态，不能弯曲。

17.侧向撑：伸臂伸腿

（1）动作功能：刺激脊柱核心肌群收紧，提高核心肌群和身体侧链的力量，提升侧向身体姿态的控制能力，激活肩部、躯干及臀部肌群。

（2）动作要点：①右侧卧位，右手放于肩关节下方，双脚伸直并拢。②右手上推（伸直），右髋上顶，推起躯干，双腿伸直，左臂与左腿同步向侧方抬起。③保持该动作至规定时间后，回到起始姿势，旋转至对侧方向做相同动作。④撑起躯干时，腹背部肌群收紧，同时收下颌、伸髋、保持躯干呈一条直线。⑤在动作保持阶段，躯干、双臂与双腿始终保持伸直状态，不能弯曲。

18.侧向撑：屈髋伸臂

（1）动作功能：刺激脊柱核心肌群收紧，提高核心肌群和身体侧链的力量，提升侧向身体姿态的控制能力，激活肩部、躯干及臀部肌群。

（2）动作要点：①右侧卧位，右手放于肩关节下方。②右肘屈肘呈90°，向上推起躯干，双腿并拢伸直。③保持躯干稳定后向上伸展左侧手臂，同时右腿屈髋屈膝向胸部靠拢。④保持该动作至规定时间后，回到起始姿势，旋转至对侧方向做相同动作。⑤撑起躯干时，收紧腹肌，收下颌、伸髋。

（二）动态核心力量训练

1.拉力带：站立平行旋转

（1）动作功能：提高躯干旋转动作的力量与爆发力，有助于发展、强化髋部和躯干的整合力量，提高水平方位上"力"的产生速率，促进人体平衡与稳定能力的发展。

（2）起始姿势：将拉力带固定在与胸部保持水平的位置处，保持运动基本姿势，站立于拉力带侧后方（进行向左旋转练习时身体位于拉力带左后侧位置，向右旋转练习则反向站立），双臂于胸前伸直，双手合十握住拉力带。

（3）动作步骤：①右脚蹬地向左侧旋转，左脚脚跟微微向右转动以维持身体稳定。挺髋，躯干保持稳定的同时随下肢力量进行左侧转动，手臂保持稳定并随躯干的力量进行水平旋转。②通过脚、膝、髋、躯干、手臂的力量层层递进传递，发力拉动拉力带。③还原至起始姿势，重复多次练习。④完成规定次数后，进行对侧方向练习。

（4）指导要点：①通过动力链的传递，可以有效地提高身体各部肌群协调发力能力以及爆发力和躯干的稳定性。②始终保持起始时标准的身体姿势，背部平直，腹部收紧。③动作完成连贯，没有停顿，才能体会力量的有序传递。

2.拉力带：站立斜上旋转

（1）动作功能：提高躯干旋转动作的力量与爆发力，有助于发展髋部和躯干的整合力量，提高整合性力量的产生速率，发展人体的平衡能力和稳定性。

（2）起始姿势：将拉力带固定在与髋部保持水平的位置处，保持运动基本姿势，站立于拉力带侧后方，双臂置于腹前伸直，握住弹力带。

（3）动作步骤：①右脚向左蹬地旋转，左脚脚跟微微向右转动以维持身体稳定。挺髋，躯干保持稳定的同时随下肢力量进行左侧转动，手臂保持稳定并随躯干的力量向左上方进行转动。②通过脚、髋、躯干、手臂的力量传递拉动拉力带。③手臂随躯干旋转至头部斜上方，与颈部呈 45°左右的夹角，结束旋转。④还原至起始姿势，重复多次练习。⑤完成规定次数后，进行对侧方向练习。

（4）指导要点：①通过动力链的递进式传递与用力控制，有效提高爆发力、肌肉间协调控制与整体稳定性。②始终保持起始时标准的身体姿势，背部平直，腹部收紧。③动作完成连贯，没有停顿，才能体会力量的有序传递。

3.拉力带：站立斜下旋转

（1）动作功能：提高躯干旋转动作的力量与爆发力，有助于发展髋部和躯干的整合力量，提高整合性力量的产生速率，发展人体的平衡能力和稳定性。

（2）起始姿势：将拉力带固定在头顶斜上方，手臂上举至 45°处，保持运动基本姿势，身体位于拉力带侧后方，双臂伸直、置于头部斜上方，握住拉力带，抬头盯住手的位置。

（3）动作步骤：①右脚向左蹬地旋转，左脚脚跟微微向右转动以维持身体稳定。挺髋，躯干保持稳定的同时随下肢力量进行左侧转动，手臂保持稳定并随躯干的力量向左下方进行转动。②通过脚、髋、躯干和手臂的力量传递拉动拉力带。③蹬转过程中，向左斜下方旋转，手拉动拉力带直至髋部。④还原至起始姿势，重复多次练习。⑤完成规定次数后，进行对侧方向的练习。

（4）指导要点：①通过动力链的传递，有效提高身体爆发力和躯干的稳定性。②始终保持起始时标准的身体姿势，背部平直，腹部收紧。③动作完成连贯，没有停顿，才能体会力量的有序传递。

4.拉力带：仰卧直臂下拉

（1）动作功能：提高躯干矢状面的上肢力量与爆发力，有助于发展躯干和肩带部位的肌肉力量，提高全身不同部位肌群协调用力的能力。

（2）起始姿势：以仰卧姿势平躺于地面，将拉力带固定于头部前方，双手伸直，贴于耳侧，握拉力带，头部保持正常位置。

（3）动作步骤：①腹部发力，带动躯干、胸部、肩部和手臂肌群发力，并将动力逐级传递至手部。②由头顶经胸前向髋部方向拉动拉力带，结束时使手臂尽可能紧贴于髋部。③按原动作轨迹还原至起始姿势，重复多次练习。

（4）指导要点：①通过该练习能有效地提高仰卧姿势下的全身爆发力和躯干稳定性。②由前至后（头顶向髋部）的拉动和由后至前的还原动作都需保持直臂姿势，控制动作速度，尤其是还原动作，肌肉需适度用力以抵抗拉力带的回弹，不可过度放松，否则容易造成运动损伤。③始终保持起始时的标准身体姿势，背部平直，腹部收紧。④拉动动作需连贯完成，没有停顿，这样才能不断体会力量的有序传递。

5.拉力带：仰卧单手直臂下拉

（1）动作功能：提高躯干矢状面的上肢力量与爆发力，有助于发展躯干和肩带肌群的整合力量，提高"力"的产生速率，建立单侧上肢用力感和动作节奏，最大化模拟专项运动姿态。

（2）起始姿势：以仰卧姿势平躺于地面，将拉力带固定于头部前方，左手自然贴于体侧，右手伸直，贴于耳侧，握拉力带，头部保持正常位置。

（3）动作步骤：①腹部发力，带动躯干、胸部、肩部、手臂，将动力传递到手上。②由前至后拉动拉力带，动作结束时运动臂尽可能紧贴于髋部。③按原动作轨迹还原至起始姿势，重复多次练习后，换对侧手臂做相同动作。

（4）指导要点：①通过动力链的传递，可以有效地提高整体的爆发力和稳定性。②由前至后的拉动和由后至前的还原动作都需保持直臂姿势，控制动作速度，尤其是还原动作，肌肉需适度用力以抵抗拉力带的回弹，不可过度放松，否则容易造成运动损伤。③始终保持初始时的标准身体姿势，背部平直，腹部收紧。④动作完成连贯，没有停顿，这样才能体会力量的有序传递。

6.拉力带：仰卧伸臂

（1）动作功能：提高躯干矢状面的上肢力量与爆发力，有助于发展躯干和肩带肌群的整合力量，提高"力"的产生速率。

（2）起始姿势：以仰卧姿势平躺于地面，将拉力带固定于脚后方，双手伸直，放于大腿上方，握拉力带，头部保持正常位置。

（3）动作步骤：①腹部发力，带动躯干、胸部、肩部和手臂，将力量逐级传递至手部。②双臂于体侧外展，向头部方向伸展双臂，直至双臂于肩部前方完全伸展。③按原动作轨迹还原至起始姿势，重复多次练习。

（4）指导要点：①通过动力链的传递，可以有效地提高整体的爆发力和稳定性。②练习过程中，肘部不能弯曲，尽可能贴近地面做伸展（由髋部向头部运动）与回收（由头部向髋部运动）动作，回收时注意控制动作速度，肌肉需适度用力以抵抗拉力带的回弹，不可过度放松，否则容易造成运动损伤。③始终保持初始时的标准身体姿势，背部平直，腹部收紧。④动作完成连贯，没有停顿，才能体会力量的有序传递。

7.拉力带：仰卧交叉伸臂

（1）动作功能：提高躯干矢状面的上肢力量与爆发力，全面发展躯干和肩带肌群的力量整合能力，进一步提高"力"的产生速率，发展交叉链的力量和躯干稳定性。

（2）起始姿势：以仰卧姿势平躺于地面，将拉力带固定于脚后方，双手伸直，放于大腿上，交叉握拉力带，头部保持正常位置。

（3）动作步骤：①腹部发力，带动躯干、胸部、肩部、手臂，将力量逐级传递至手部。②双臂于体侧外展，向头部方向伸展双臂，直至双臂于肩部前方完全伸展。③按原动作轨迹还原至起始姿势，重复多次练习。

（4）指导要点：①通过动力链的传递，可以有效地提高整体的爆发力和稳定性。②练习过程中，肘部不能弯曲，尽可能贴近地面做伸展与回收动作，回收时注意控制动作速度，肌肉需适度用力以抵抗拉力带的回弹，不可过度放松，否则容易造成运动损伤。③始终保持初始时的标准身体姿势，背部平直，腹部收紧。④动作完成连贯，没有停顿，这样才能体会力量的有序传递。

（三）健腹轮与瑞士球训练

1.健腹轮：跪撑前行

（1）动作功能：提升核心力量和躯干稳定性。

（2）动作步骤：①跪姿，双手握住健腹轮两侧，抬起小腿，双腿折叠，以膝关节为支点。②身体前倾，推动健腹轮向前直至最大限度。③核心发力，将健腹轮收回至初始位置。④重复规定次数与组数。

2.健腹轮：脚支撑前行

（1）动作功能：提升核心力量和躯干稳定性。

（2）动作步骤：①俯卧姿势，双手握住健腹轮两侧，双脚贴紧地面，背部平直，以双脚为支撑点。②身体前倾，推动健腹轮向前直至最大限度。③核心发力，将健腹轮收回至初始位置。④重复规定次数与组数。

3.健腹轮：手支撑前行

（1）动作功能：增加屈髋肌群、核心部位与肩关节力量。

（2）动作步骤：①俯卧撑姿势，双脚放在健腹轮两侧，身体肩、躯干呈一条直线。②屈髋肌群与核心部位发力拉动健腹轮向双手方向滚动。③屈髋肌群与核心部位维持稳定并向后推动健腹轮至初始位置。④重复规定次数与组数。

4.瑞士球：平板屈膝

（1）动作功能：激活腹壁深层肌群，提高脊柱腰段稳定性，预防脊柱腰段运动损伤。

（2）动作步骤：①小腿置于瑞士球上，双手撑地呈俯卧撑姿势。②屈膝、屈髋收腿，将大腿尽量向胸部贴近，直至脚尖触及瑞士球顶部。③回到起始姿势，完成规定练习次数。④注意运动过程中保持双肘伸直，背部平直，腹部收紧。

5.瑞士球：屈膝军步臀桥

（1）动作功能：以激活臀大肌兴奋性为主要目的，提高髋关节稳定性，预防下肢运动损伤。

（2）动作步骤：①仰卧姿势，双手置于身体两侧，屈膝勾脚，脚后跟放在瑞士球上。②臀部收缩，抬起髋部直至肩、躯干、髋、膝在一条直线上。③保持臀肌桥姿势，屈膝抬起左腿，膝关节尽量向胸部贴近。④右腿伸直，使瑞士球向后方滚动，练习过程中始终保持身体稳定。⑤重复规定次数后，换对侧腿进行练习。

6.瑞士球：手支撑

（1）动作功能：激活腹部、臀部、躯干、肩部及手臂肌群。

（2）动作步骤：①以俯卧撑姿势将双手放于瑞士球上，双脚撑于地面。②腹部收紧，使肩、躯干、髋、膝、踝在一条直线上。③保持姿势至规定练习时间。

7.瑞士球：脚支撑直臂前行

（1）动作功能：激活腹部、躯干、髋部、肩部以及核心部位的稳定性。

（2）动作步骤：①以俯卧姿势，双臂架于瑞士球上方，小腿支撑于地面。②腹部收紧，使肩、躯干、髋、膝、踝在一条直线上。③以脚尖为动力，推动瑞士球向前滚动。④回到起始姿势后，再进行下一次练习。

第三节　游泳运动的悬吊训练（TRX）

悬吊训练是指利用绳索等装置将人体肢体固定并悬于空中，通过抵抗身体自重、维持身体姿态而开展的专门性力量训练。从训练的目的与功能的角度审视，悬吊训练是一种运动感觉的综合训练系统，强调身体在不平稳的状态下进行动态的动作控制和姿态维持，可加强躯干与髋部深层肌群力量和脊柱核心稳定，提高身体在运动中的平衡感、动作控制能力以及长时间维持身体姿态的能力。悬吊训练是融合了多平面、多维度、多方向的身体自重抗阻、脊柱核心力量、动作模式控制的一套组训练方法。其训练的主要目的是通过为运动员创造一个悬浮、不稳定的运动环境，以激活脊柱核心肌群充分参与动作控制和姿态维持，从而同步发展运动员在非稳运动环境下的肌肉力量、身体平衡、身体柔韧和关节稳定的整合化运动能力。

悬吊训练通过使用绳索悬吊肢体的方式来改变运动中身体的支撑条件，从而达到在同一时间内集中提升目标肌群力量、脊柱核心力量和身体姿态动态维持的综合能力。由于悬吊训练对脊柱核心稳定和姿态动态维持的刺激作用较为明显，故受到那些在运动过程中对身体姿态控制要求较高的运动专项（游泳、跳水等）的青睐。当然，该训练法对所有运动项目训练都具有积极的促进作用，能够帮助运动员们在任一运动项目上获取更好的运动表现。进入21世纪后，悬吊训练逐渐被竞技体育界所接受，并在NBA、NFL等职业运动队以及美国国家游泳队大量运用，受到了较好的训练效果反馈。悬吊训练受到人们广泛欢迎，是因为其特殊的训练方式和整合化的训练效果。它与传统负重力量训练具有显著区别，它是以练习者自身体重作为负重条件，在训练中可以募集、调动更多的肌肉和关节参与运动、维持平衡和控制姿态，从而实现了比器械力量训练整合性功能更强的训练价值。

一、悬吊训练的主要方式和对象特征

悬吊训练的主要方式是用绳索把人体某一部位悬吊起来，让人体在悬浮的状态下完成若干规定动作。倘若需要进一步增加动作完成难度，也可使用平衡垫、瑞士球等作为辅助支撑，使机体在较高难度的动态环境中进行身体功能训练，以达到"激活脊柱核心肌群—提高身体不同肌群协调用力能力—维持动态体姿"这一系列递进式的训练目标。悬吊训练按照动作控制模式和目标肌群的不同可以分成两大类：一类是基于不同动作控制模式的悬吊训练；另一类是基于不同目标肌群的悬吊训练。其中前者包括开链运动、闭链运动和复合运动，后者则包括局部稳定肌、整体运动肌和全身肌肉协同整合运动3种训练方式。悬吊训练的动作难度可以根据运动平面、运动范围、身体位置、运动速度、运动控制能力、持续时间和运动频率等不同而进行变量，设计初、中、高三级进阶难度动作。一方面通过多种多样的动作变换组合，增加训练的新鲜感，提升运动员训练的积极性；另一方面设置三级悬吊训练难度进阶动作可为不同训练年限、身体能力的运动员选择有针对性的训练内容，采用区别对待的方式，以提升动作完成质量为主要途径来达成提升整体训练效率的终极目标。再次强调，进行训练设计时，教练员必须根据受训者的身体年龄、发育水平、专项特征和训练条件来优化组合、因地制宜、因材施教地开展悬吊训练，不断探索、改进悬吊训练的科学化水平。

（一）基于不同动作控制模式的悬吊训练

1.开链运动

开链运动一般是指肢体近端固定而远端关节活动的运动方式，如步行时的屈髋摆动动作和上手投掷动作等。开链运动的特点是各关节链有其特定的运动范围，远端的运动范围大于近端，速度也快于近端。悬吊训练的开链训练方式的主要目的是增强肌肉力量，特别是通过爆发力练习手段来提高目标肌肉的收缩功率。

2.闭链运动

闭链运动是指肢体远端固定而近端关节活动的运动，如步行时的支撑与俯卧撑动作等。闭链动作是一种承重的运动方式，由于闭链运动对关节的稳定性提出了更高要求，与其他运动方式相比，其对人体不同肌肉间协调用力的要求更高，产生的刺激更大。

3.复合运动

复合运动是在结合开链和闭链运动方式的基础上，通过不同训练动作设计使人体的上下两部分和左右两侧完成不同的动作任务，如悬吊手撑仰桥和俯卧手撑卧桥或侧桥等。它可根据阶段训练计划和训练目标，结合传统抗阻训练，进一步突出悬吊训练在不同肌群收缩与放松、身体平衡与不平衡以及上下肢联动之间快速转换与有序组合的优势，有针对性地提高神经系统对全身不同肌群的支配控制能力。

（二）基于不同目标肌群的悬吊训练

1.局部稳定肌的悬吊训练

肩关节的肩袖、膝关节的股内侧斜肌、髋关节的臀中肌都被认为是局部稳定肌，对关节的稳定起重要作用。稳定腰椎最重要的肌肉是腹横肌和多裂肌，而颈椎的稳定肌则包括颈长肌、头长肌、多裂肌以及半棘肌。在训练局部稳定肌时，强调使用低负荷的等长收缩（最大力量的20%~40%），强调在闭链运动模式下进行训练。每组训练负荷应该逐渐加大，方法包括两种：一种是要求训练者在悬吊系统中将维持某种特定姿势的时间逐渐延长；另一种则是通过对悬吊点的位置进行调整以改变关节承受力矩的大小，使训练的负荷逐渐增高。当运动员不能准确完成某一练习动作时，通常认为稳定肌的功能不足以应对此类负荷。此时可通过减少力矩或使用弹性支持带支撑身体以减少负荷强度，当运动员在较低水平的负荷下可以重新轻松地完成训练动作时，便可再次加大训练负荷。但要注意，负荷的提升应逐渐进行，切忌飞跃式增长。

2.整体运动肌的悬吊训练

人体运动系统是由神经肌肉、关节、筋膜所构成的复杂系统。在个体意识的支配下，神经系统发出神经冲动控制肌肉围绕关节做有限运动，而运动单元在发出神经冲动到动作完成的过程中，基本会涉及完成该动作所必须动员的所有肌群（主动肌、拮抗肌和协同肌）和关节，它们会参与动作执行，而所有参与人体动作完成的运动环节（神经、肌肉、关节和筋膜）就构成了人体动力链条。人体运动时既受到重力、地面反作用力和关节活动度等因素的限制，也受动力链上下传递效率的影响。当动力链中的某一个环节出现问题时，可能会影响其相邻甚至更远端的关节运动，最终导致动作完成的质量下降。由于身体悬浮这一特殊的运动方式，使得悬吊训练对整体运动肌具有较好的训练效果。但是练习时需注意肌群运动能力发展的先后顺序，应遵循先局部后整体的训练原则，一旦局部稳定肌具备较好的稳定能力后，整体运动肌的渐进式训练便可伺机开展。

3.全身协调的悬吊训练

由于悬吊训练这一特殊的运动形式改变了人体站立时的惯常姿态，所以能充分挖掘、动员处于悬浮状态下的机体感知觉能力。因此，有提升运动感知觉能力需求的练习者们应充分利用悬吊训练，通过在不平稳界面上进行开链或闭链运动，以获得对感觉运动器官的最佳诱发效果。这种通过较为精准的感知觉判断使自身快速适应周遭环境进而准确操控肢体进行合理动作的能力不但对运动水平的提升极为有效，对人类的日常生活也是十分必要的。

综上所述，不同的悬吊练习方式具有各自独有的练习功能，悬吊开链训练对增强肌肉力量具有较好的针对性，而悬吊闭链训练则可以更好地激活并刺激局部稳定肌，同时使局部稳定肌和整体运动肌相互协调运动。我们在进行悬吊训练时应根据专项技术需求和阶段目标要求有选择地开展练习。无论采用哪一类悬吊训练都应遵循渐进的抗阻训练原则。基于人体神经先于肌肉发育、生长这一生理特点，悬吊训练应始终优先发展神经对肌肉的支配能力，随着运动员的生长发育，再着重促进肌纤维肥大。因此，在悬吊训练初始阶段，应以低负荷训练为宜，以激活局部稳定肌、提升不同肌群间协调用力能力为主。在每一次的训练中，均需遵循动作质量优先于动作数量的训练理念，始终保持对神经肌肉的最佳刺激效应。同时，需根据前一次训练的效果和运动员的反馈逐渐增加训练强度。当悬吊训练进入中、后阶段时，训练则应以提高肌肉力量和耐力为主要目的，但仍需遵循渐进抗阻训练的基本原则，同时结合超量恢复原则对受训者进行适宜的负荷刺激。

二、悬吊训练的作用

（一）模拟实际运动环境

非稳定条件下的力量训练是悬吊训练的主要练习方式，这种训练方式更加突出不同肌群间的收缩与放松、身体平衡与非衡之间的快速转化以及机体静态与动态力量的协调用力。由于悬吊训练为运动员创造了一种失重的、非稳定的运动状态，而这种运动状态能够较好地模拟人们在实际运动中的环境条件，从而为运动员营造一种与实际运动环境拟合程度较高的训练形式，能够最大化地刺激机体，以获得良好的训练效应。悬吊训练的练习形式迫使运动员在运动过程中必须要通过激活核心肌群参与身体稳定控制，才能完成动作输出，因此可有效地提高神经对肌肉的控制能力，改善神经肌肉的协调性，提高神经募集肌肉的能力，最终达到提高肌肉的最大肌力和爆发力的目的。

（二）提升运动专项能力

当今精英运动员身体功能训练朝着精细化、科学化、专项化的方向持续发展，如何最大化发展运动员的专项运动能力成为训练理论界的重要命题。而悬吊训练在训练环境模拟、肌肉用力方式、身体姿态维持和全身协调整合方面具有其他训练方式不可替代的优势。通过悬吊任一或多个肢体为运动员创造一个与实际运动情境相似的训练环境，帮助其高效发展专项所需的运动能力。悬吊训练作为发展核心力量的一种有效手段，从诞生之日起就引起国内外体能专家和教练员的广泛关注。国内外悬吊训练实践证明，悬吊训练使足球、游泳、跳水、皮划艇以及武术运动员的专项运动能力有了显著的提高，由此可以证明悬吊训练对不同项群运动员的专项运动能力提升具有良好的促进作用。

（三）丰富训练方式

当前运动员力量素质训练仍以器械练习或自重练习这两种训练方式为主。悬吊训练作为一种新兴的训练手段，通过运用特定的训练装置在克服自重的条件下进行各类专门性的动作练习。一方面解决了传统力量训练多以单关节重复动作为主、动作较为单一，且未能按照人体动力链原理合理设计练习动作，致使力量训练的良性迁移效应不甚理想的问题；另一方面利用悬吊训练特殊的身体控制和肌肉用力方式，能够将核心力量、姿态维持和协调用力有机整合到同一次训练中，使训练获得事半功倍之效，这也正是此类训练的优势所在。由于悬吊训练具有简便易行、刺激强度大、动作拟合高等优点，其已发展成为各类运动竞相推荐的一种力量练习手段。

三、悬吊训练的主要训练原则与注意事项

（一）悬吊训练的主要训练原则

遵守运动训练客观规律是正确运用悬吊练习服务一线运动队伍训练的重要前提和保证，实践中应做到以下几点。

1.循序渐进原则

在练习前应分析悬吊训练的动作结构和对肌群的刺激强度。开展悬吊训练过程中，动态和静态练习对不同肌群都具有很高的刺激作用。因而在训练中应该结合运动员的训练年限和实际能力，由易到难、从简至繁、由单维到多维地循序渐进地开展练习，帮助运动员更好地掌握悬吊训练的动作要领和肌肉用力感，通过系统科学训练，提高综合运动能力。

2.适宜负荷原则

运动员应注意悬吊训练中不同体位、不同维度和不同方向动作对脊柱核心肌群的刺激强度。在悬吊练习时，应根据自身实际情况选择适合自身实际能力的练习动作和负荷强度。初学者应优先选择难度较低、刺激较小的动作开展练习，而专业运动员可根据专项技术动作设计拟合度较高的难度动作，从而施加适宜的负荷强度刺激，达到最佳化的训练效果。

3.区别对待原则

悬吊训练应根据运动员的身体形态、生理机能、训练状态、身体素

质水平等因素有区别地选择相应的练习动作，并安排适宜的负荷强度。例如，进行练习时，应根据运动员的身高调整悬吊绳的长度；应根据运动员不同的专项需求，选择适宜的练习动作，如选取以腹直肌和腹外斜肌发力为主的练习动作可发展运动员的腹肌力量，提升运动员脊柱核心稳定性和身体姿态的动态维持能力，非常适合对核心力量要求较高的蝶泳专项运动员和对在旋转过程中维持躯干稳定能力要求较高的自由泳运动员。除此之外，因不同的悬吊训练内容对机体产生的强度刺激亦不相同，因此选择刺激适宜的动作练习也是训练成功的关键因素之一。

（二）悬吊训练的注意事项

为了更高效、更科学地开展悬吊训练，使不同运动专项、不同性别和不同年龄运动员都能够从悬吊训练实践中获得较好的训练效果，运动员在组织悬吊训练过程中不仅应遵循量力而行、循序渐进的训练原则，还需在训练中高度注意训练的细节和以下相关事项。

（1）合理设计训练动作和练习强度，应将动作难度控制在运动员实际能力范围内，科学调控阻力大小，不可急于挑战高难度、大强度动作，遵循循序渐进的训练原则，不断提高训练的科学化水平。

（2）动作完成质量应优先于动作完成数量，应结合专项动作模式设计练习动作。练习过程中时刻注意动作姿势与身体姿态控制，避免因错误的动作和身体姿势而造成的运动损伤。

（3）应结合专项技术和运动环境特点，强化训练过程中神经系统对不同肌群的支配和控制作用，练习难度梯度进阶的方式可逐步提升动作难度，逐渐加大对神经、肌肉的刺激以促使神经支配、控制肌肉的能力获得稳步提升。

（4）平衡垫、BOSU球和弹力带等辅助器械可增加悬吊训练的强度和难度，募集更多运动单位参与高强度训练可逐步提升高水平运动员的体能水平。开展悬吊训练时，要求运动员高度集中注意力，专注于技术动作和身体感受。

四、游泳运动员悬吊训练的内容与方法

由于悬吊训练可以较好地模拟人体在水中俯卧时的运动状态，能够对运动员脊柱核心肌群以及精细动作控制的小肌群产生良好的训练刺激，因此该训练受到游泳运动者的青睐。为了帮助运动员科学、系统地开展悬吊训练，能够根据悬吊训练的特点，以及运动员发展专项运动能力的需要，有针对性开展与游泳运动相符合的悬吊训练，解决在游泳专项练习中一直被忽视的脊柱核心与小肌群刺激不足、动作模式偏差、训练专项化程度不高等训练问题。

（一）悬吊静态力量练习

1.悬吊带：开合分腿

（1）动作功能：主要发展臀大肌、长收肌、腰方肌和竖脊肌。

（2）起始动作：仰卧在地面上，双手环抱于胸前，双腿伸直，脚跟置于悬吊带把手上，踝关节屈，与小腿呈90°夹角。

（3）动作步骤：①将臀部抬离地面，直至身体从肩到脚踝成一条直线。②保持身体稳定，向左右两侧分开双腿，使两腿间距略宽于肩。③回到起始位置，完成规定次数。

（4）指导要点：①保持头、肩、髋、膝和踝在一条直线上。②臀部肌肉收紧，骨盆两侧保持水平。③保持匀速呼吸，避免憋气。

2.悬吊带：单腿开合分腿

（1）动作功能：主要发展单侧臀大肌、长收肌、腰方肌、竖脊肌和躯干的稳定性。

（2）起始动作：仰卧在地面上，双手环抱于胸前，双腿伸直，右脚跟置于悬吊带把手上，双腿并拢，踝关节屈，与小腿呈90°夹角。

（3）动作步骤：①将臀部抬离地面，直至身体从肩到脚踝呈一条直线。②保持身体稳定，向左右两侧分开双腿至最大幅度。③回到起始位置，完成规定次数，对侧亦然。

（4）指导要点：①保持头、肩、髋、膝和踝在一条直线上。②负重一侧臀部肌肉收紧，骨盆两侧保持水平，当单腿做开合动作时，避免出现骨盆侧倾姿态。③保持匀速呼吸，避免憋气。

3.悬吊带：仰卧屈腿

（1）动作功能：主要发展臀大肌、腘绳肌、竖脊肌和腰方肌等。

（2）起始姿势：仰卧在地面上，双手环抱于胸前，双腿伸直，脚跟置于悬吊带把手上，伸踝关节与小腿呈135°夹角。

（3）动作步骤：①保持踝关节角度不变，屈膝，屈髋，大腿向胸、腹部收拢，将抓住右脚跟的手拉向臀部，直至大腿与腹部呈90°～100°角。②伸膝，将把手推离臀部，回到起始位置，重复规定次数。

（4）指导要点：①保持头、肩、髋、膝和踝部在一条直线上。②做屈膝动作时，双侧臀肌收紧，保持两侧骨盆水平。③保持匀速呼吸，避免憋气。

4.悬吊带：仰卧单腿屈

（1）动作功能：主要发展单侧臀大肌、腘绳肌、竖脊肌和腰方肌等。

（2）起始姿势：仰卧在地面上，双手环抱于胸前，双腿伸直，右脚跟置于悬吊带把手上，伸踝关节与大腿呈135°夹角。

（3）动作步骤：①保持踝关节角度不变，屈膝，屈髋，双腿向胸、腹部收拢，用右脚跟将把手拉向臀部，左脚虽无悬吊装置但亦需完成相同动作，直至双侧大腿与腹部呈90°～100°角。②伸膝，将把手推离臀部，回到起始位置，重复规定次数，对侧亦然。

（4）指导要点：①保持头、肩、髋、膝和踝部在一条直线上。②做屈膝动作时，负重一侧的臀肌收紧，保持两侧骨盆水平。③保持匀速呼吸，避免憋气。

5.悬吊带：平板支撑

（1）动作功能：主要发展胸大肌、肱三头肌、三角肌、腹直肌和腹横肌等。

（2）起始姿势：身体呈平板支撑姿势，双肘撑于地面，双手紧压地面，保持上臂与地面垂直，双脚固定于悬吊带把手内，双腿伸直，保持身体从头至脚呈一条直线。

（3）动作步骤：①将双脚背部置于把手内，利用手肘部支撑使躯干保持悬空。②挺胸直背，腹部收紧，保持姿势至规定时间。

（4）指导要点：①保持头、肩、髋、膝和踝部在一条直线上。②腹背部肌群适度收紧，保持骨盆和肩部双侧呈水平状。③保持匀速呼吸，避免憋气。

6.悬吊带：立臂撑

（1）动作功能：主要发展胸大肌、肱二头肌、肱三头肌、三角肌、腹直肌和腹横肌等。

（2）起始动作：身体呈平板支撑姿势，双肘撑于地面，双手紧压地面，上臂垂直于地面，双脚固定于悬吊带把手内，双腿伸直，保持身体从头至脚呈一条直线。

（3）动作步骤：①保持身体稳定，手臂发力将躯干向上推起，直至肘部完全伸直，成为撑起姿势。②回到起始位置，重复规定次数。

（4）指导要点：①保持挺胸直背，身体不要晃动。②腹部收紧，不要塌腰或翘起臀部。

7.悬吊带：侧桥单腿支撑

（1）动作功能：主要发展肩关节、腹内斜肌、腹外斜肌、髂胫束等。

（2）起始动作：侧桥姿势，左肘撑地，手掌紧压地面，右手侧向伸直，左脚置于悬吊带把手内，右腿置于左腿上方，双腿伸直，身体从肩到踝呈一条直线。

（3）动作步骤：①保持躯干不动，双腿伸直置于悬吊带把手上，保持身体稳定、不晃动。②维持身体姿态，直至规定时间。

（4）指导要点：①侧桥姿势，左肘撑地，手掌紧压地面，右臂伸直垂直于躯干。②左脚撑于悬吊带把手上，右腿贴近左腿，双腿伸直，身体从肩到踝呈一条直线。

8.悬吊带：侧桥单腿支撑提膝

（1）动作功能：主要发展肩关节、腹内斜肌、腹外斜肌、髂胫束、髂腰肌等。

（2）起始动作：侧桥姿势，左肘撑地，手掌紧压地面，右手插于腰间，右脚置于悬吊带把手内，左腿置于右腿下方并紧贴右腿，双腿伸直，身体从肩到踝呈一条直线。

（3）动作步骤：①保持躯干不动，左腿屈膝、屈髋与躯干垂直，右腿保持不动。②回到起始姿势，重复上述动作至规定次数。③调换方向，左腿悬吊，以右腿为运动腿重复上述练习。

（4）指导要点：①保持挺胸直背，身体不要晃动。②腹部收紧，不要塌腰或翘起臀部。

（二）悬吊动态力量练习

1.悬吊带：俯卧撑

（1）动作功能：主要发展三角肌、肱三头肌、腹直肌和腹横肌等。

（2）起始动作：①腹撑姿势，双脚置于悬吊带手把内，双手撑地，手间距略微比肩宽，手臂伸直。②身体从头到踝呈一条直线。

（3）动作步骤：①屈肘，身体下降，直至胸部几乎贴近地面，上臂与躯干夹角约为45°。②快速推起身体，重复规定次数。

（4）指导要点：①保持挺胸直背，身体不要晃动。②腹部收紧，不要塌腰或翘起臀部。

2.悬吊带：俯卧撑至屈体

（1）动作功能：主要发展三角肌、前锯肌、髂腰肌、腹直肌和腹横肌等。

（2）起始动作：①腹撑姿势，双脚置于悬吊带手把内，双手撑地，手间距略微比肩宽，手臂伸直。②身体从头到踝呈一条直线。

（3）动作步骤：①保持双臂、双腿伸直，屈髋将双腿向头部方向拉近，直至髋关节达到距离地面最高位置处。②髋关节下降，双腿向后伸展，回到起始位置，重复规定次数。

（4）指导要点：①保持挺胸、直背、直腿，身体不要晃动。②腹部收紧，不要塌腰。

3.悬吊带：俯卧撑＋大腿外展

（1）动作功能：主要发展三角肌、肱三头肌、前锯肌、髂腰肌、臀大肌、腹直肌和腹横肌等。

（2）起始动作：①俯卧支撑姿势，双脚置于悬吊带手把内，双手撑地，手间距略微比肩宽，手臂伸直。②身体从头到踝呈一条直线。

（3）动作步骤：①保持双臂、双腿伸直，屈髋，右腿外展收向肘部方向，同时屈肘、身体下降，至胸部几乎贴近地面，上臂与躯干夹角约为45°。②快速推起身体，右腿回到原来姿势，换对侧腿进行同样练习，重复规定次数。

（4）指导要点：①保持挺胸直背，身体不要晃动。②腹部收紧，不要塌腰或翘起臀部。

4.悬吊带：臀桥

（1）动作功能：主要发展臀大肌、腘绳肌、竖脊肌和腰方肌等。

（2）起始姿势：仰卧在地面上，双手环抱于胸前，双腿伸直，脚跟置于悬吊带把手内，伸踝关节，与小腿呈135°夹角。

（3）动作步骤：①保持髋关节角度不变，屈膝，用脚跟将悬吊把手向臀部方向拉回，直至小腿与大腿呈90°夹角。②伸膝，将把手推离臀部，恢复至初始姿态，重复规定次数。

（4）指导要点：①保持头、肩、髋、膝和踝部在一条直线上。②做屈膝动作时，双侧臀肌收紧，保持两侧骨盆水平。③保持匀速呼吸，避免憋气。

5.悬吊带：倒立俯卧撑

（1）动作功能：主要发展肱三头肌、肱二头肌、三角肌、竖脊肌、腹直肌、腹横肌等。

（2）起始动作：呈倒立姿势，双手撑于地面，双臂伸直（微屈），双臂间距略宽于肩，双腿伸直，脚背置于悬吊带把手内，身体保持一条直线。

（3）动作步骤：①屈肘，身体下降，至额头贴近于地面，大臂与小臂夹角约90°。②快速推起，回到起始姿势。

（4）指导要点：①保持躯干稳定，身体不要晃动。②腹部收紧，不要塌腰或翘起臀部。

6.悬吊带：侧悬式单腿深蹲

（1）动作功能：主要发展股四头肌、核心肌、臀大肌、内收肌和腘绳肌等。

（2）起始姿势：直立姿单腿站立，右脚掌置于悬吊带把手内，双腿伸直，双臂放于体侧。

（3）动作步骤：①保持右腿伸直，臀部向后，左腿屈膝下蹲，直至大腿与地面平行，手臂向前伸直。②快速站立，回到起始位置，重复规定次数。③换至对侧，重复以上步骤。

（4）指导要点：①保持挺胸直背，腹部收紧。②保持骨盆与肩膀水平。③保持重心一直在撑地腿上。④撑地腿膝关节不要超过脚尖，也不要内扣，脚跟不要抬离地面。

7.悬吊带：后悬式单腿深蹲＋弹力布

（1）动作功能：主要发展臀大肌、股四头肌、腘绳肌、肩关节肌群等。

（2）起始姿势：直立姿单腿站立，右脚置于悬吊带把手内并使右腿后展，双手握弹力布上举至头顶上方。

（3）动作步骤：①臀部向后，左腿屈膝下蹲，直至大腿与地面平行，双手同时拉开弹力布向身体两侧展开。②快速站起，回到起始姿势，重复规定次数。③换至对侧，重复以上步骤。

（4）指导要点：①保持挺胸直背，腹部收紧。②保持骨盆与肩膀水平。③保持重心一直在撑地腿上。④撑地腿膝关节不要超过脚尖，也不要内扣，脚跟不要抬离地面。

8.悬吊带：简式"I"字伸展

（1）动作功能：主要发展三角肌、斜方肌和背阔肌等。

（2）起始姿势：①双手掌心相对、握悬吊带把手，手臂伸直置于胸部正前方。②双脚平行，身体向后倾斜适当角度，保证悬吊带斜挂绷直。

（3）动作步骤：①保持手肘角度不变，肩胛骨内收，手臂伸直将把手上举至头顶，直至上臂与躯干相平，躯干与手臂形成"I"字形。②回到起始姿势，重复规定次数。

（4）指导要点：①保持挺胸直背，腹部收紧，身体不要晃动。②肩胛骨内收，带动手臂完成动作。

9.悬吊带：简式"Y"字形伸展

（1）动作功能：主要发展三角肌、斜方肌和背阔肌等。

（2）起始姿势：①双手掌心相对、握悬吊带把手，手臂伸直置于胸部正前方。②双脚平行，身体向后倾斜适当角度，保证悬吊带斜挂绷直。

（3）动作步骤：①保持手肘角度不变，肩胛骨内收，手臂伸直将把手向体侧斜上方向举起，躯干与手臂形成"Y"字形。②回到起始姿势，重复规定次数

（4）指导要点：①保持挺胸直背，腹部收紧，身体不要晃动。②肩胛骨内收，带动手臂完成动作。

10.悬吊带：简式"T"字形伸展

（1）动作功能：主要发展三角肌、斜方肌和背阔肌等。

（2）起始姿势：①双手掌心相对、握悬吊带把手，手臂伸直置于胸部正前方。②双脚平行，身体向后倾斜适当角度，保证悬吊带斜挂绷直。

（3）动作步骤：①保持手肘角度不变，手臂伸直将把手向体侧方向外展，直至两臂与躯干垂直，形成"T"字形。②回到起始姿势，重复规定次数。

（4）指导要点：①保持挺胸直背，腹部收紧，身体不要晃动。②肩胛骨内收，带动手臂完成动作。

11.悬吊带：双臂上行

（1）动作功能：主要发展三角肌、肱三头肌、肱二头肌、斜方肌和背阔肌等。

（2）起始姿势：①手掌置于悬吊带把手内，保持双手掌心向前。②双脚平行，身体向后倾斜适当角度，保证悬吊带斜挂绷直。③屈肘、屈肩，小臂贴近大臂，大臂贴近于体侧。

（3）动作步骤：①伸肘、伸肩，手臂伸直将把手上举至头顶，直至上臂与躯干相平。②回到起始姿势，重复规定次数。

（4）指导要点：①保持挺胸直背，腹部收紧，身体不要晃动。②肩胛骨内收，带动手臂完成动作。

12.悬吊带：交叉臂上下行

（1）动作功能：主要发展三角肌、前锯肌、斜方肌和背阔肌等。

（2）起始姿势：①双手掌心向下握悬吊带把手，手臂伸直置于胸部正前方。②双脚平行，身体向后倾斜适当角度，保证悬吊带斜挂绷直。

（3）动作步骤：①保持手肘角度不变，右臂伸直将把手上举至头顶，直至上臂与躯干相平，左臂向下伸展，手臂落于腰腹位置。②回到起始姿势，交换对侧，重复规定次数。

（4）指导要点：①保持挺胸直背，腹部收紧，身体不要晃动。②肩胛骨内收，带动手臂完成动作。

13.悬吊带：单臂上行

（1）动作功能：主要发展三角肌、肱三头肌、肱二头肌、斜方肌和背阔肌等。

（2）起始姿势：①手掌置于悬吊带把手内，保持双手掌心向前。②双脚平行，身体向后倾斜适当角度，保证悬吊带斜挂绷直。③屈肘屈肩，小臂贴近大臂，大臂贴近于体侧。

（3）动作步骤：①左手伸肘伸肩，手臂伸直将把手上举至头顶，直至上臂与躯干相平，右臂保持准备姿势不变。②左手回到起始姿势，重复规定次数后两臂交换。

（4）指导要点：①保持挺胸直背，腹部收紧，身体不要晃动。②肩胛骨内收，带动手臂完成动作。

14.悬吊带：抬肘后拉

（1）动作功能：主要发展三角肌、斜方肌、背阔肌和菱形肌等。

（2）起始姿势：①双手掌心相对、握悬吊带把手，手臂伸直置于胸部正前方。②双脚平行，身体向后倾斜适当角度，保证悬吊带斜挂绷直。

（3）动作步骤：①保持肘关节高度不变，肩胛骨内收，屈肘将胸部向悬吊带方向拉近。②伸直手臂，回到起始姿势，重复规定次数。

（4）指导要点：①保持挺胸直背，腹部收紧，身体不要晃动。②肩胛骨内收，带动手臂完成动作，练习过程中不要耸肩。

15.悬吊带：直臂撑

（1）动作功能：主要发展胸大肌、三角肌、肱三头肌、肱二头肌、前锯肌等。

（2）起始姿势：①双手直握把手置于胸部下方，双手间距略比肩宽，手臂伸直。②双脚平行站姿，保持躯干稳定，身体适当前倾，从头到脚呈一条直线，保证悬吊带斜挂绷直。

（3）动作步骤：①保持手肘角度不变，手臂伸直将把手上举至头部前方（肩部延长线上），直至上臂与躯干相平。②手臂回收，恢复至起始姿势，重复规定次数。

（4）指导要点：保持挺胸直背，腹部收紧，不要塌腰或翘起臀部，身体不要晃动。

16.悬吊带：直臂"Y"字形撑

（1）动作功能：主要发展胸大肌、三角肌、肱三头肌、肱二头肌、前锯肌等。

（2）起始姿势：①双手直握把手置于胸部下方，双手间距略比肩宽，手臂伸直。②双脚平行站姿，保持躯干稳定，身体适当前倾，从头到脚呈一条直线，保证悬吊带斜挂绷直。

（3）动作步骤：①保持手肘角度不变，肩胛骨内收，手臂伸直将把手向体侧斜上方向举起，躯干与手臂形成"Y"字形。②手臂回收，恢复至起始姿势，重复规定次数。

（4）指导要点：保持挺胸直背，腹部收紧，不要塌腰或翘起臀部，身体不要晃动。

17.悬吊带：直臂"T"字形撑

（1）动作功能：主要发展胸大肌、三角肌、肱三头肌、肱二头肌、前锯肌等。

（2）起始姿势：①双手直握把手置于胸部下方，双手间距略比肩宽，手臂伸直。②双脚平行站姿，保持躯干稳定，身体适当前倾，从头到脚呈一条直线，保证悬吊带斜挂绷直。

（3）动作步骤：①保持手肘角度不变，手臂伸直将把手上举至身体两侧，直至上臂与躯干相垂直，躯干与手臂形成"T"字形。②手臂回收，恢复至起始姿势，重复规定次数。

（4）指导要点：保持挺胸直背，腹部收紧，不要塌腰或翘起臀部，身体不要晃动。

18.悬吊带：斜角双臂上行

（1）动作功能：主要发展背阔肌、肋间肌、肱三头肌、肱二头肌和腹肌等。

（2）起始动作：①双手正握把手，屈肘，将手臂置于体侧，上抬小臂，保持与地面平行。②保持躯干稳定，双腿伸直并拢，身体从头到脚呈一条直线，向前倾斜适当角度，保证悬吊带斜挂绷直。

（3）动作步骤：①躯干和下肢保持稳定，伸肘，将手臂向前推伸并上举至面部正前方。②下压手臂，推起身体，屈肘，回到起始姿势，重复规定次数。

（4）指导要点：保持挺胸直背，腹部收紧，不要塌腰或翘起臀部，身体不要晃动。

19.悬吊带：单臂斜角上行

（1）动作功能：主要发展背阔肌、肋间肌、肱三头肌、肱二头肌和腹肌等。

（2）起始动作：①双手正握把手，屈肘，将手臂置于体侧，上抬小臂，保持与地面平行。②保持躯干稳定，双腿伸直并拢，身体从头到脚呈一条直线，向前倾斜适当角度，保证悬吊带斜挂绷直。

（3）动作步骤：①躯干和下肢保持稳定，左臂伸肘，以直臂姿势将整条手臂向前推伸至肩部延长线上，右臂保持起始姿势不变。②左臂下压，推起身体，屈肘，回到起始姿势，换对侧手臂进行相同练习，并重复规定次数。

（4）指导要点：保持挺胸直背，腹部收紧，不要塌腰或翘起臀部，身体不要晃动。

20.悬吊带：曲臂撑

（1）动作功能：主要发展背阔肌、胸大肌、三角肌、腹肌、肱三头肌和肱二头肌等。

（2）起始姿势：①双手直握把手置于胸部下方，双手间距略比肩宽，手臂伸直。②双脚平行站姿，保持躯干稳定，身体适当前倾，从头到脚呈一条直线，保证悬吊带斜挂绷直。

（3）动作步骤：①身体下沉，屈肘后拉，直至手部位于胸部附近（达到最大幅度）。②双臂发力，推动身体回到起始姿势，完成规定次数。

（4）指导要点：保持挺胸直背，腹部收紧，不要塌腰或翘起臀部，身体不要晃动。

21.悬吊带：单臂曲臂撑

（1）动作功能：主要发展胸大肌、三角肌、肱三头肌、肱二头肌、前锯肌、背阔肌和腹肌等。

（2）起始姿势：①双手直握把手置于胸部下方，双手间距略比肩宽，手臂伸直。②双脚平行站姿，保持躯干稳定，身体适当前倾，从头到脚呈一条直线，保证悬吊带斜挂绷直。

（3）动作步骤：①身体下沉，屈肘后拉，将把手置于腰腹两侧。②

左臂（伸肘）外展，成侧平举姿势，右臂不动。③左臂收回置体侧后，双臂同时伸肘并伸直臂，回到初始姿势，换对侧手臂进行相同练习，并重复规定次数。

（4）指导要点：保持挺胸直背，腹部收紧，不要塌腰或翘起臀部，身体不要晃动。

参考文献

[1] 李康晖. 游泳与水上运动[M]. 北京: 中国书籍出版社, 2023.

[2] 徐洋. 游泳体能训练[M]. 哈尔滨: 哈尔滨东北林业大学出版社, 2022.

[3] 韩风歌. 游泳运动技能系统性训练与提高研究[M]. 北京: 北京燕山出版社, 2023.

[4] 杜鹃. 游泳运动科学训练与安全监控研究[M]. 哈尔滨: 哈尔滨东北林业大学出版社, 2022.

[5] 纪昌飞. 游泳实用教程[M]. 广州: 华南理工大学出版社, 2023.

[6] 曾文, 孙璐璐. 游泳教与学[M]. 合肥: 中国科学技术大学出版社, 2023.

[7] 李建军, 崔泽峰, 张洪军. 游泳教学理论与实践[M]. 天津: 天津大学出版社, 2023.

[8] 卢玉龙. 游泳实用教程[M]. 北京: 中国纺织出版社, 2023.

[9] 马莹. 游泳技能训练及水上救生技巧[M]. 沈阳: 辽宁大学出版社, 2022.

[10] 彭义, 朱晨, 孙晓川. 现代游泳运动理论体系及其技术指导教程[M]. 长春: 吉林文史出版社, 2022.

[11] 陶焘. 游泳运动员身体功能训练理论与实践[M]. 武汉: 武汉大学出版社, 2021.

[12] 陈淑婷. 蛙泳[M]. 济南: 山东人民出版社, 2021.

[13] 傅纪良, 王裕桂. 实用游泳教程[M]. 北京: 海洋出版社, 2020.

[14] 董琦. 高水平游泳运动员陆上体能训练研究[M]. 北京: 北京邮电大学出版社, 2020.

[15] 但汉国. 游泳[M]. 重庆: 西南师范大学出版社, 2020.

[16] 周超彦, 韩照岐, 陈慧佳. 游泳运动身体训练指南[M]. 北京: 人民邮电出版社, 2020.

[17] 闫永兰. 游泳运动理论与训练研究[M]. 吉林出版集团股份有限公司, 2020.

背阔肌等。

（2）起始姿势：①手掌置于悬吊带把手内，保持双手掌心向前。②双脚平行，身体向后倾斜适当角度，保证悬吊带斜挂绷直。③屈肘屈肩，小臂贴近大臂，大臂贴近于体侧。

（3）动作步骤：①左手伸肘伸肩，手臂伸直将把手上举至头顶，直至上臂与躯干相平，右臂保持准备姿势不变。②左手回到起始姿势，重复规定次数后两臂交换。

（4）指导要点：①保持挺胸直背，腹部收紧，身体不要晃动。②肩胛骨内收，带动手臂完成动作。

14.悬吊带：抬肘后拉

（1）动作功能：主要发展三角肌、斜方肌、背阔肌和菱形肌等。

（2）起始姿势：①双手掌心相对、握悬吊带把手，手臂伸直置于胸部正前方。②双脚平行，身体向后倾斜适当角度，保证悬吊带斜挂绷直。

（3）动作步骤：①保持肘关节高度不变，肩胛骨内收，屈肘将胸部向悬吊带方向拉近。②伸直手臂，回到起始姿势，重复规定次数。

（4）指导要点：①保持挺胸直背，腹部收紧，身体不要晃动。②肩胛骨内收，带动手臂完成动作，练习过程中不要耸肩。

15.悬吊带：直臂撑

（1）动作功能：主要发展胸大肌、三角肌、肱三头肌、肱二头肌、前锯肌等。

（2）起始姿势：①双手直握把手置于胸部下方，双手间距略比肩宽，手臂伸直。②双脚平行站姿，保持躯干稳定，身体适当前倾，从头到脚呈一条直线，保证悬吊带斜挂绷直。

（3）动作步骤：①保持手肘角度不变，手臂伸直将把手上举至头部前方（肩部延长线上），直至上臂与躯干相平。②手臂回收，恢复至起始姿势，重复规定次数。

（4）指导要点：保持挺胸直背，腹部收紧，不要塌腰或翘起臀部，身体不要晃动。

16.悬吊带：直臂"Y"字形撑

（1）动作功能：主要发展胸大肌、三角肌、肱三头肌、肱二头肌、前锯肌等。

（2）起始姿势：①双手直握把手置于胸部下方，双手间距略比肩宽，手臂伸直。②双脚平行站姿，保持躯干稳定，身体适当前倾，从头到脚呈一条直线，保证悬吊带斜挂绷直。

（3）动作步骤：①保持手肘角度不变，肩胛骨内收，手臂伸直将把手向体侧斜上方向举起，躯干与手臂形成"Y"字形。②手臂回收，恢复至起始姿势，重复规定次数。

（4）指导要点：保持挺胸直背，腹部收紧，不要塌腰或翘起臀部，身体不要晃动。

17.悬吊带：直臂"T"字形撑

（1）动作功能：主要发展胸大肌、三角肌、肱三头肌、肱二头肌、前锯肌等。

（2）起始姿势：①双手直握把手置于胸部下方，双手间距略比肩宽，手臂伸直。②双脚平行站姿，保持躯干稳定，身体适当前倾，从头到脚呈一条直线，保证悬吊带斜挂绷直。

（3）动作步骤：①保持手肘角度不变，手臂伸直将把手上举至身体两侧，直至上臂与躯干相垂直，躯干与手臂形成"T"字形。②手臂回收，恢复至起始姿势，重复规定次数。

（4）指导要点：保持挺胸直背，腹部收紧，不要塌腰或翘起臀部，身体不要晃动。

18.悬吊带：斜角双臂上行

（1）动作功能：主要发展背阔肌、肋间肌、肱三头肌、肱二头肌和腹肌等。

（2）起始动作：①双手正握把手，屈肘，将手臂置于体侧，上抬小臂，保持与地面平行。②保持躯干稳定，双腿伸直并拢，身体从头到脚呈一条直线，向前倾斜适当角度，保证悬吊带斜挂绷直。

（3）动作步骤：①躯干和下肢保持稳定，伸肘，将手臂向前推伸并上举至面部正前方。②下压手臂，推起身体，屈肘，回到起始姿势，重复规定次数。

（4）指导要点：保持挺胸直背，腹部收紧，不要塌腰或翘起臀部，身体不要晃动。

19.悬吊带：单臂斜角上行

（1）动作功能：主要发展背阔肌、肋间肌、肱三头肌、肱二头肌和腹肌等。

（2）起始动作：①双手正握把手，屈肘，将手臂置于体侧，上抬小臂，保持与地面平行。②保持躯干稳定，双腿伸直并拢，身体从头到脚呈一条直线，向前倾斜适当角度，保证悬吊带斜挂绷直。

（3）动作步骤：①躯干和下肢保持稳定，左臂伸肘，以直臂姿势将整条手臂向前推伸至肩部延长线上，右臂保持起始姿势不变。②左臂下压，推起身体，屈肘，回到起始姿势，换对侧手臂进行相同练习，并重复规定次数。

（4）指导要点：保持挺胸直背，腹部收紧，不要塌腰或翘起臀部，身体不要晃动。

20.悬吊带：曲臂撑

（1）动作功能：主要发展背阔肌、胸大肌、三角肌、腹肌、肱三头肌和肱二头肌等。

（2）起始姿势：①双手直握把手置于胸部下方，双手间距略比肩宽，手臂伸直。②双脚平行站姿，保持躯干稳定，身体适当前倾，从头到脚呈一条直线，保证悬吊带斜挂绷直。

（3）动作步骤：①身体下沉，屈肘后拉，直至手部位于胸部附近（达到最大幅度）。②双臂发力，推动身体回到起始姿势，完成规定次数。

（4）指导要点：保持挺胸直背，腹部收紧，不要塌腰或翘起臀部，身体不要晃动。

21.悬吊带：单臂曲臂撑

（1）动作功能：主要发展胸大肌、三角肌、肱三头肌、肱二头肌、前锯肌、背阔肌和腹肌等。

（2）起始姿势：①双手直握把手置于胸部下方，双手间距略比肩宽，手臂伸直。②双脚平行站姿，保持躯干稳定，身体适当前倾，从头到脚呈一条直线，保证悬吊带斜挂绷直。

（3）动作步骤：①身体下沉，屈肘后拉，将把手置于腰腹两侧。②

左臂（伸肘）外展，成侧平举姿势，右臂不动。③左臂收回置体侧后，双臂同时伸肘并伸直臂，回到初始姿势，换对侧手臂进行相同练习，并重复规定次数。

（4）指导要点：保持挺胸直背，腹部收紧，不要塌腰或翘起臀部，身体不要晃动。

参考文献

[1] 李康晖. 游泳与水上运动[M]. 北京: 中国书籍出版社, 2023.

[2] 徐洋. 游泳体能训练[M]. 哈尔滨: 哈尔滨东北林业大学出版社, 2022.

[3] 韩风歌. 游泳运动技能系统性训练与提高研究[M]. 北京: 北京燕山出版社, 2023.

[4] 杜鹃. 游泳运动科学训练与安全监控研究[M]. 哈尔滨: 哈尔滨东北林业大学出版社, 2022.

[5] 纪昌飞. 游泳实用教程[M]. 广州: 华南理工大学出版社, 2023.

[6] 曾文, 孙璐璐. 游泳教与学[M]. 合肥: 中国科学技术大学出版社, 2023.

[7] 李建军, 崔泽峰, 张洪军. 游泳教学理论与实践[M]. 天津: 天津大学出版社, 2023.

[8] 卢玉龙. 游泳实用教程[M]. 北京: 中国纺织出版社, 2023.

[9] 马莹. 游泳技能训练及水上救生技巧[M]. 沈阳: 辽宁大学出版社, 2022.

[10] 彭义, 朱晨, 孙晓川. 现代游泳运动理论体系及其技术指导教程[M]. 长春: 吉林文史出版社, 2022.

[11] 陶焘. 游泳运动员身体功能训练理论与实践[M]. 武汉: 武汉大学出版社, 2021.

[12] 陈淑婷. 蛙泳[M]. 济南: 山东人民出版社, 2021.

[13] 傅纪良, 王裕桂. 实用游泳教程[M]. 北京: 海洋出版社, 2020.

[14] 董琦. 高水平游泳运动员陆上体能训练研究[M]. 北京: 北京邮电大学出版社, 2020.

[15] 但汉国. 游泳[M]. 重庆: 西南师范大学出版社, 2020.

[16] 周超彦, 韩照岐, 陈慧佳. 游泳运动身体训练指南[M]. 北京: 人民邮电出版社, 2020.

[17] 闫永兰. 游泳运动理论与训练研究[M]. 吉林出版集团股份有限公司, 2020.